思维突破

Conceptual Blockbusting
A Guide to Better Ideas

如何获得好想法

[美]
詹姆斯·L. 亚当斯
(James L. Adams)
著

肖志清
译

中信出版集团｜北京

图书在版编目（CIP）数据

思维突破 /（美）詹姆斯·L. 亚当斯著；肖志清译 . -- 北京：中信出版社，2022.6
书名原文：Conceptual Blockbusting: A Guide to Better Ideas
ISBN 978-7-5217-4086-8

Ⅰ. ①思… Ⅱ. ①詹… ②肖… Ⅲ. ①思维科学 Ⅳ. ① B80

中国版本图书馆 CIP 数据核字（2022）第 057421 号

Conceptual Blockbusting: A guide to Better Ideas
Copyright © 1974, 1976, 1979, 1986, 2001, 2019 by James L. Adams. The edition published by arrangement with Basic Books, an imprint of Perseus Books, LLC,a subsidiary of Hachette Book Group,Inc., New York, New York, USA. All rights reserved.
Simplified Chinese translation copyright 2022 by CITIC Press Corporation
ALL RIGHTS RESERVED
本书仅限中国大陆地区发行销售

思维突破
著者：[美]詹姆斯·L. 亚当斯
译者：肖志清
出版发行：中信出版集团股份有限公司
（北京市朝阳区惠新东街甲 4 号富盛大厦 2 座　邮编　100029）
承印者：捷鹰印刷（天津）有限公司

开本：880mm×1230mm 1/32　印张：10　字数：222 千字
版次：2022 年 6 月第 1 版　印次：2022 年 6 月第 1 次印刷
京权图字：01-2020-0469　书号：ISBN 978-7-5217-4086-8
定价：69.00 元

版权所有·侵权必究
如有印刷、装订问题，本公司负责调换。
服务热线：400-600-8099
投稿邮箱：author@citicpub.com

目录

引言　　III

第 1 章 / 勤奋的大脑和神经系统　　001
找到了解决方法，问题就不再是问题

第 2 章 / 重新认识问题　　027
感官输入和语境中的线索

第 3 章 / 复杂的情感机制　　057
思维过程中的心理学

第 4 章 / 告别答案思维　　085
突破文化与环境障碍

第 5 章 / 选择正确的思维语言　　115
语言表达、视觉设计和数学逻辑

第 6 章 / 三种解决问题的特定方式　　139
分析—综合、聚合—发散、演绎—归纳

第 7 章 / 创造力清单   169
有效提升创造力的方法与训练

第 8 章 / 团队创新力   209
头脑风暴与集体决策的管理心理学

第 9 章 / 创新领导力   235
快速而经济地解决复杂问题

第 10 章 / 培养有创造力的孩子和未来的创造力   265
幸福人生：从基因到养育

致谢   289

读者指南   293

参考文献   305

引言

这本书主要介绍抑制创造力的常见心理障碍（有时是生理上的障碍）。在1974年本书第一版出版的时候，我在斯坦福大学工程学院当教授，在此之前我做过工程师和顾问。我在大学的主要工作是授课和演讲，目的是帮助人们通过实验了解并提高他们的创造潜力。当时，人们对这个话题的兴趣远不如今天，因为当时相关书籍较少，计算机也尚未普及，人们对大脑和神经系统的研究更少，对创新和初创公司的热情也没有今天这么高。2001年，本书出版了第四版。但从2001年以来，我们对创造力又有了更多认识，也能更好地利用我们自身的创造潜力，鉴于认知和实践领域发生了变化，再次修订本书内容变得很有必要。

人类的大脑和神经系统奇妙无比，我们要完全理解它们还有很长的路要走。事实上，我有时也认同这一观点：我们只有拥有比大脑更强大的东西才能理解大脑。但大多数时候我没有那么悲观，比如现在，随着人们对其他学科的研究越来越深入，对学科知识的应用也越来越感兴趣，我们对大脑和神经系统有了更多的了解。我们可以利用强大的科学方法来"观察"大脑如何运转，例如，我们可以利用功能磁共振成像（fMRI）、脑电图（EEG）、计算机X射线轴向分层造影（CAT）和正电子发射断层成像（PET），它们能够追踪大脑的血液流动和脑电活动。我们现在可以精确地测量损伤、衰老、疾病、药物和其他现象是如何影响大脑功能的。我们可以参考人脑解剖和动物实验（受试的动物也有大脑和神经系统）的研究成果。对DNA（脱氧核糖核酸）和基因组的研究也让我们学到了更多相关知识。人们对人脑和计算机之间的异同也非常着迷，为此投入了前所未有的时间和精力，神经科学家探索计算机是否具有"类似人脑"的能力，而计算机科研人员则试图通过人工智能、机器学习、神经网络等手段重构人类思维。

我们对大脑和神经系统了解得越多，就越能理解什么是思维障碍。思维障碍有利也有弊，它们是大脑控制负荷机制的一部分，但同时抑制了创造力的发挥。

在斯坦福大学、硅谷（我居住的地方）及世界各地，只要看看人们在工业、艺术、医学领域和日常生活中所做的事情，你就能明白为什么我们现在所处的时代被称为认知时代：这是一个认知科学、认知心理学、认知精神病学、认知行为疗法方兴未艾的时代。现在，认知研究最大的一个贡献是，它彻底消除了我们对思维的诸多错误的信念。例如，大脑并不像我们想象的那样有逻辑性。虽然大脑功能之复杂堪称一大奇迹，但它并非无所不能，因此我们要想办法简化大脑的工作。例如，心理学中有一种很受欢迎的理论，叫作证真偏差。该理论认为，我们倾向于收集证据，以证实我们的先入之见。我们如果发现与之相矛盾的证据，就会故意忽略这些证据；如果证据确实有力，我们就会强化自己的先入之见。这就是所谓的后向效应。例如，媒体对某位政治候选人的猛烈批评实际上会增强其追随者的支持决心。对信息的这两种反应通过强化你的先入之见（不管是正确的还是错误的），简化了大脑的工作，使你的大脑从改变固有信念的困难任务中解脱。但是，要想拥有创造力，你需要改变自己的信念。

也许是我的年龄和经验的缘故，你在阅读本书的过程中会发现，就创造力和变革而言，我是一个实用主义者。我当然相信，人们应该意识到创造性思维过程以及它是如何受到积极影响或消极影响的。作为教师、顾问和执业工程师，我一生中的大部分时间都致力于此。我倡导人们提高创造力，但同时也认为，人们应该对这一改变的负面影响有所思考。创造力和变革极大地改善了人类的生存状况，也引发了一些问题，从个人隐私越来越少（我们用上了最新的，或许是非必要的软件）到交通堵塞、核武器威胁，再到全球变暖迅速加剧。但愿我们人类的创造力也能控制这些负面因素。

当然，创意是创造力和变革的核心，但创意不只是一个充满想象力的绝妙想法。它必须有切实的产出，即使不能让所有人受益，至少也能让一部分人受益。

正如数学家所说，创新的想法是必要条件，但不是充分条件。在创造价值的过程中，创造力是必不可少的。你最初的创意也会在工作中不断被完善。但这些创意需要简化成一种可产出的形式，以便说服别人接受和支持你的创意，当然，现在的情况是越来越多的人在发现更好的创意后摒弃了最初的创意。偶尔也会有一些既绝妙又简单、符合人们需求的创意，就像他们所说的，即使你不主动推销，它们也广受欢迎，但这种情况并不多见。

现在我来说说这本书的结构。这本书的大部分内容是对上一版的修订，增加了对大脑和神经系统的新见解、对创造力和变革研究的新发现，以及根据我的个人经验逐渐形成的观点。我并不打算深入探讨认知科学，这不是我的本行，但我对那些揭示事物本质的研究很着迷。这些研究告诉我们，我们可以质疑那些已被反复证实的东西，并以与现有学科相冲突的新方式处理问题。你会在第1章和第10章看到这方面的相关论述。我坚信，我们对思维障碍的类型、目的和性质越了解，就越能克服这些障碍。

第1章将介绍大脑和神经系统的几个细节，以及什么是思维障碍。思维障碍谁都有，但数量和强度因人而异。大多数人都没有意识到思维障碍的严重程度。意识到这些障碍的存在，不仅可以帮助我们更好地了解自己的长处和短处，还能让我们获得必要的动机和知识，由此改变或避免这些障碍。

第2章到第5章将讨论一些常见的思维障碍，比如感知障碍、情感障碍、文化障碍、环境障碍、智力障碍和表达障碍，每章都佐以案例并探讨其原因。这些障碍是紧密相关的，你在着手研究它们时会意识到这一点。对它们做上述分类也只是为了方便，这些类型并不是思维障碍的最终形态。

第6章和第7章会介绍一些方法，教你如何克服（或规避）这些思维障碍。第8章分析了一些限制团队创造力的思维障碍。第9章旨在剖析限制组织创造力的思维障碍。第10章更深入地探讨了认知科学和儿童创造力研究的发展，并简要地介绍了我目前对大型群体（国家、宗教群体等）创造力的研究兴趣。随着参与人数的增加,变革和创造力变得更加困难,因为人们对变革和不同权力集团政治力量的抵制越来越强烈。我们也许可以在本文写作时的世界政治格局中看到这一点。

本书的最后一部分是读者指南,它为那些有兴趣深入研究这一主题的人提供了相关信息。我推荐的读物都是著作而不是学术期刊论文,原因在于,如果你想进一步深入挖掘,那么你会发现,大多数著作都附有参考论文和其他研究资料。学术论文中有一些有趣的研究,但我发现很多研究成果很难被应用。在这些推荐的书目中,有大量关于创造力、创新、解决问题、一般思维和思维创新的内容,即使你不具备专业知识,也能看懂内容。读者指南中的大部分内容在本书上一版就有了。阅读本书将是一种有趣而独特的体验,你可以在获得知识的同时提高自己的思维创新和解决问题的能力。

祝你阅读愉快!

第 1 章
勤奋的大脑和神经系统

找到了解决方法，问题就不再是问题

人类是有创造力的。我们必须有这样的能力，否则不可能繁衍生息到今天，因为我们没有老虎的尖牙、鹰隼的利爪，也没有豹子的速度。自人类诞生以来，我们就一直在用这种创造力来改善我们的生活。但我们并不是自然界中唯一具有创造力的动物。老鼠能在我的汽车引擎后面用木棍、电线绝缘材料和座椅填充物建造一个独特而舒适的窝，对此，我总是佩服不已。我对老鼠喜欢绝缘材料尤为恼火，因为车子一旦短路就无法启动，然后我不得不把车送到经销商那儿，花一大笔钱修理。尽管如此，我还是很佩服它们，要知道，老鼠的大脑重量只有2克，而我的大脑重量是1 400克。不过，人类的创造力远远超过其他生物。老鼠能在纽约城里生存下来，却不可能建造这座城市。

人类不仅具有创造力，还能让自己变得更有创造力，但我们面临着很多思维障碍。这本书就是要告诉你我们有哪些思维障碍，以及怎样减少这些障碍。

在开始之前，我应该先谈谈什么叫心身问题和心脑问题。这些都是形而上学中关于心灵与身体的首要问题，几百年来，哲学家和思想家一直在讨论这些问题。早期的理论可以追溯到勒内·笛卡儿，他认为心灵与身体完全分离，但心灵可以影响身体。现在，大多数人认为大脑最重要，但也有很多人认为，心灵超越了大脑，延伸到信仰、感情、灵魂，在某些情况下，还包括计算机的使用。你如果想换一种新的方式和朋友争论这一问题（假设他们也愿意），就可以在浏览器里输入"心身问题"或"心脑问题"，然后和他们讨论你的搜索结果。在本书中，我不打算讨论这个问题。

我相信，我们的大脑以及中枢神经系统中的相关神经，掌控着我们所有的思维活动。当然，如果没有我们的身体，大脑和神经系统就会毫无价值，甚至是短命的。大脑和身体相互联系，相互依赖，因此在本书中，我把它们看作一个紧密结合的系统，其中最重要的子系统是大脑和神经系统。也许我们可以把身体视为一艘船，而大脑就是这艘船的船长。如果我说"你应该对你的思维障碍进行清点"（我不会这样做），那么我指的显然是你的大脑应该这样做，而我不会在乎"你"是谁。

如果你不熟悉大脑和神经系统，那么这里也许还需要补充一些观点。不过我不打算详细阐述，你若熟悉大脑及其工作原理，我讲太多细节就会让你感到厌烦，但若不熟悉，你就会因为一贯的思维障碍，放下读这本书的念头。毕竟，我写这本书的目的之一就是鼓励你在发挥创造力的时候更加清楚自己大脑里发生的事情。要想变得更有创造力，你需要有意识地学习，这要求你不断运用和温习所学知识，拥有强烈的求知欲，不断获取新的信息。

你如果从未见过人的大脑（也许看过死亡者的大脑），就应该好好观察一下大脑。大脑看起来很寻常，就是一块重3.5磅[①]的肉，而且它的各个组成部分并不像一些书中的插图那样呈现不同的颜色。但是大脑并不是普通的肉，它包含了大约850亿个神经元（灰质），每个神经元都有多达1万个树突棘，这些树突棘可传递待处理的信号。每个神经元还有一两个轴突，这些轴突又分成许多分支，将神经元活动的结果传递给其他神经元、肌肉细胞、器官，或者在需要反馈的情况下传递给自己。它们以一种异常复杂的方式联结在一起，形成了神经网络。说到"网络"一词，我们就会联想到计算机网络。尽管计算机网络在许多方面比我们做得更好，但它们缺乏人类神经网络的灵活性。就像我的一个朋友说的，起码计算机不会谈恋爱。

两个神经元之间有突触。信号通过神经递质的释放得以放大和修改，这些神经递质就是通过突触传递的。信号在神经系统中的传递过程极其复杂，有时需要将神经传感器的模拟信号转换成脑电信号，然后转换成化学信号，再转换成脑电信号。有些信号在长达3英尺[②]的轴突中传递，而且受到作用于大脑的激素的影响。大脑还包含白质或神经胶质细胞，它们充当绝缘体，以提高信号通过轴突和树突的速度。

互联网上有人类大脑的显微照片，比起人们习惯看到的大脑区域和神经末梢的简单图像，这些照片可以更好地展示其复杂的结构。由于大脑中的每个神经元可以连接上万个其他神经元，所以你

[①] 1磅≈0.453 6千克。——编者注
[②] 1英尺≈0.304 8米。——编者注

的身体和大脑中可以有上千万亿个突触（除非你很懂计算机，否则你对这个数字可能没有概念）。

所有这一切都将使大脑有可能完成惊人的任务，大脑也的确如此，一个人从出生到死亡，大脑无时无刻不在运转，并保持着惊人的可靠性。尽管大部分大脑皮层会在你睡觉的时候关闭，但神经元仍然是活跃的，因为你的感官必须继续工作，这样，即使处于深度睡眠状态，你也能听到婴儿的哭声或闻到烟味。

我们的大脑在受孕大约 3 周后开始形成，到出生时，我们拥有的神经元数量就超过了我们最终需要的数量。然而，它们的连接方式一直在发生变化。在我们的婴幼儿时期，每个神经元通过树突和轴突与其他神经元相互连接。这些连接部分来自基因组遗传的信息，部分来自我们从父母、其他长辈、兄弟姐妹，以及学校、个人经历和同龄人那里学到的东西。这个过程直到我们二十五六岁才会完成，在这段相对较长的时间里，"连接"方式也发生了变化，我们不再需要的连接则随之消失。这些连接持续改变着我们的全部生活。我们摆脱旧的连接，建立新的连接，从而使大脑变得更加灵活。这让我们能够不断学习，突破我们的思维障碍。在我的一生中，我有幸看到这种情况发生在学生、教授、工程师、经理、朋友、孩子甚至我自己身上。

你如果想了解更多关于大脑、思想、神经等方面的细节，请仔细阅读第 10 章。而且，我在读者指南中推荐了几本好书，这些书可能会给你带来更多的认知。不过，我暂且不去讨论这些方面的内容。首先，生物学不是这本书的主要内容；其次，虽然我对大脑和神经系统很着迷，但我并不是这方面的专家。

我在整本书中都会提到大脑和神经系统，在学习如何提高创造力的过程中，它们的复杂性和电化学机械性质为我们提供了一个很好的起点。

大脑和创造力

我们所说的"思考"通常包括解决问题、储存和使用信息、进行交流等活动。除此之外，大脑还控制着激素和感觉，让你对紧急情况做出反应，管理你的社会、经济和精神生活。这也是你的意识和自我的来源，这些概念出现在许多认知科学理论中。虽然我们对意识的认识是不完整的，但仅仅执行这些任务就需要消耗我们很大一部分脑力。如果你再去当图书管理员，保持身体运转以保护你免受伤害、产生所需的能量、保持心脏跳动以及做一些必要的运动让自己健康快乐，那么你的大脑就有大量的任务要做了。

我记得，小时候，父亲偶尔会对我说："别再逗狗了，你有这个时间还不如用你那90%闲置的脑子，去数数那辆卡车上有多少个箱子。"90%这个数字源于一个古老的传闻，即我们的大脑只使用了5%~10%，最多20%。我现在认为情况恰恰相反——大脑在满负荷运转，而且效率非常高。

大脑虽令人惊叹，但其能力有限，且需要时间来完成各项功能。信号在某些轴突中的速度可达每秒120米，但与信号沿标准玻璃纤维传播的速度（每秒2亿米）相比，还是太慢了。你的大脑也没有将世界上所有知识都囊括其中，它所记忆的只是你的基因组功能、交往的人、上过的学校、读过的书、看过的电视，以及其他对你来说很独特的事物。

为了跟上日常工作的节奏，大脑通过区分优先级、编码、忽略和遗忘大部分输入的内容以及尽可能减少输入来应对。大脑必须高效运转，但创造力不会循规蹈矩。那么，什么样的头脑才是有创造力的呢？很多人都会认为，最先提出某种想法的大脑更有创造力，因此，人们常说大脑是懒惰的，这真是一种不公平的诋毁。

快速反应通常为人们所欣赏，因为他们发现凭直觉比靠思考更容易做出选择和解决问题。但是，正如我们即将看到的，要想提高创造力，我们往往需要产生更多的想法，甚至准备多个样本来检验它们的价值。因此，如果目前的实践足以说明这一点，大脑并不总是追求复杂化的创造力也就不足为奇了。你能感觉到思维障碍这个主题吗？

接下来，我说说我自己是如何尝试突破思维障碍的。大家可能都知道，大学里经常会举办一些座谈会，讨论如何减少有时被称为"两种文化"的现象。"两种文化"是英国科学家、小说家 C. P. 斯诺于 1959 年在剑桥大学所做的里德讲座第一部分的标题，它指的是"技术者"（数学家、科学家、工程师）和"模糊者"（人文学者和社会科学家）的分野和对立。这道鸿沟虽然在逐步缩小，但仍然很普遍，个人和社会为此也付出了代价（见第 5 章和第 6 章）。

作为斯隆基金会的一员，我曾致力于跨越两种文化，力图淡化它们之间的区别。其中一个赞助项目是由数学家鲍勃·奥瑟曼、物理学家桑迪·费特和我这个工程师在斯坦福大学开设的为期一年的系列课程。该系列课程是为那些非数学、科学或工程专业的学生开设的。事实上，我们的目标教学对象正是那些自认为不喜欢这些研究领域的学生。我们三个当时正处在人生和事业的巅峰：表达清晰、风趣幽默、相貌堂堂，同为终身教授。我们也是好朋友，致力于帮助班上的学生改变他们对技术的消极态度（当时的社会普遍瞧不起技术），让一部分学生从此爱上数理化。我们非常努力，不仅严格控制班级规模，还使用了对本科生而言既有趣又有意义的较为前沿的教学材料，采用了工作坊讨论、邀请客座讲师和项目式教学等先进教学方式。教学取得了一定的成功：大部分学生对技术不那么讨厌了，不过也没有到喜欢的地步。令人惊讶的是，还有学生甚至从人文专业转到了理工专业，不过，这只是个别现象。我们几个都喜欢教这门课，也认为我们取得了成效，但当时其他繁重的课程教学任务和工作把我们压得喘不过气来，师生都为此付出了大量的时间和精力。由于找不到其他教授来接替我们，5年之后，这门课就停了。其他教授很明智，知道教本专业的课程比在其他领域进行尝试要容易得多。

我一点儿也不惊讶。作为一个懂技术的"理工男"，我一生都在和文科出身的朋友和同事打交道。我妻子是学历史的，是个彻头彻尾的历史学家。我和她有共同语言吗？现在好像比以前融洽多了。毕竟，我一直在努力突破自己的思维障碍，甚至为此上了一年的艺术学校，就是为了让自己有一些艺术细胞。这确实有效，现在我能欣赏中世纪的三联画以及印象派、表现派画家的作品了。但是，让我妻子去学一年工程是不可能的。我在斯坦福大学的经历再次证明，"模糊者"和"技术者"之间的分歧可以弥合，但若到了大学阶段再弥补则为时已晚，很难再改变。更好的办法是在人生的早期，比如小学一年级，尝试解决这个问题，就像现在很多人正在尝试的那样。

"两种文化"的问题是一个典型的思维障碍案例。你不需要学习数学、科学或工程等专业作为谋生之本,甚至不需要学习人文社科类的正式课程,但这些知识在解决诸多问题以及探讨其他令人着迷、美妙无比的话题时非常有用。我如果再教这门课,就会花更多的时间让学生意识到为什么他们喜欢一种文化而讨厌另一种文化。此外,我还会让他们阅读本书。

思维

现在让我们来关注大脑的活动——思维。思维显然是大脑的一大重要功能。但是思维是自动进行的吗?它是否需要我们有意识地学习?我们应该尽我们所能去学习如何思考,然后加以练习并检测学习效果吗?

提高技能的传统方法是不断发现自己的不足,并对照示范或标准加以改进。真正想学高尔夫球的人会认真研究打高尔夫球的技巧,然后不断练习,练习方法有对照示范找出自己的姿势和动作有哪些不足,阅读有关高尔夫球技法的书籍、杂志,观看更高水平的高尔夫球手比赛,等等。我在本书的前几版中均以阿诺德·帕尔默(他那个时代顶尖的高尔夫球手)的一张旧图作为开始,该图展示了如何在挥杆时移动左脚以帮助高尔夫球手提高他们的技术水平。运用思维进行思考的人也应该这样做吗?我们应该把自己的想法与那些更善于思考的人进行比较吗?我认为答案是肯定的:我们如果想提高自己的创造力,就应该做以上所有的事情。

世界上关于运动、烹饪、种植栽培、建造房屋、维修管道、Photoshop（图片处理软件）使用技巧以及如何练出完美腹肌的指南随处可见。但你见过与上述指南类似的思维训练指南吗？我们都是思考者，思维活动每时每刻都在进行，但令人惊讶的是，我们大多数人对自己的思维过程毫无察觉。说到提高思维能力，我们通常指的是获取知识或者人们应该具有的思维方式，而非大脑实际的思维过程。我们几乎没有时间关注自己的思维过程，也没有时间与那些思维更加缜密的思考者比较孰优孰劣。

佛罗里达州立大学的 K. 安德斯·艾利克森教授的研究引起了人们的极大关注。一段时间以来，他一直在研究达到卓越水平需要多少小时。答案取决于诸多因素。他最初发现，那些杰出的音乐家花了 5 000 ~ 10 000 个小时来获得必要的知识、技能和鉴赏力。从那以后，他发现许多活动都是如此。在最近的一次采访中，他向人们透露自己很恼火，因为马尔科姆·格拉德威尔在其《异类》一书中对他的工作轻描淡写。他解释，10 000 个小时不是一个"魔法数字"，具体需要多少时间因人而异，有些人根本达不到卓越水平。通过教育和培训，我们获得了知识、技能，或许还有鉴赏力，但是我们如果花更多的时间思考思维的过程，就可以走得更远。

当然，没能走得更远是有诸多原因的。观察思维"方式"远比观察打高尔夫球的"姿势"困难。思维是一种比打高尔夫球复杂得多的技能。假如你要写一篇类似于高尔夫球专栏的思维指南文章，你会如何选择"时代最佳思维明星"来做示范呢？你会如何从复杂的思维过程中提炼出像"移动左脚"这样简单的要素呢？我们暂时

第1章 勤奋的大脑和神经系统

可以抛开这些问题不谈，但是对于问题解决者来说，关注思维过程并力图提高思维能力仍不失为一种很好的投资。

自从本书第一版于1974年面世以来，我们对思维、创造力和问题解决方式有了更全面、更深入的认识。目前，大量的相关文献和软件教程不断面世，帮助人们提高解决问题的能力和创造力。还有很多专家、顾问到各地去做以创造力和创新为主题的演讲，并在很多地方经营静修中心。认知科学也已经揭开了大脑和神经系统中信息处理和电化学的一些秘密。尽管认知科学的革命可能刷新了我们对思维的认知，但大多数人仍然在用传统和习惯的方式思考。

我很高兴看到2002年诺贝尔经济学奖得主丹尼尔·卡尼曼出版了《思考，快与慢》一书。我从未见过卡尼曼本人，但我认识他的密友、合作者阿莫斯·特沃斯基，他在1996年去世前一直担任斯坦福大学教授。特沃斯基如果没有去世，就可能会和卡尼曼共同获得诺贝尔奖，因为他们俩共事多年，可谓学术星空里智慧的双子星。你如果想对他们俩以及他们的成就有一个大致的了解，就应该读读迈克尔·刘易斯的《思维的发现》。简言之，通过巧妙的测试，以及自身专业背景在决策理论和心理学中的应用，再加上统计学知识，他们证明了人类的推理是不完美的，我们在做出判断时会犯错，信息呈现方式的微小差异会对我们的反应产生实质性的影响。如果外科医生告诉你有95%的存活率，那么你是不是会比听到5%的死亡率时更开心？真正有趣的是，人们对此却不以为然，正如特沃斯基的一个研究案例所揭示的那样。

我第一次见到特沃斯基是在我入职斯坦福大学的时候。当时，他已经是大名鼎鼎的大学教授了，但也因为他在推崇逻辑推理的斯坦福大学公然反对这些东西而备受争议。我支持他，也很崇拜他。他当时正在研究后来被称为"热手效应"的理论。通过对两支篮球队（一支职业篮球队和一支顶尖大学篮球队）为期一年的细致观察和研究，他得出结论：不存在所谓的"热手"（篮球教练和大多数球员都认为，如果一名球员在一场比赛中连续多次投篮命中，他的手就很热，其他球员应该更多地把球传给他，让他投篮）。特沃斯基发现手气只是统计学中的一种概率事件。我们在生活的许多领域都可以看到类似的案例，比如，人们倾向于把赌注押在连赢或连输的人身上，尽管掷骰子的每一种结果出现的概率对每个人都是一样的。在统计学第一堂课上，老师通常会向学生抛出一个古老的统计学问题："如果一枚硬币连续三次反面朝上，那么你认为第四次反面朝上的概率是多少？"学生们通常会给出概率很高或很低的猜测。事实上，概率每次都是一样的：如果抛硬币时不作弊，那么不管是正面朝上，还是反面朝上，概率都是50%。特沃斯基证明了世界上根本没有热手效应这回事。但是，在了解他的这一研究结论之后，人们的反应往往是彻底的愤怒。

在《思考，快与慢》一书中，卡尼曼描述了两种类型的思维，大脑会根据所面临的问题来决定使用哪种思维。心理学家基思·斯坦诺维奇和理查德·韦斯特将它们命名为系统1和系统2。正如卡尼曼所描述的，系统1可以无意识地快速运行，几乎不需要或根本不需要费脑力，也不需要自主控制。系统2则会将注意力转移到费脑力的大脑活动（比如复杂的计算）上来。卡尼曼指出，系统2的运行通常与个体的主观体验、选择和专注有关。此外，我觉得还可以加上创造力这一因素。

在这本书的前一版中,我谈到了有意识的、无意识的以及习惯性的思维方式和问题解决方式,也因此时不时遭到一些质疑和批评。我还提到了自动思维,这让认知科学界的朋友们大为不满,因为提出这个概念就暗示着思维无法被理解。但是,作为工程师,我想不到更好的概念了。随着年龄的增加,我的涉猎范围比以前更广了,我开始用系统1和系统2这样的术语取代有意识和无意识的概念,因为前者显然更主流,而且得益于卡尼曼的那本畅销书,这一组概念早已广为人知。但我会坚持使用"习惯性的"这个词,因为它可以用来描述我所说的非创造性思维。

在交通不拥堵的情况下开车,向朋友挥手,看广告牌,在麦当劳点餐,或者快速确定对刚刚认识的人是否有好感。在遇到这些情形时,我们会启用系统1。在某种程度上,系统1是我们本能的来源。如果我们正在计算个人所得税,为聚会做准备,或者决定我们的公司是否应该与另一家公司合并,系统2就会启动。要想变得更有创造力,我们会使用系统2。

只需几道练习题就能证明我的观点。但在此之前,我暂时偏离主题,说说本书的主要观点。本书中会有一些示例和练习。如果你能通过本书的练习和问题来分析你的思维方式,本书的内容就会更有意义,也更有可能影响你的思维。你可以独立思考,也可以和他人一起完成。我发现,如果几个人一起来做,那么大多数练习都会变得更加有趣,也更有可能被成功解决。看到不同人之间的思维差异是多么有趣啊。无论你的朋友和同事是否正在阅读这本书,在合适的场合,你都可以请他们试着做这些练习。不管怎样,你都要做书中的练习，只需要准备纸和笔就行了。仅仅阅读和接受思维方面的书本知识却不改变自己的思维过程，这是再容易不过的事了，谁都可以做到。这有点儿像读一本教你慢跑的书：如果你连腿都不想迈，那么，即使你看了这本书，它也不会给你带来任何改变和好处。你如果真的喜欢思考，就可以设计一些类似于本书中的例子的练习，然后请你的朋友试试。

在我从事创造力研究的过程中，我总是借助智力题来阐明思维障碍。人们往往不喜欢做智力题，因为这些题目会让他们在意识到思维局限的同时，感到自己很愚蠢。我承认，如果有人出智力题让我做，那么我也会厌恶。但智力题无疑给了我们一个很好的分析自己的思维的机会。而且，我感觉做这些题目能充分刺激大脑，有助于训练大脑打破思维定式。这是一件好事。

下面这道智力题是由心理学家卡尔·邓克尔设计的，摘自阿瑟·库斯勒关于创造力的经典著作《创造的行为》(*The Act of Creation*)。花点儿时间试着做一下吧。如果你思考了，那么，无论有没有得到答案，都请接着往下读。但如果你没有思考，而是偷看了答案，就拿给朋友做一做，看看他们的思考过程。

智力题：一天早晨，确切地说是日出时分，一位和尚开始爬一座高山。一条一两英尺宽的羊肠小道盘山而上，通向山顶一座金光闪闪的寺庙。和尚忽快忽慢地向上攀登，中途多次停下来休息，吃随身携带的干粮。在太阳落山之际，他终于到达了寺庙。在几天的斋戒和打坐静修之后，和尚准备下山。他还是在日出时分出发，沿原路返回，一路上忽快忽慢，走走停停。当然，他下山的平均速度肯定比上山的平均速度快。现在，请证明和尚在上山和下山途中在白天的同一时刻经过了同一地点。

你做出这道题了吗？更重要的是，你还记得做题时是怎样思考的吗？是靠直觉、用语言表述、使用图像，还是使用了数学方法？你是有意识地想到了用不同的策略或模式来解决这个问题吗？

很有可能的一种情况是，你试过好几种解题方法，但你的思维可能只是单一地从一种方法自动切换到另一种方法，并没有综合运用多种解题方法。你在思考时，可能并没有特别意识到你所经历的心理过程。你在打一场球赛（比如网球），却没有意识到自己在做什么，也没有留意可以运用哪些技术来提高自己的水平（比如更快地使球拍回位）。你的大脑可能想要使用系统1思维，这样你就可以快速地解决问题并开始做其他的事情。

这个问题是用文字表述的，因此很可能会促使你的大脑开始一场"内部讨论"（大脑经常这样"自言自语"，尤其是在你快睡着或者凌晨两点突然醒来的时候）。但是，这种"内部讨论"可能只会让你在存在这样一个点和不存在这个点之间犹豫不决。让我们换一种思维，假设你的大脑可以想象出这样一幅图景：一条山路，从山脚蜿蜒而上，直至山顶。两个和尚，一个在山脚，一个在山顶。日出时分，山顶的和尚下山，与此同时，山下的和尚上山。很明显，两人肯定会在某一时刻在山路上相遇。

你如果恰巧使用了视觉意象的方法，就很可能会解决问题。（稍微抽象一点儿的方法是把两个和尚的路线想象成两条时间函数曲线，这两条线必然会在某一时刻交叉。）你如果选择用语言表述，就很可能无法解答。即使你知道可以使用图像法，但如果你之后又转向用语言表述的方法，问题也会变得十分费解。即使尝试了曲线图以外的其他抽象数学方法，你可能也无法解决这个问题，而且白白浪费许多精力。如果你陷入了这两种思维方式中的任何一种，就意味着你遇到了思维上的障碍。只要稍微思考一下该如何处理这个问题，你就可以避免这样的障碍。现在请向你的朋友展示或讲述这道智力题。可能有一些人会说不可能存在这样一个点，那么让这些自认为很聪明的人去争论吧。

再看一个例子，请思考以下字母的排列规律，并完成下面的填充题（见图 1-1）：

$$\frac{A \qquad EF}{BCD \qquad G}$$

图 1-1　字母填充题

换句话说，怎么把剩下的字母填到这条横线的上方和下方？你这么填的理由是什么？

除非你担心自己被人捉弄，或者在绞尽脑汁猜想"正确"答案究竟是什么，否则你会很快给出答案。如果你认真思考并给出答案，那么你自己都会感到不可思议。做这道题，你需要具备（字母和单词）知识、（模式和问题解决）策略以及决策能力。听起来好像很难，其实你可能只需几秒钟就可以做出来。大脑擅长处理不确定性、形成模式和做出决定。你也可能在得到一个满意的解决方案后，就不再想这个问题了。这种特殊的行为被经济学家、决策学研究者赫伯特·西蒙在其早期著作中称为"满足",这是一种相当普遍的行为。(你真的考虑过你的答案是否合适吗?)通常,大脑在想出一种答案之后,就不再强迫自己继续挖掘是否还有其他可能的选项。为了快速做出决定,它牺牲了一些概念。西蒙把容易满足的人形象地描述为只要发现了一根针就不再翻动干草堆的人,而追求最优解的人会把整个干草堆都翻开,寻找最尖锐的那根针。显然,在现实生活中,我们没有那么多的时间把整个干草堆都翻开。我们的自然行为很可能是随便找到一根针就停止了,这其实关乎问题如何解决。

我给许多个人和团体都测试过字母填充题。他们通常很快就得出了答案,然后坐下来,一副心满意足的样子。令他们没想到的是,这种题不仅没有标准答案,而且答案不唯一。部分参考答案如下:

A. 按字母组合的数量

(1) $\dfrac{A \quad EF \quad HIJ}{BCD \quad G \quad KL}$ ($\dfrac{1 \quad 2 \quad 3}{3 \quad 1 \quad 2}$) 等等。

(2) $\dfrac{A \quad EF \quad KLM}{BCD \quad GHIJ}$ ($\dfrac{1 \quad 2 \quad 3}{3 \quad 4}$) 等等。

(3) 全部放上面,或者全部放下面,随便怎么放都可以。

B. 按字母形状

(1) 带曲线笔画的字母放下面;不带曲线笔画的字母放上面。

(2) 笔画中有横的字母放上面;没有横的字母放下面。

(3) 可以一笔写成的字母放下面;不能一笔写成的字母放上面。

C. 按字母发音

（1）发软音的字母放上面；发硬音的字母放下面。

（2）前面接不定冠词"an"的字母放上面；前面接不定冠词"a"的字母放下面。

（3）以元音开头的字母放上面。

D. 其他答案

（1）$\dfrac{A \quad\quad EF \quad\quad I}{BCD \quad GH \quad JK}$（以元音音素开头的字母放上面）。

（2）把 BCDG 全部移到横线上面（或把 AEF 全部移到横线下面）。

（3）字母与音符相对应（有人曾把这个谱子唱给我听）。

（4）下面的字母看起来更热情（更友好）。

（5）上面的字母更容易在键盘上打出来。

（6）上面的字母是西方工业化国家（美、英、法）名称的首字母；下面的字母是非工业化国家名称的首字母。

（7）最上面的字母都是"大象字体"（虽然不太合适，但这种艺术字体的确很棒）。

你对这些答案有何看法？这些答案是不是很有趣？它们是否让你感到无聊？在你看来它们是否都是错的？你知道你为什么会有这样的反应吗？原因可能是你之前根本就没有想到这些解题方法。你现在不会满足于只寻求一种答案了吧？如果问题变成了一场知识竞猜，我们对原来的答案往往就不那么满意了。满意与否似乎在某种程度上取决于游戏规则，稍加一点儿有意识的思考就可以改变这些规则。

最后，你是如何得出你的答案的？想一想这个问题。在解题过程中有多少思维是有意识的？你可能记得一些有意识的思维。但又有多少思维是无意识的？你可能没有有意识地选择你所使用的问题解决策略，而只是突然想到了某种答案。如果是这样，就说明你的大脑依赖于它所熟悉的有意识活动和无意识活动的结合，以及对系统 1 思维的满足。

这就是为什么我经常说现在很多人解决问题的过程都变成了一种习惯性的行为。我们所有人的思维都高度程序化了。我们如果是乐观主义者，就会认为习惯在生活中一定是有益的，不仅有益，而且不可或缺。如果考虑平时的行为习惯，那么我们的意识能力根本不足以在我们打网球、演奏钢琴协奏曲，甚至走路、吃饭或系鞋带时控制我们的身体。好在人脑中还有一个叫作小脑的子系统，它可以学习复杂的组合动作，并且可以在必要的时候重复这些动作。这些习惯，或者说系统 1 思维，不仅不需要过多地依赖意识，还可以让我们过上复杂的物质生活。

同样，与完全依赖意识相比，系统 1 思维也能让我们更快速地解决一些智力题。比如，我们一看到算式"12×12"，就知道结果是 144；看一眼印刷材料，就同时听到脑子里念出了内容；看一眼资产负债表，就对公司的经营状况有所了解；在评价某个结构设计时，一看就知道它的设计是否科学；看一眼病人，就知道她身体哪个部位不适。我们之所以能做到这些，是因为我们具备了这些方面的知识结构和心理过程，可以在需要的时候随时调用。这些知识结构也最大限度地降低了我们的智力风险，因为它们通常已经被证明是成功的。此外，当我们执行重复性任务时，它们能确保我们的行为准确无误。总而言之，习惯能让我们的行为快速、安全、准确。没有习惯，我们不可能完成思维任务。

习惯也会给我们一种安稳的感觉。如果你每次见到我时我都在用完全不同的习惯性方式解决问题，那么，你不仅对我没有好印象，还会认为我不可捉摸，甚至觉得我是个疯子。从某种意义上说，只有精神分裂症患者才会反复无常，经常改变解决问题的方式和习惯，让他人感到难以适应。没有习惯，团队和大型组织也无法形成自己的特色和其他独特的方面。公司担心他们的公司文化，而公司文化取决于处事习惯。高精尖的技术、积极进取的市场营销意识以及抵御经济衰退的能力等公司文化特征，都建立在习惯之上。思维严重依赖结构、模型和刻板印象。这些都是习惯的基本特征。从某种意义上说，在一个以兆瓦计的世界里，我们拥有的是一个1瓦的头脑。没有习惯，我们就无法处理生存所需的信息。

尽管习惯性思维在许多情况下（如果不是在大多数情况下）都很有用，但是，如果我们想变得更有创造力，那么这种思维反而会对我们不利。创造力意味着不循规蹈矩，而习惯意味着墨守成规。习惯往往会在创造性想法出现之前就将其扼杀。习惯包括思维上的障碍，这不仅是我们有限的大脑机制造成的，还是社会化、教育和专业分工的结果。创造力需要系统2思维和更多的脑力劳动。

本书旨在帮助你更深入地了解你自己的思维方式，并给你提供一些技巧，也许能帮你提高解决问题的能力。我们将重点探讨思维创新，即一个人的创造性构思过程。这一过程是解决问题的关键，因为可供你选择的创新想法越多越好。无论你想确定一个大的方向，还是实施一个详细的解决方案，在解决问题的各个阶段都是如此。

专注于思维创新，并不意味着判断、分析、定义和实施等过程在解决问题时不重要。我也不会因为别人有很多奇思妙想，就低估自己的智商。然而，我在和学生、专业人士以及其他人的日常交往中，发现他们在解决问题时并没有重视思维创新的问题。我们不仅要强调创新，还应当把思维创新作为一项主要的活动。遗憾的是，在解决问题的实际过程中，人们往往达不到这个目标。

如前所述，人们对问题的自然反应似乎是找到一个答案（通常是想到的第一个答案）后就不想再思考这个问题，不愿意再多花一点儿时间和精力去想想还有没有其他可替代的方法。这种"打了就跑"（hit-and-run）的问题解决方式导致了各种各样的怪圈现象：旧问题刚被解决，新问题就来了，需要解决的问题层出不穷。在工程学上，有人发现了鲁布·戈德堡效应，即以步骤繁多、错综复杂的方式解决某个简单的问题。我相信你们中的许多人对这样的例子不陌生：你试图修理一台机器，结果状况百出。

找到了解决方法，问题却不再是问题

我们也会碰到这样的情况：大费周折地找到解决方法后，却发现问题不再是问题了。还记得以前汽车中用来告知驾驶员车辆状态的计算机合成语音提示系统（很不受欢迎）吗？我想你们中的一些人以前在电视上看到过安迪·鲁尼指出电器上有些功能毫无用处时，应该都咯咯地傻笑过。我现在看到的是一台厨房搅拌机，它的按钮上标有混合、打糊、磨碎、搅拌、榨汁、切碎、调和和搅打。你介意将它们按照正确的顺序排列吗？

由于我们将在下一章讨论感知的问题，因此，我现在想讲一个故事，它与我很久以前在美国国家航空航天局喷气推进实验室工作时得到的一个教训有关。

我当时所在的工程师团队极其优秀，参与了"水手4号"的研发工作。"水手4号"是第一艘飞往火星的宇宙飞船，由4块太阳能电池板提供动力，在发射过程中，这些电池板将被拴在一起，然后由弹簧推杆释放和打开，直到它们可以吸收太阳能才停止。由于太空中没有空气阻力，而且电池板上覆盖着昂贵且易碎的太阳能电池，因此利用一种装置来延缓打开的速度就成为一种惯常的做法。

这样的装置在早期的"徘徊者号"月球探测器上被成功使用过。通常，喷气推进实验室的理念是使用在以前的任务中得到成功应用的硬件设备。但是"徘徊者号"上的这种装置过于沉重，而重量是非常重要的因素。如果世界上每个科学家都把自己研制的仪器搭载到第一艘火星探测器上，那么，这可能实现吗？同时，"徘徊者号"的这个装置能否满足9个月的火星之旅也是个未知数。此外，该装置装满了油，在长达9个月的飞行过程中，存在漏油的可能性，一旦探测器外面蒙上油污层，就会造成毁灭性的后果（航天器的温度控制取决于其外部表面是否清洁）。这对我们的团队来说是一个非常紧迫的问题，所以我们要立即着手解决。

我们提出的第一个解决方案是研制一个新的替代装置，该装置不需要注油，但是设计极其复杂，重量也不比之前的减速器轻。由于设计复杂，加上大量测试的结果不理想，该装置因可靠性不足而

第 1 章 勤奋的大脑和神经系统　　023

未被采用。

第二个解决方案是装一个中央减速器，用它来控制四个电池板的打开速度。该装置虽然注满了油，但不会发生泄漏，重量也很轻。然而，其可靠性一开始就存在问题。当时，整个团队都忧心忡忡。我们没有时间尝试第三种方案了，因为"水手4号"的发射不能推迟（如果错过了本次最佳发射时机，那么下一次合适的发射窗口往往要在几年后才会出现）。因此，为了提高减速器的可靠性，我们启动了耗资巨大的全天候应急预案，同时开展了测试工作，以测试飞行中可能发生的由各种故障造成的不利影响。这些故障会损坏太阳能电池板，如果没有太阳能电池板，探测器就会失去动力。

经过检测，我们发现了一个故障，那就是减速器完全失灵了。我们把一个测试版探测器放入空间模拟舱（一个巨大的真空舱，有冷壁和模拟太阳），该探测器未安装减速器，只在太阳能电池板即将完全展开时才开启简单的减能器。释放电池板时，弹簧会以惊人的速度打开它们（没有空气阻尼），电池板受到撞击时肯定会发生摇晃和滚动，但没有断裂。事实上，根本就没有必要使用减速器。可行的方法是先让太阳能电池板自由展开，再用减能器捕捉。

就这样，"水手4号"在没有电池板减速器的情况下飞向了火星。这是解决这个问题的最佳方案，也可能是风险最小的方案，因为与其他方案相比，这一方案中设备发生故障的概率更小。

这个故事的寓意很明显。由于项目研发时间明显不足，加上研发人员都迫切希望尽快解决问题，因此忽视了其他替代方案（如不需要减速器）。这种徒劳的事情本可以避免，却给大家带来了焦虑，浪费了科技人员的时间和国家的金钱。其中的教训就是没有足够的时间思考问题的实质是什么，以及采用了一种依赖以往经验的心态。

第 2 章
重新认识问题

感官输入和语境中的线索

感知障碍是影响人们清楚地认识问题本身或掌握解决问题所需信息的障碍。也许，帮助你克服感知障碍最好的方法就是讨论一些常见的、具体的感知障碍。

先入为主：刻板印象

这个世界不断提醒我们，我们对很多事物都有刻板印象。少数民族、妇女、同性恋者、老年人和残疾人等群体让我们深刻地认识到：社会上的任何刻板印象都是错误的。然而，无论我们对普遍存在的刻板印象做了多少心理准备，它所带来的影响都会让我们措手不及。

我曾心血来潮地把胡子留长，部分原因是想感受一下人们看到我之后的反应。我之前一直是短胡子，有一天我突然发现，胡子长着长着就变卷了，我决定把它留长，圣诞节前不再修剪胡子。我怀疑，就算是圣诞老人也必须承受人们对他的胡子投来的异样目光。

尽管有些人喜欢我的胡子，但包括我的母亲、朋友和许多陌生人在内的大部分人都有些接受不了。有一次，在旧金山，我穿着一件旧衣服走在街头，一位好心的女士看见我之后竟想施舍我一美元。我怀疑圣诞老人是不是想过要剃掉胡子，至少，人们的反应足以让我想这样做。

如果你是一位女性，剃了光头之后你就会感受到公众在看癌症病人时的那种异样眼光。我和妻子经常在后院活动，所以我在门口装了大铃铛和绳子，客人一拉绳子，门廊上的铃铛就会响，我们听见后就会去开门迎接客人。但第一次来我们家的客人还是会习惯性地敲门，在后院的我们当然听不到。刻板印象和标签化是两种极其普遍且强有力的感知障碍。当涉及性别和种族问题时，我们就会受限于刻板印象和标签化。事实上，如果你被先入为主的观念控制，你的创造力就会因此受限而无法发挥，那些与先入之见相悖的事实往往会被忽略。

再举个例子来证明刻板印象的强大吧。我偶尔会系领带，但我其实并不喜欢系领带，有一次我想：要不再也不系了。然而，我发现这是在和自己过不去，因为人们赋予领带的刻板印象太强大了。系上领带后，人们会认为我是一位举足轻重的大人物，我也能更顺利地完成某些工作上的事务。（这一现象在汽车行业和许多金融公司中是成立的，但在硅谷则另当别论。）我还意识到，我还是要偶尔系一下领带，不然以后我都不知道怎么打精致的温莎结了。

各种与视觉有关的小把戏，比如视错觉，之所以能成功地骗过你的眼睛，部分原因就在于我们的感知中存在刻板印象。但它们并不全是坏事，有时反而能帮助我们完善对某一事物的认知。然而，当我们需要感知一些新的感觉组合时，刻板印象就会成为严重的障碍。创造力有时会被认为是将几个看似不相干的部分组合成一个功能齐全、具有价值的整体。每个部分所扮演的角色可能截然不同，但人们赋予它们的刻板印象会阻碍它们结合成一个新的整体。

一旦给某个事物贴上标签（比如教授、家庭主妇、椅子、蝴蝶、汽车、泻药等），人们就很难再注意到它的实质或属性。举个例子，比如，我正在想办法处理一个堆满椅子的仓库。如果仅考虑椅子的功能，那么我大概只能想出坐在上面或站在上面，或者在带有轻微暴力场面的影片中用椅子击打歹徒等用途。但我如果想到的是与椅子相关的其他属性，比如椅子罩、坐垫、木头做的腿、螺丝钉等，我就能想出更多用途。也许我应该把椅子拆开，把椅面卖给观看足球比赛的人，把皮面背套做成钱包，把螺丝钉当作多余的五金零件卖出去，再把木头卖给做家具的木匠。但刻板印象限制了这种思维。

刻板印象之所以存在，原因其实显而易见：它简化了大脑的工作，即记忆，但记忆恰恰是创造力和创新的核心。在复杂的项目中，我们不仅需要收集大量与项目相关的信息，有时，引导项目朝新的方向发展往往会产生许多新颖、有益的想法。在记忆中，信息存储和回忆的过程是相当复杂的。在思维创新过程中用到的很多信息都是先储存在记忆中，然后被我们回忆起来的。我们并不能在获得信息后立即使用它们。记忆无法百分之百地保留所有通过感官获取的原始信息。因此，大脑在处理信息时，会过滤掉那些被判定为无用信息的信息，并将余下的信息进行分类，使其与已储存在记忆中的信息尽可能一致，然后进行编码。当这些信息后来被回忆起时，它便是一种简化的、规范化的形态。从某种意义上说，这也就是人们对原始信息的刻板印象。

现在，人们在谈论记忆功能时会将其分为三种类型：感觉记忆、短时记忆（STM，又称工作记忆）和长时记忆（LTM）。长时记忆可分为外显记忆（有意识的，比如对葛底斯堡演说的记忆）和内隐记忆（无意识的，比如如何骑车）。外显记忆可分为情景记忆（对发生在自己身上的事件的记忆）和语义记忆（关于世界的一般知识）。内隐记忆可分为程序记忆（与运动有关的活动）和启动记忆（帮助回忆）。处理这些信息的结构绝不是位于大脑的单一区域。各种类型的信息会被保存在能发挥它们最大价值的地方。大脑的其他部分，如杏仁核、海马、小脑和前额皮质都参与了记忆活动。

感觉记忆保存的是来自各种感官的信息，例如视觉、听觉、嗅觉、触觉等。信息输入的持续时间短则几分之一秒（比如视觉），长则几秒（比如听觉），在这段时间内，信息的去留就已经被决定了。若要保留，感官信息就会与附带的情感一起被传送到已有信息所在的短时记忆中。短时记忆的信息保存时间比感觉记忆长，可达几秒钟，但只能保存少量信息，更精确一点儿，就是5~9个组块。这样好像还是不能很好地说明这些信息的内容，但幸好大脑能够以有效的方式对其进行包装，比如通过编码的方式，或与当时生活中正在发生的事情建立关联。短时记忆保存的一般都是刚得知的电话号码等信息。（据说，这就是电话号码过去由7位数组成的原因。）如果你不马上使用这个号码，也没有把它写下来、录下来或复述一遍给自己听，它就会从短时记忆中消失。

虽然短时记忆在日常生活中极其重要，但我们对长时记忆尤其感兴趣，因为它可以帮助我们解决问题，它能让我们具有自我意识，理智地与他人沟通。进入感觉登记器的信息都需要经过短时记忆的过滤，只有一小部分能到达长时记忆中。注意力为长时记忆提供了聚焦机制。在生活中，当我们做一些复杂的事情（如早上开车上班）时，长时记忆只会处理来自感官的一小部分信息输入，其他大部分信息只在短时记忆中循环。

注意力是由长时记忆中已有的信息决定的，而且记忆往往也会强化已有的认知。举个例子，你如果是品酒师，就会把见过的有关葡萄酒的大量新信息都记下来。这样，你对品酒的知识储备就会越来越丰富。同样，你如果不喜欢某个话题，就基本上不会有意识地记录与它相关的信息。比如，你如果讨厌数学，就不想学习与数学相关的任何新知识。这种倾向会让你怀疑，你所回忆的内容是否真实反映了你不感兴趣的那个主题的所有细节（实际上并没有真实反映）。它还会让你怀疑，你对那些不重要或者不喜欢的领域是否有根深蒂固的刻板印象（确实如此）。

到达长时记忆的信息必须被归档，在这个过程中，我们要对信息进行编码。在理想状态下，这种编码不仅能有效组织信息，而且在我们需要时更容易解码。同时，语境也是记忆的一部分。下面的练习可以说明这一点。

练习： 试着记住下面这些单词，读一遍后请合上书，看看自己记住了多少。

saw（看到）、when（当……时）、panicked（惊慌失措）、Jim

（吉姆）、ripped（撕开）、haystack（干草垛）、the（定冠词）、relaxed（放松）、when（当……时）、cloth（布）、the（定冠词）、but（但是）、he（他）

我觉得这个练习不仅有些难（因为需要记忆的内容超过了 7 个组块），你的大脑对这种看似毫无意义的练习也会比较排斥。但是，如果我现在用这些词语随便造一个句子，那么，虽然句子看起来可能会有些荒谬搞笑，但你更容易记住。

练习： 试着记住下面这个句子，读一遍后请合上书，看看自己记住了多少。

Jim panicked when the cloth ripped, but relaxed when he saw the haystack.（当那块布被撕开时，吉姆有些惊慌失措，但他在看到这堆干草垛时就不紧张了。）

你现在已经把这些词语组成了短语，将 13 个毫无意义的词语变成了一个荒谬的句子。不过，虽然你的大脑还算比较配合，但它并没有完全满足，它还在寻找这个句子的逻辑意义或者与记忆中已经存在的一些逻辑结构之间的一致性。我只说一个简单的词，你就会茅塞顿开，这个词是跳伞。如果你大脑里具有与跳伞相关的结构化信息，上面的句子就说得通了。现在回过头来再读这句话，你是不是会感到心满意足？而且，你在很长一段时间内都不会忘掉这个句子。你可以在第二天早上醒来时看看还能不能想起这句话。

在这个练习中，你一开始看到的信息对你来说没有什么用处，因为它们是脱离语境而存在的。这些杂乱无序的信息看起来并不重要，所以你的大脑不会把它们传送到长时记忆中。然而，一旦有了更多信息，你从语境中掌握的线索就会让问题迎刃而解，同时也能将这些信息转化为长时记忆。

语境是许多记忆法的关键因素，最广为人知的一种记忆法就是位置记忆法。在这种记忆法中，首先你要走一条自己很熟悉的路，在行走过程中记下一些场景。为了记住一些物品，你可以把每一个走过的场景都想象成某个物品的视觉形象。之后，你如果想回忆这些物品，只需要在脑海中回想一下那条路就可以了。试一下吧。这种记忆法效果出奇地好，对于那些视觉表象能力强的人来说，效果更惊人。相传，西塞罗在罗马元老院演说时曾用这种方法来记住自己演说的要点。更有传言说，英文中的"In the first place ... in the second place ..."（"首先……其次……"）的说法就由此而来。这可能并不是事实，但这种传言就像真的一样。神奇的是，记住一条路线之后，你就可以用这种方法更好地记住多组不同的事物。

我们通常会结合语境记忆一些信息，与此同时，语境也会随着这些信息一起被大脑记住。以后，当我们碰到问题、需要回忆这些信息时，原始语境中的其他信息和感觉也会随之显现，帮助我们回忆。我是可汗学院的忠实用户。这个学习网站是由萨尔曼·可汗创办的，其初衷是在网上帮他表妹解答数学难题。可汗学院为用户提供完全免费、简短易懂的趣味课程。虽然可汗学院最初是为儿童设计的，但现在也针对高中生推出了大学预修课程以及大学通识教育课程。我有几个儿子，其中一个工程硕士毕业，曾是特斯拉公司的早期员工。在他看来，可汗学院能帮你弄明白课堂上没听懂的内容。有一天，我在可汗学院网站上浏览有关人类记忆的系列短文，忽然被一条颇为有趣的建议逗笑了：要想记起你在某个地方喝醉时的情形，最好的办法就是回到那里，再喝醉一次。这就说明位置和状态对人的记忆有很大的影响。

但是，这种对语境的记忆并非总是有用，它可能会限制你的思维。如果你第一次接触管风琴音乐是在葬礼上，那么以后在欢乐的庆典活动中你可能不会想到它。从某种意义上讲，你对管风琴音乐形成了一种刻板印象。假设你现在要设计一家主题餐厅，你会想到什么？服务员？蜡烛？葡萄酒？餐巾？再摆上各种各样的餐叉？仿照其他餐厅的主题设计？你想到蛇了吗？拖拉机呢？你可能不会想到蛇和拖拉机，因为你脑中的"餐厅"档案没有记录它们的信息，但孩子们喜欢拖拉机，我也喜欢，很多在农场里长大的人都喜欢，而且蛇在动物园里肯定受人关注。所以，将任何一样东西放在你的餐厅，也许都能吸引众多的顾客。

记忆中的结构化信息极其重要，你可能会因此将那些与已有信息不一致的信息排除在外。心理学家研究发现，人有一种有趣的内在状态叫认知失调，它是由一个人的知识、感觉、信念和行为之间的不一致导致的。我们都想尽量减少这种失调现象。其中一种方法就是贬低那些与自己先前形成的刻板印象不符的信息。结构化记忆有一个潜在的优点：信息通过编码被放在记忆中，经利用再被放回时，大脑会根据语境对信息进行重新编码，并做出相应的修改。以治疗退伍军人的创伤后应激障碍（PTSD）为例，早期采取的方法一般是在安全的环境中重新模拟战场上的声音和混乱场面，并且假定患者能够慢慢明白，战场环境并没有他们想象的那么可怕。现在

思维突破　　036

有了更现代化的治疗方法：将患者置于一个非常平静的环境中，让他们回忆自己的战争经历。这种方法依据的理论是，当患者重新回忆这些战争经历时，他们将在安全的环境中重新对记忆进行编码，从而淡化自己所受到的创伤。

我父亲总是开着一辆雪佛兰皮卡汽车，他很喜欢雪佛兰这个品牌。每次提起雪佛兰，他都赞不绝口，可以夸好几个小时。但当我到了能开车的年纪时，我选择了福特。我父亲因为此事对我很失望，但依然不甘心，总想说服我，让我承认雪佛兰更好。这就是他的刻板印象，可我依然坚持自己的选择。我们花了好几个小时论证两个品牌的优点，以此证明各自的选择是正确的（当然也会贬低对方选择的品牌）。但是，买了几辆福特汽车之后，我开始觉得它的可靠性并没有我先前认为的那么高，于是转而选择丰田汽车。现在，我也可以浪费你很多时间，只为解释福特到底有什么优越的性能。人们可能无法理解我为什么要买一辆质量没之前那么好的皮卡汽车，我在前一段时间看到的一项研究报告就能解释我的做法。报告显示，人们在购买产品后会阅读营销资料，这显然是为了证明自己的购买决定有多高明。现在回想起来，每个品牌的皮卡汽车都不错，但我在跟力挺雪佛兰的父亲争论时成功压制了他，后来也说服了自己把福特换成丰田。当然，我现在开的还是丰田汽车，所以我还是会力挺丰田汽车。

清楚这一点之后，让我们进一步看看我们是怎样给他人贴标签的。其实我们都对他人有着各种各样的刻板印象，而这些刻板印象往往会引发一些社会问题和人际关系问题。就拿我来说吧，我有幸成为一名荣誉退休教授。你们中的大多数人都没见过我，但凭借

"教授"这个标签和你们的刻板印象,你们大概能推断出我是一个什么样的人。你们赋予我的某些特征可能是准确的,但如果你们只知道这些信息就要和我共事或生活,那么你们还是会遇到困难,因为我还有一些你们不知道的独特的身份和个性。除了教授这个头衔,我还是几个孩子的祖父,一名优秀的机修工、机械师、厨师和木匠,我娶了我深爱的女人为妻,她退休前是一名教育顾问,退休后我没有离群索居,而是通过各种方式与朋友、外界保持联系。相比城市,我喜欢更为惬意的乡村生活;我喜欢在工作中与别人打交道,但我又不喜欢太多的应酬和社交;我的膝盖虽做过两次手术,但老毛病依然如故;我的办公室常常杂乱无章;我的头发已然花白;我名下还有一栋1909年建成的瓦房。我现在身高186厘米,体重超过104千克,我特别怀念以前身高195厘米、体重95.2千克的时候。我爱好广泛,比如修复老旧的重型设备、读暴力悬疑小说、淘一些并不需要的机械古董以及漫无目地驱车穿越乡村偏远地带。虽然政治上我是个自由主义者,也生活在"政治正确"的地区,但我还是会喝苏格兰威士忌,吃牛肉,讲段子。哦,对了,我还是一名专业的工程师和顾问。在我列举以上这些特征时,你应该能打破对我的刻板印象,从而更好地了解我,与我沟通了吧?而且,我补充的这些信息加深了你对"教授"的刻板印象。现在轮到你了,试着完成下面的练习,看看你是怎么给自己贴标签的,别人又是怎么给你贴标签的。

练习: 找一个你喜欢但不太了解的人(可以是你的同事或你爱人的朋友),你们两个都要想出一个描述自己的标签(几个字就可以），然后告诉对方。接下来，花半分钟左右想想对方说的标签对你意味着什么，然后花 5 分钟继续补充自己的其他标签，就这样交替着进行下去。不要试图用闲聊来逃避信息交流（虽然这样可能会让你显得风趣迷人），不要提问，也不要试图转移话题，你们只要相互交流信息即可。

你有没有发现，这个练习其实能帮你快速地了解别人？很多人都这样觉得。那你有没有发现，这个练习其实并不简单？即便是人生阅历相当丰富的长者，在交流几分钟之后也想不出更多的词来描述自己的特点，于是就会把精力更多地放在思索自己还有哪些特点上，而不是倾听对方的特点。在这个过程中，他们也迫切地想以闲聊的方式逃避这个练习。你是不是被我说中了？

在社会上和工作中与人交流时，我们常常会拘泥于刻板印象，和别人只是泛泛而谈，除非对我们有利，否则不会深入交流。可见，上述练习其实侵犯了我们的隐私，因为它迫使我们在没什么准备的情况下不得不说出一些关于自己的私密信息。练习结束后，大多数参与者一致认为，他们对对方的了解要比最初从标签中获取的信息多得多。他们也感受到了关于自己的那些刻板印象对自身的重要性，而且更清楚自己是如何利用刻板印象来规避社交风险的。这个练习还表明，我们的记忆中并没有多少关于自身特点的信息。如果有，做这个练习就会容易得多。我们对其他的人和事持有刻板印象，对自己又何尝不是呢？刻板印象对我们来说，是一个很明显的感知障碍，也是一个非常重要的感知障碍。

找出问题的困难

许多视觉方面的测试题需要解题者在看似混乱的图像中找出真正的含义。那些问题也可能会因线索不足或存在误导性信息而变得令人费解。因此，在解决问题的过程中，正确识别问题（有时也称框架化）极为重要。如果不能准确无误地找出问题，解决问题就无从谈起。医学诊断成功与否，取决于医生能否在所有或真或假的繁杂信息中找出真正的问题。父母要想与十几岁的孩子融洽相处，需要具备在众多表象问题中找出真正问题的能力。

你的汽车出了故障，是因为汽油质量低劣，还是因为正时皮带或分电器触点有问题？或者，你的问题是不是平时太依赖汽车了？问题常常与答案混淆在一起，纷繁复杂。你可能经过了深思熟虑，也有可能考虑不周；答案可能是对的，也可能是错的。

如果你的工作内容主要是解决问题，你就应该始终保持警惕，正确认识问题。客户、病人、顾客等不一定总是能清楚地看出问题的症结，而问题解决者有时只需对问题的真实情况有一个更加清晰的认知，就会轻松解决难题。在工程领域，人们有时会投入所有精力去优化某个设备，却忽略了其他解决途径或方法。例如，在采摘西红柿这件事上，之前，人们在各种采摘器样机的机械设计上花了很多心思，直到后来才有人断定，真正的问题不在于如何优化采摘器的设计，而在于采摘过程中西红柿极易受损。要解决这个问题，只需换一种果皮更加坚韧、果实更容易被采摘的西红柿植株即可。

人们还经常受到自身能力的影响。亚伯拉罕·马斯洛的经典著作《科学心理学》中有一句名言，人们现在通常将其表述为："如果锤子是你唯一的工具，你就会把一切问题都看成钉子。"人们往往认为自己的专业或专长才是问题的解决之道，在我的设计团队里，很多人都抱有这种想法。好在我未曾从我的专业角度反对机械工程师关于机械电视机、电气工程师关于数字挖掘机的设计建议，不然我也变得和他们一样了。如果你是某个学科的专家，那么请不要带着这样一种偏见：如果没有我的专业知识，问题就不会被很好地解决。

杰里·波勒斯是斯坦福大学商学院的荣誉退休教授，他写过一本名为《流式分析》（*Stream Analysis*）的书。他在书中声称，人，尤其是组织中的人，在遇到问题时往往只看到表象，只治标，不治本。我曾经把这本书当作任务布置给我的学生，让他们分析自身存在的某个具体问题。做完这个练习后，他们都同意书中的观点，但仍然认为在一流企业中不可能存在这种情况。此后不久，我有幸与波勒斯教授一同参加一家一流企业举办的研讨会。在研讨会上，波勒斯教授再次试验了书中的问题分析方法，结果是压倒性的。最后，我们让受到困扰的高管们也做了这个练习，这些高管认识到之前确实忽略了核心问题。这并不奇怪，因为核心问题不仅不好解决，其解决方法也往往会引起更大的争议，我们可能都不希望看到这样的结果。

我刚做顾问这一行时，就吸取了这个深刻的教训。在为企业提供创造力和创新方面的咨询之前，我主要做航空航天和非常规技术咨询服务。在我的客户中，有一家大公司，它在创造力方面没有绝对的优势，也没有创新的理念。在经历多年的成功后，现在，这家公司不仅处在一个停滞的市场大环境中，其市场份额也在下滑。因为这种类型的咨询我做得不是很多，所以我请求在召集人员开会之前先与公司的几个高管见见面。结果证明这种做法还不错。

在会议开始的前几天，我接到了公司要求推迟会议的电话。这在我看来似乎也算合理，因为要参会的都是公司中的重量级人物，他们可能都比较忙。此后，开会的事情一拖再拖，我当然会有些担心：是不是他们担心我比较年轻，经验不足，就觉得没必要让我再组织会议讨论了？然后，他们给我打了个电话，告诉我，有几个高管已经开过几次会了。虽然在公司的症结问题上没能达成一致意见，但他们已经找出了一些关键问题，正在着力研究如何解决。而我们从来没有见过面——这个结果很糟糕。他们觉得自己开的会议取得了成效，所以不仅给我发了工资，还给我发了奖金。后来，他们又聘用了我——最终结果还算不错。

解决问题的过程往往还会受到其他条件的制约，解决问题的人对此必须有清醒的认识。有一家行业领先的下水道疏通设备生产厂家聘请我协助改进一款产品的设计，经过调研，我发现这其实是一个普通的管道疏通问题（扩展框架）。由此，我想到了一个非常巧妙的解决方案——利用常见的化学制品或细菌的混合物来疏通管道，但这样做就相当于淘汰了公司现有的生产线，也没有发挥公司在该领域的产能优势。我虽然可以自豪地说我有很强的创新思维能力，但公司老板可能并不会喜欢我的解决方案。如果你既要界定问题，又要解决问题，正确地找出问题就跟解决问题一样重要，甚至更为重要。找出问题之所以困难，是因为人们往往倾向于花最少的精力去界定一个问题,而把大部分精力放在解决问题上。面对一项复杂的任务,我们常常会出现对问题的界定不充分的情况,这其实非常愚蠢。用相对较少的时间仔细找出问题和界定问题是非常值得的,它既有可能帮助我们找出简单的解决办法,又能避免在耗费大量精力之后,发现困难依然存在,甚至更严重。

练习: 想一想,有没有什么问题困扰着你?尽可能简明扼要地把这个问题写下来。你还能想出其他困扰你的问题吗?若有,请一并写下来,并推测一下你所想到的解决方案之间可能有哪些不同之处。

限定解题范围不当的倾向

正如有时很难正确找出问题一样,避免过度限定解题范围同样也是一件很困难的事。换句话说,我们不应给问题设置过多的限制条件。下面这道智力题就是一个过度限定解题范围的例子。这道题收录在萨姆·劳埃德1914年出版的《趣题大全》(*Cyclopedia of Puzzles*)中,一般认为他是该题的设计者,但也有人认为,这道题比《趣题大全》更早面世。但不管怎样,它都足以说明这道智力题历史悠久了。你可能会因为知晓了答案而沾沾自喜,但那只是运用系统1思维想出的解法,你应该继续读下去。

智力题: 用一笔画出不超过4条直线,使直线穿过这9个点。(见图2-1)

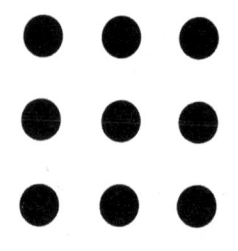

图 2-1 智力题

如果不突破 9 个点的假想边界，这个题就很难解。图 2-2 是一种可能的答案。

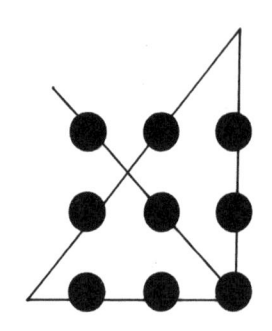

图 2-2 智力题可能的答案

尽管题目没有限定条件，但为数众多的解题者还是不知不觉地受到了条件的限制，没有突破这些假想边界。过于严格的限定条件是解题者思维上的障碍。正是这一障碍的普遍性让这道题成为经典。

这样的障碍随处可见，但难以捉摸。现在，让我再来说说这道智力题，以便证明只要意识到障碍的存在，就有能力主动克服。几年前我刚来斯坦福大学的时候,正是用这道题证明了思维障碍的存在。我曾经做过一个关于解决问题的专题讲座,发出去的讲座通知封面上就印着这道题。当时,有人匿名寄回了下面这种解法(如图2-3所示):

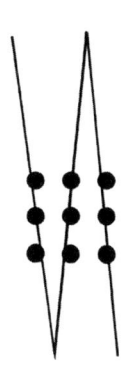

图 2-3 智力题的第二种解法

啊!这个人用的不就是系统 2 思维吗?后来,我的一位老朋友也给我发来了另一种绝妙的解法:通过折纸的方式,用一条直线穿过 9 个点(如图 2-4 所示)。这简直就是在我的伤口上撒盐。尝试一下这种方法吧!先在纸上画好 9 个点(不要用太厚的纸),然后开始折纸!

我还收到了与图 2-5 类似的多种解法,即只需把这张纸剪开,再以不同的方式将每个部分拼接起来,最后只需画一条直线就够了。

也可以把画着 9 个点的纸片卷起来,再画一条螺旋线穿过每个点。或者把每个点都剪下来,然后将一支铅笔穿过每个点的圆心。此外,还有很多突破二维空间的解法。

罗德尼·W.索普想出来的巧妙解法

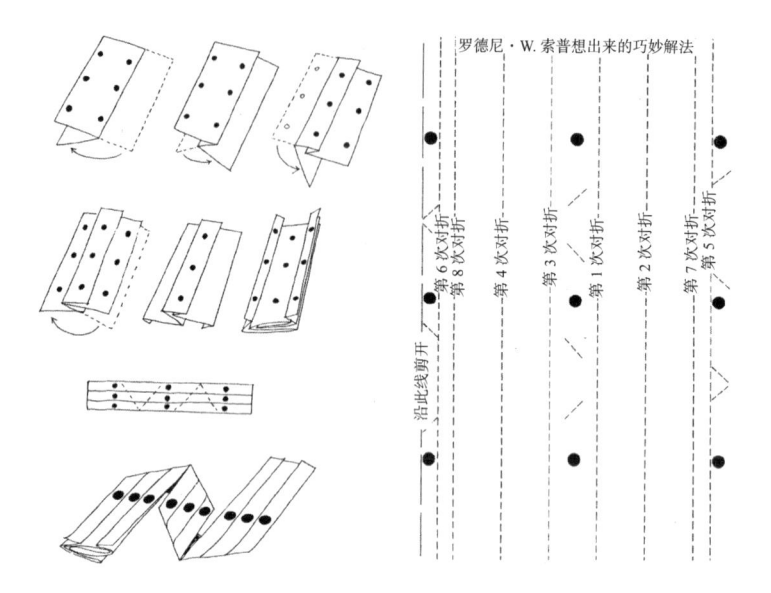

图 2-4 智力题的第三种解法——折纸

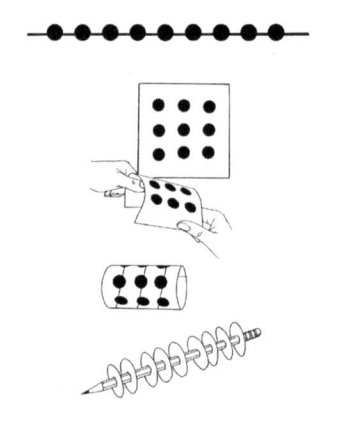

图 2-5 智力题的另外三种解法

五花八门的解法持续不断地涌来（见图2-6）。

a. 无须对折，只需要画一条线的解法：把这张纸贴在地球仪表面，画一条环绕地球仪两周的线，每绕回一周时把线移开一些，以便环线再过来时能穿过下一排点。

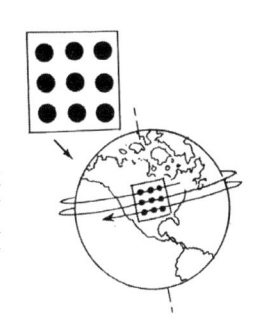

b. 无须对折的接近两条线解法（基于概率统计）：在纸上尽可能把9个点画大一些，然后把纸揉成一团，再用一支铅笔去戳这个纸团。打开纸团看看是否成功戳到了全部9个点。如果没成功，就再试一次。"每个人都可以做到，不要担心戳不到9个点。"

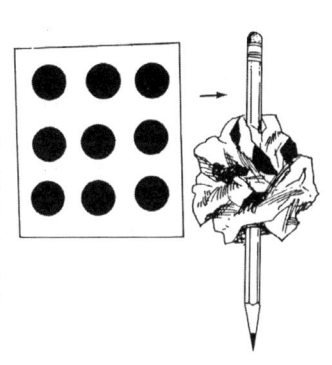

图2-6 智力题的其他解法

到现在为止，我已经收到了几十份答案，所有解法都非常巧妙。这些答案，我一个也没想到，真让人郁闷。在我收到的回信中，我一直以来最喜欢的就是下面这封了（见图2-7）。不仅如此，这封信的作者贝基·比歇尔最后还成了我的学生，世界可真小。我现在还能收到写着各种解法的来信。

> 1974年5月30日
> 罗斯福大街，P.R.00635
>
> 亲爱的詹姆斯·L.亚当斯教授：
>
> 我爸爸和我做了这本书上的智力题，我们主要做了那些点线测试题，比如∴。我爸爸说有人发现了能用一条直线连接9个点的方法。我也尝试成功了，而且不用折叠，但我用的是一条很粗的线，因为这道题的要求中并没有说不能用一条粗线，就像这样 
>
> 注：事实上，你要有一支足够粗的笔才行。
>
> 您真诚的贝基·比歇尔（10岁）

图2-7 我最喜欢的解法

这种创造力的爆发令人振奋。这本书要传达的一个思想就是，我们给自己的思维设了限，就像这道题中9个点所限定的范围。一旦意识到这些限制的存在，我们就会想方设法摆脱它们的限制。这道智力题就是思维障碍存在的证据。限制，并非不可逾越。

问题能否得到解决取决于有没有正确地找出问题，同时也取决于给问题设置的限定范围是否恰当。问题的表述方式对解决问题有很大的影响。一般来说，问题的表述越宽泛，思维创新的空间就越大。例如，如果问题是要设计一扇更好的门，结果可能就是一块带有铰链和把手的矩形厚板。这是我们想要的设计吗？还是说这个问题实质上是想找到一个更好的穿墙方法？明确了这一点，解题者的思维就能从之前预想的转动或滑动的矩形厚板中跳出来。若问题是以这种方式表述的，学生们就会想出各种形状的墙体和开口，还会想到弹性隔板、卷帘门、门帘，以及一些巧妙的旋转和折叠装置。这也是我们想要的设计吗？还是说这个问题其实是想找到一个隔离声音、光线和周围环境的更好的方法？层流风幕不仅能维持仓库或冷藏室中的温度，还允许人员自由通过，设计非常巧妙。但是，如果问题的表述像"设计一扇更好的门"这样死板，那么这样的解决方法根本不可能出现。

你如果聘用一名建筑师、结构工程师或律师，就是在为他们的专业知识付费。因此，过于严格地限定一个问题（例如："这是楼层平面图和立面图，开始建吧。"）是很愚蠢的，因为你并没有好好利用专业人士的能力。这个原理同样适用于那些想要自己解决问题的人。表述问题时限定太多，就会抑制创造力的发挥。

当然，也有可能出现相反的情况，即没有充分限定问题的范围。这可能会导致解决方法过于笼统或者过于简单，甚至毫无用处。如果一家汽车公司想要找到清洁挡风玻璃的好办法，就不能太偏激，将汽车报废这种做法就过于粗暴了。因此，恰当地表述问题就成了一门重要的艺术，它能使人们在解决问题时最大限度地发挥创造性思维，同时也能保证答案不会太离谱。然而，根据我的大胆猜测，问题限定过度的情形要远远多于限定不充分的情形。有感于此，再加上这是一本有关创造力的书，我在这里要明确指出，不要给问题设置过多的限定条件。

练习： 下次遇到问题时，先解决它。然后在闲暇之时，列出至少三种可能的问题限制条件，以及你在每种情况下可能想到的答案。

例如，假设你初为人母，为了抚育孩子请了假，而你现在正纠结于是工作还是花更多的时间陪孩子。

问题的解决当然会受到一些实际因素的影响，比如资金和他人的支持，但在这里，我们假设钱不是问题，而且你的丈夫和朋友也很支持你。于是，你可能会这样表述你的问题："做职业女性还是全职妈妈？"为了全身心地照顾宝宝，你可能会放弃需要外出的工作。（当然，我的假设是你不会抛下孩子不管。）或者，你可以把问题看成："我怎样才能既做好工作，又能拥有更多的时间陪伴孩子？"以这种方式表述的问题限制较少，解决方法可以是让丈夫更多地参与到育儿工作中来，或者找一份时间安排更灵活的工作，比如居家办公或者在空闲时间兼职。

你还可以这样表述你的问题："我怎样才能确保孩子得到悉心的照顾，并且最有利于孩子身心健康发展？"这样，问题的限制就更少了，你可以和其他新手妈妈合伙创办一家出色的日托中心。你可能还会觉得，这个问题是母亲这个自然角色与现代社会对职业女性的期望之间的一种角色冲突。那么，你可以找到与你处境相同的人进行交流，也可以与一些新闻工作者、心理治疗师或教育工作者沟通来解决这一问题。由此，你可能会得出一个结论：这是一个重大社会问题，我要呼吁并动员全社会帮助初为人母的女性摆脱这种角色选择的困境。

随着问题限定范围的放宽，我们开始从其他方面（经济上的、政治上的和伦理上的）来考虑问题。如果你认为问题仅仅是"遵守联邦政府的雾霾防治法"，你的解决方案可能就局限于给发动机安装汽车尾气净化器。如果你觉得问题是"最大限度地减少空气污染",你可能就会考虑对现有的交通工具进行更新换代,并研究执行这一方案还要考虑哪些复杂的社会因素和技术因素。

缺乏从不同角度看问题的能力

看问题时,站在各方立场,并且顾及所有利益方往往是很难的。但是,综合考虑各方观点不仅能够更好地解决问题,使所有当事人和利益方满意,还对培养创造性思维大有裨益。当然,如果只是两个人之间的问题,那么站在对方的角度看问题(同理心)有助于在发生争论时把握好说话的语气,不至于让场面失控。很多时候,只有双方都对彼此的观点有所了解,问题才有可能得到解决。大多数问题的解决影响的不仅仅是当事人,还有其他人,因此必须考虑到他们的利益。就像建筑师不仅要从自己的专业角度考虑建筑设计方案,还必须考虑客户、建筑商、供应商、建筑评论家和其他业内人士的意见。汽车设计师在设计过程中也应考虑制造商、消费者和修理厂的需求。房子的主人在修建栅栏的时候,最好了解一下邻居、市议会、访客、清洁工对此有什么看法,尤其要考虑路过的司机在拐角处转弯时是否会被栅栏挡住视线。除此之外,还要考虑一些人类以外的因素,比如草坪中的小草可能会因为栅栏挡住了阳光而逐渐枯萎,邻居家的猫可能会坐在栅栏上,以便更好地与同伴交流。

练习: 想出一个你目前遇到的人际关系问题,你认为相关各方可能会怎样表述这个问题?请把他们对问题的表述简单写下来。

如果可能，请把每份表述展示给各方，看看他们是否同意你的表述。

著名的创造力研究专家爱德华·德·波诺在他的《新的思考》（*New Think*）一书中，谈到了垂直思考（又称纵向思维）和水平思考（又称横向思维）。垂直思考从单一的概念出发，循着这一概念继续推进，直到找到解决方法。水平思考则是在寻求一种解决方法之前先从不同的角度分析问题。在该书中，德·波诺用挖洞的例子来解释两者。他指出：

可以把逻辑比作一种挖洞的工具，有了逻辑工具，就可以把洞挖得更深、更大、更完美。但是，如果洞的位置不对，那么，即便使用的工具再好，挖出来的洞再完美，挖洞人也搞错了方向。然而，不管挖洞人多清楚这个道理，在同一个地方继续挖下去终归比在新的地方从头挖起更容易。垂直思考就是继续坚持向下挖同一个洞，而水平思考则是另找一处重新挖洞。

德·波诺承认，继续挖同一个洞确实有好处，他认为："挖到一半的洞能够为后续的努力提供一个方向。"他进一步阐述："即使一个人很有能力，但若只坐着，不做事，也没有人会给他支付报酬。一个人的能力大小不好评估，所以也就有必要根据已有的看得见的成绩予以奖励和提拔。即使大家都认为这个洞挖错了，但若将其挖到了可观的深度，也比坐在那里不知从何挖起好得多。"不过，德·波诺也指出，许多洞尽管挖得很深，但由于位置错了，根本就派不上用场，要想有所突破，通常要放弃挖了一半的洞，换个地方重新开始挖。

信息饱和

信息饱和现象在所有感觉模式中都出现过。如果大脑将所有的输入信息都记录下来以便将来有意识地调用，大脑就会被塞得很满。许多我们十分熟悉的输入信息并不是以一种供人们简单回忆的方式存储在大脑中的，这导致我们在需要调用这些信息时却记不起来。

练习： 在无实物参照的情况下画出座机上的拨号盘，并在每个按钮当中画出对应的字母、数字和符号。如果你已经忘记了座机拨号盘长什么样，那么，你会画手机上的拨号键吗？

事实上，即使人们手机不离手，也很少有人能画对。也许你从未仔细留意各个字母在键盘上的位置。你的大脑也没有记住这些细节，因为根本没有必要这么做。但是，如果手机键盘没有标明它们的位置，大脑就会把这些信息存储下来以便将来轻松调用。

还有其他例子可以证明信息饱和现象的存在：你可以试着不看实物，画出你车前的保险杠、割草机的手柄，或者其他司空见惯，但外观细节对你来说并不重要的物品。就像你的手机一样，你可能认为你知道手机上的所有细节，但当你想画出来的时候，你却无能为力。信息饱和最棘手的地方在于，对于那些你以为已经掌握的信息，在你需要时，你根本想不起来。

视觉饱和是艺术学校中常会遇到的问题，老师通常要教会学生如何观察那些他们经常忽略的事物。因此，刚入门的艺术生有时会被要求（就像我以前一样）尝试一些事情，比如弯下腰，倒着看世界，因为这种新的视角会使那些经常被忽略的细节变得清晰可见。试一下吧。同样，傍晚时分，当你把视线从美丽的夕阳移向东边时，你会发现东边有各种各样之前被忽视的迷人景象，比如云层上变幻的色彩、建筑物上的柔和色调，还有窗户反射的灿烂霞光。

在解决问题的过程中，我们可能还会碰到另一种信息饱和的情况，即偶然接收到信息，或者接收到的信息中掺杂大量无用的信息。军方或空中交通管制使用的雷达接收到的信息就是很好的例证，同样，飞机或陆地交通工具在长时间正常运行后出现的不正常现象也可以算作这种情况。例如，人们有时会这样描述一名职业飞行员的生活：单调乏味多年，担惊受怕几秒。一旦出现可能引发恐慌的信息，飞行员就必须尽快察觉，很显然，这一点极为重要。幸运的是，对于我们这些乘客来说，工程师、心理学家和交通工具设计师都付出了巨大的努力，以确保这种单调的生活被适时地打断。

未能利用所有的感官输入

各种感官之间有着较为直接的关联，第 6 章将会对此做进一步的探讨。视觉、听觉、味觉、嗅觉等感觉通常是相互关联的。如果嗅觉受到抑制，那么味觉也会受到严重影响。同样，声音能极大地增强视觉感受（比如电影）。

各种感官输入，尤其是视觉，对创新能力极强的人来说是至关重要的。这一点在许多文献中都被提及。阿尔伯特·爱因斯坦在写给雅克·阿达马的一封信［收录于《创造的过程》(The Creative Process)一书］中说："文字或语言，不管是书面的还是口头的，似乎在我的思维机制中不起任何作用，真正作为思维要素发挥作用的是心理实体。心理实体可以是某些符号，也可以是一些'自愿'生成和结合的大致清晰的图像。在我看来，这些要素有的是视觉型的，有的是肌肉记忆型的。只有在第二阶段，即上述联想关系已经充分建立并可以任意生成时，我才需要费力寻找传统文字符号。"

尼古拉·特斯拉是一位发明众多的科技发明家，荧光灯、交流发电机和特斯拉线圈都是他发明的。很显然，他有着不可思议的视觉化能力。正如约翰·奥尼尔在《唯有时间能证明伟大：极客之王特斯拉传》一书中描述的那样，特斯拉"能够在眼前虚构出一幅完整的机器画面，包括机器的每一个细节、每一个部件。这些画面比任何设计图都逼真"。此外，特斯拉本人还声称能够在脑海里对设备进行测试，也就是说，他能让设备在想象中运行数星期，再彻底检查它们的磨损情况。

人们在解决问题时通常需要得到尽可能多的帮助。因此，他们不应该忽视任何感官输入。例如，一位女性工程师在处理音乐厅的传声问题时，不应只进行理论分析，她应该实地观察各类音乐厅的结构，听听每个音乐厅的音响效果，并事先了解音乐厅要演奏的不同音乐类型。她还必须注意，她对音乐厅传声问题的处理虽然在听觉效果上是成功的，但可能会对视觉产生不适，如果材料选择有严重问题，就可能会影响嗅觉。

因此，一些设计者有时会有意识地暂时忽略某些感官输入，以确保充分记录所需的其他感官输入。要在有树荫之前给新庭院设计一个遮阳顶棚，设计者在开始设计之前，不仅要花大量的时间观察树木，还要听、抚、嗅、爬，使用多种感官充分了解树木的所有信息。在一段和睦的婚姻当中，一方不仅对伴侣的行为表现很敏感，还会留心伴侣的声音、气味、味道和感觉。利用各种感官输入是解决夫妻之间问题的最佳途径。

我在斯坦福大学教设计时，遇到的最大挑战就是说服学生动用他们所有的感官输入。斯坦福大学录取新生的标准主要是学生的写作技能、学业成绩、考试成绩等，因此班上的学生语言能力普遍很强，但视觉化能力相对较弱。他们不习惯依靠味觉、嗅觉或触觉来解决问题。一般来说，他们对于那些只用语言思维或数学思维就能解决（他们是这么认为的）的问题比较熟悉。他们也不习惯在思考时运用各种感官意象。这个问题会在第 6 章详细介绍，此处不再赘述。你只要明白，在解决问题的过程中，不能利用所有感官输入是很常见的思维障碍，就足够了。

第 3 章
复杂的情感机制

思维过程中的心理学

我们先来做一个游戏。这个游戏需要一组人来完成，而且人越多越好，所以不妨在聚会上试试。如果没记错的话，这个游戏名叫"动物聚会"，是我的老同事鲍勃·麦金发明的，他创办了斯坦福大学产品设计专业。

练习：按照姓氏将人们分成以下几组，并让各组的人分别扮演一种动物。

姓氏首字母：　　　　扮演的动物：
A~E　　　　　　　　羊
F~K　　　　　　　　猪
L~R　　　　　　　　牛
S~Z　　　　　　　　火鸡

分好后，两两配对（最好是互相之间不太熟悉的），然后盯着对方的眼睛。接着，从 1 数到 3。每数一个数，参与者就要在保持眼神交流的同时模仿他们所扮演的动物，发出叫声，声音要尽量大。看看这场"动物聚会"能有多热闹。

在这个游戏里，参与者会面临一种思维过程中很常见的情感障碍，即不想被人当成傻瓜一样看待。如果你没有玩过这个游戏，又想体验这种感觉，那么你可以独自去一个热闹的地方（或者就在你现在所在的地方），然后大声模仿任意一种动物的叫声。

接下来，我们将认识到：思维创新是有风险的，我们很难评估一个新想法是好是坏。在我们表达一个新的想法（尤其是向他人证明这个想法有价值）的过程中，我们时常会觉得自己像个傻瓜。这是因为我们很容易在这个过程中暴露自己的缺点。为了避免这种情况的发生，人们往往不太愿意进行思维创新，即使有什么创新的想法，也不愿意公之于众。

情感之谜

诚然，情感是人类存在的重要方式，也是人类解决问题的重要方式，但很多人并不善于处理情感。这在一定程度上是人类神秘的情感机制作用的结果。我们如果无法理解自己的脑子里发生了什么，就会选择对其视而不见。以视觉为例，我们认为某些事物是自然而然的。打一个恰当的比方，人的眼睛就像一台相机，有"镜头"、"光圈"和能够成像的"感光材料"（视网膜）。但是，人们对于视神经如何运作不太了解，仅仅知道它能将视网膜上的图像信息传递给大脑，在传递过程中肯定还会对信息进行加工处理。我们有时会把视神经想象成一束束类似于电线的东西，但大脑处理视觉信息的方式远不是我们的直觉能想象得到的,所以我们干脆不去想它。研究人员发现,视觉信息和某些特定的神经元之间是存在一定关联的,但他们还没有建立起一个成熟的模型,让我们能轻松了解视网膜上的脑电信号是如何变成我们所看到的现实图像的。因此,我们会选择对这个过程视而不见,而是让一个小人儿坐在我们的脑子里,看着脑袋中的"电视机"上显示出视网膜传来的图像,然后让他来做决定。我们对视神经的运作机制不感兴趣,也不想去探究,而是继续过着自己的生活。

就情感方面而言,我们甚至不愿意去构想脑子里的"小人儿"和他的"电视机"到底长什么样子。闻到海的味道时感到心旷神怡;被人从睡梦中叫醒则感到沮丧;害怕在众人面前发言;讨厌我们的上司。我们的脑子里究竟在发生着什么?如果你对认知过程感兴趣,那么上一章谈到的感知障碍或许还比较容易理解,但是,理解情感障碍就没有那么容易了。

情感问题一部分要归咎于我们人类复杂的情感机制。我在写这本书的上一版的时候,一本名叫《情商》的书大受欢迎,作者丹尼尔·戈尔曼曾就职于《今日心理学》杂志,后担任《纽约时报》编辑,负责认知科学方面的报道。《情商》一书总结了关于情感不同特征的各项研究,并呼吁人们重视情感,因为它是决定一个人是否成功的重要因素。戈尔曼在书中列出了人的以下几种情绪:愤怒、悲哀、恐惧、快乐、爱、惊讶、厌恶和羞愧。接着,他还列出了与每种情绪相似的情绪。例如,在愤怒这一类别中,还有激怒、狂怒、愤恨、愤懑、恼怒、愤慨、苦恼、尖刻、憎恶、烦恼、易怒、敌对、病态仇恨和暴力。

我的学生总会不断提出不同于戈尔曼的情绪分类，然后针对这些补充的描述性词语的含义进行争论。我们可以看出，人的情感过于复杂，无法用一个简单的模型去解释，至少用有限的英语词汇是无法描述的。相比之下，我们的味觉用酸、甜、苦、辣、咸（顺便说一句，这是人类味觉系统能感知到的所有味道。不过除此之外，我们对食物的喜爱也来自嗅觉、视觉、触觉和与食物相关的记忆）就足以概括。

我之所以会让我的学生去看戈尔曼的这本书，是因为书中讲述了关于人类情感机制的研究发现，以及为什么情感在解决问题的过程中起着如此重要的作用。我上学的时候，老师告诉我们大脑皮层会分析来自各个感官的信号，并做出相应的反应。比如，当我们半夜突然被房间里的奇怪声音吵醒时，大脑的认知机制会分析这是什么声音。如果大脑告诉我们这可能是小偷发出的声音，我们就会产生恐惧情绪。但是，当我们进一步深入了解大脑和神经系统时，事情就没这么简单了。

当我们遇到危险情况时，大脑会发出"战斗还是逃跑"的反应指令，但实际情况要复杂得多。房间里有个奇怪的声音把我们吵醒了。是小偷还是不请自来的小动物？来自感官的信号会传到两个地方，一个是大脑的额叶（我们所认为的思考大部分都发生在这里），另一个是边缘系统中的杏仁核和海马，位于后脑（脊髓顶部的一个肿块，负责重复性功能，如行走）和额叶之间。大脑中许多用于处理情绪的结构都位于边缘系统中，其中杏仁核和海马可以接收到暗示危险的感觉信号。当感觉器官传递的信号被杏仁核和海马检测到并判定为潜在危险信号时，我们就会产生恐惧情绪，而此时大脑皮层对信号的分析还没开始。这时,边缘系统中的另一个结构——下丘脑就会做出著名的"战斗还是逃跑"反应,你的心率和血压会升高,血液会从肠道流向大块肌肉,呼吸也开始减慢。接着,边缘系统的另一个结构——扣带皮质会调节大块肌肉,停止不相关的肌肉动作,让我们的面部肌肉呈现出恐惧的表情。然后,蓝斑核会释放去甲肾上腺素,使我们的注意力集中,并优先调取脑中的知识和记忆。这一系列过程完全是大脑自主完成的。接下来,大脑皮层的分析就会得出结论。如果那个声音只是来自一只不知道怎么打开冰箱的小狗,大脑就会停止之前的所有反应。如果分析结论确定为危险,大脑就会加强之前的反应。有趣的是,情感往往引导着我们的系统2思维,而非受其影响。这种快速反应能力对人类来说很有价值,因为,面对潜在危险,越早采取行动越好,哪怕只是虚惊一场。

科学家罗伯特·萨波斯基在1994年出版了《斑马为什么不得胃溃疡》,非常值得一读。我现在最喜欢读的书《行为》(Behave)也是他写的。《斑马为什么不得胃溃疡》一书成功地向普通读者普及了认知科学,尤其是"战斗还是逃跑"反应。斑马为什么不得胃溃疡?这是因为斑马和人类的神经系统有着巨大的差异,尤其在"逃跑"本能方面。如果斑马感觉到自己被狮子盯上了,或意识到狮子正向自己扑来,它们的"逃跑"反应就会迅速开启,瞬间开始奔跑。一旦感觉到危险解除,它们就会立刻停下,若无其事地继续吃草。人类则不同,不管是在危险来临之前,还是在危险早已远离的时候,人类都会一直保持警惕。这本书主要讲的就是这种精神压力的代价——胃溃疡,萨波斯将其归咎于我们的神经系统。(当然,我们都知道胃溃疡是细菌造成的,并不是精神压力导致的,这点他在书里讲得很明白,但不管怎样,《斑马为什么不得胃溃疡》仍不失为一个有趣的书名。)

与人交往时,我们往往容易对人产生负面的第一印象,相处过后才发现自己错了,我想这或许要归咎于我们迟钝的"战斗还是逃跑"反应。这可能就是为什么情感在创新创造过程中扮演着如此重要的角色。比起被陌生的声音吵醒,人在应对更为复杂的问题时,反应会更慢一些。但在系统2思维过程中,我们的大脑仍会产生情绪,有时是快乐,有时是抑郁、恐惧、挫折等,进而对我们的工作、生活产生负面的影响。比如,在一个为期两年的项目中,我们一直忙于赶进度,压力也越来越大,就像身后有一只狮子在一直追赶着我们。迫于压力,我们会选择传统解决方案,而不是去探索有没有可能找到一个从根本上解决问题的创新方案。

遗憾的是,除了认知科学家,许多科学家在做研究时都因情感这一话题过于复杂而避之不谈,因为严谨的科学研究是以可重复的试验和可测量的结果为基础的。20世纪上半叶,理论心理学主要以伊万·巴甫洛夫和斯金纳等行为学家为主导,他们认为行为是对刺激的简单反应,而对于人的情感鲜有研究。他们的大部分实验对象都是老鼠、鸽子、猫、狗等动物。比如,让一只老鼠先走一次迷宫,然后根据实验目的对它做一些改变,之后让它再走一次迷宫,这样就可以定量地测量老鼠的行为变化,实验的可重复性也较强。可如果实验对象是人呢?如何确保你的研究对象不至于因为厌烦走迷宫而任性地跑回家呢?你根本无法想象一个调查青少年如何谈恋爱的实验有多复杂。如何重复实验?如何定量测量?迄今为止，主导研究的认知心理学家一直不愿深入研究人的情感。这或许也是我们对情感机制的理解如此不充分，模型一直无法完善的原因之一。

另外，我对最近兴起的行为经济学也非常感兴趣。早期的经济学家会把人对金钱的反应纳入考虑范围，但在近几年，人的情感逐渐退出了经济学领域的舞台，由此产生的经济理论更像一门物理科学，主要基于数据、统计趋势和数学模型。面对这种趋势，行为经济学家开始了反击。杜克大学心理学和行为科学教授丹·艾瑞里是我最喜欢的一位作者，他的作品有《怪诞行为学》《怪诞行为学2：非理性的积极力量》和《怪诞行为学4：诚实的真相》等。这些书都是从那些看似很理性的人产生的非理性的思想和行为展开，并以大量的实验数据为支撑。

值得高兴的是，行为经济学终于得到了更多的认可，理查德·塞勒、弗农·史密斯以及我们熟知的卡尼曼都因此获得了诺贝尔经济学奖。塞勒在其作品《助推》中首次提出"助推"概念；史密斯作为一名实验经济学家，则验证了市场理论的实践意义。尽管传统经济学仍主宰着舞台，但行为经济学家对它的影响正在日益增加。当人们遇到数据问题，无法用数学和科学建模来完美解决时，情感因素就会变得至关重要。

但是，直接探讨情感的心理学理论比较笼统，导致该理论在当代研究界没有得到足够的重视。例如，尽管西格蒙德·弗洛伊德、他的追随者以及卡尔·罗杰斯和亚伯拉罕·马斯洛等人本主义心理学家的理论在学界依然占有一席之地，其观点在心理治疗领域仍然具有重要的影响，但他们并没有像认知心理学和行为心理学那样受到足够的重视。当然，我们在这里不会深入探讨这些理论，但我们必须承认，他们确实重视情感，他们的成果在创造力理论研究领域依然举足轻重，这些成果还是值得一提的。但是，心理学的大钟摆还是摆向了探讨人类的实际行为，而不是研究人类的行为规则，就像针对令人担忧的人类行为的心理学治疗已经从谈话治疗转向了药物治疗。

弗洛伊德与追随者

弗洛伊德大部分理论都是以本我（人作为动物的原始本能）、自我（个人的社会意识和认知）和超我（人的道德约束）之间的冲突为基础的。在弗洛伊德的模型中，本我是驱力，存在于无意识之中，关注的是需求的满足。根据弗洛伊德的观点，无意识的本我必须接受自我和超我的审视和制约，自我可因现实不可行性而否决本我，超我可因想法不符合道德而否决本我。若本我的想法遭到否决，那么它要么被完全抑制，要么因为冲突得不到解决而诱发神经症行为。若本我的想法被接受，它就会进入人的意识。这个过程可能会伴随着焦虑，因为一旦自我和超我认定的某一想法遭到拒绝，人就有可能受到伤害。如果自我和超我对于本我的制约过于严苛，能进入意识的创造性想法就会相对减少。相反，若制约过于宽松，就会有大量富有创造性但不切实际的想法涌现出来。

自弗洛伊德于1939年逝世以来，许多追随者对其理论进行了详尽阐述。劳伦斯·S.库比的《创造性过程的神经症曲解》（*Neurotic Distortion of the Creative Process*）就是一个很好的例子，在这本书中，库比将弗洛伊德的前意识的概念运用到了他的创造性思维模型中。他对潜意识进行了重新划分：潜意识中的创造性思维和解决问题的部分被归为弗洛伊德提出的前意识，而潜意识中未解决的冲突和被压抑的冲动则被归为无意识。在这个模型中，人的有意识过程和无意识过程都会阻碍前意识的心理过程。正如库比所说："前意识过程受到两方面的影响。一方面，因为无意识驱力脱离现实，是人的原始本能向现实妥协的产物，因而缺乏持续稳定的创造力，扰乱并刺激前意识，使之成为僵化扭曲的符号。另一方面，前意识过程受到严格的、有意识的目的驱使，并通过有意识的批判性回顾进行检查和纠正。"

和弗洛伊德一样，库比也提出了一个心理模型，在这个模型中，创造性思维受到有意识的自我和超我的抑制，至少有一部分发生在意识层面以下。但不同于弗洛伊德模型的是，神经症在库比的模型中扮演着更加邪恶的角色。虽然现在关于创造力的研究并不怎么重视神经症，但在谈话治疗和一些文献中神经症仍时常被提起。

人本主义心理学家

人本主义心理学家更关注人本身，他们认为，创造力反映了人基本的内在需求。不过，他们对这些需求的层次划分比弗洛伊德派更广。他们坚称，人进行创造不仅是为了解决矛盾和满足本我的欲望，也是为了自身发展和自我实现。他们更关心自身创造力的极限。《创造力与发掘创造力》（*Creativity and Its Cultivation*）一书中收录了一篇题为《论创造力理论》(Toward a Theory of Creativity)的文章，作者卡尔·罗杰斯在文章中说：

> 创造力源于人类自我发掘、自我实现的欲望。这种欲望同样成为心理治疗中的治愈力量。它主导着包括人在内的一切有机生命要发掘和表现自身全部潜能，从而不断强化自身的趋向（不断扩大、延伸、发展、成熟）。这种趋向可能会深埋于一层又一层的心理防线下，也可能藏在精心营造的假象背后，让人察觉不到其存在。然而，根据我的经验，我相信，它存在于每一个个体中，只要时机恰当，就会被释放出来并得以表现。

1966年，我到斯坦福大学工作。这一年，另一位人本主义心理学家亚伯拉罕·马斯洛因提出了需求层次理论而备受学界关注。他的理论简单可靠，到现在也仍在商学院和其他众多领域被用作帮助理解人类动机的工具，所以我在后文中还会偶尔提到他。

人本主义心理学家认为，有创造力的人在情感上是健康的，他们能敏感地察觉到无意识本我的需求和能力，并以此产生创造性的想法。在弗洛伊德的理论中，有创造力的人拥有强大的自我和现实的超我，这使得他们的思维创新能力很强，且相对来说不容易被神经症影响。

从弗洛伊德派和人本主义心理学家的理论中，我们可以得出以下有趣而可靠的结论：

（1）人出于内驱力而创造，或为了解决矛盾，或为了实现自我，或二者兼而有之。当然，也可以出于金钱等其他原因。

（2）创造性思维至少有一部分发生在意识层面以下。

（3）创造力与神经症或许同根同源，但是，如果没有神经症，那么创造力往往能发挥得更好。

（4）有意识的思维（自我）是创造力的控制阀。

（5）创造会引发焦虑。

那么，从心理学其他领域来看，我们还能总结出什么呢？认知心理学家告诉我们：更好地理解大脑的功能可以提高大脑的创新能力，第2章讨论的我们对感知障碍的处理就得益于这个观点。行为学家告诉我们奖励与惩罚的作用；社会心理学家让我们认识到朋友、同事和舆论如何影响我们的行为。我们将在第8章和第9章详细讨论这些内容。神经生理学家和药理学家也认识到大脑生理状态的重要性，并试图通过化学方法来改变大脑行为（这种改变创造力的方法虽然存在很大的争议，但不会被淘汰）。

现在我们来看看几个具体的情感障碍，以便更好地了解其成因和特点。这些障碍不仅会妨碍我们探索和运用自己的思维，降低思维创新的流畅性和灵活性，还会妨碍我们与他人交流想法，导致自己的观点无法得到认同。以下为其中6种情感障碍：

（1）怕犯错，怕失败，怕担风险。

（2）极度渴望安全和秩序，不能容忍不确定性和混乱状态。

（3）宁可做评判，不肯抒己见。

（4）遇到问题神经紧绷，不善于酝酿，不懂得缓一缓。

（5）缺乏挑战精神（问题不能激发兴趣）或热情过度（急于求成）。

（6）幻想无法脱离现实。

怕担风险

怕犯错、怕失败、怕担风险应该是人类最基本、最常见的情感障碍了。从小我们就知道答对问题会有奖励，犯了错误就要受罚。失败时，我们知道辜负了其他人的期望。同样，我们还被灌输着要安稳地生活的观念（比如谚语"双鸟在林不如一鸟在手""省一分钱就是赚一分钱"）。因此，当你有了一个创新想法并试图让他人接受这一想法时，你就有可能犯错、出丑、失败、输钱或者受伤。

其实，从某种程度来说，这种担忧很真实。由于新事物、新想法的出现常常会对现状造成威胁，因此发明者或提出者会出于担忧和压力排斥、抵制新事物。害怕创新带来的风险，往往才是真正的难题。当然，我绝不是想说不应该现实地看待创新的代价。比如，我花了大量的时间向学生们解释：一个可行的商业想法从诞生到最后赚到钱，至少需要8年，还需要你投入大量的精力和体力，有时甚至会牺牲你的物质生活（比如饮食不规律）和婚姻。但同时我也会跟学生们说：其实，有的时候，我们之所以不敢创新，并不是因为害怕面对失败后那些现实的问题。比如，就算你的课堂作业答案有点儿不着边际，它也不会给你的财产、婚姻或者生命带来任何损失，最多只是老师不太满意这个答案而已，但我个人还是很欣赏这种作业的。其实这里涉及的通常只是对冒险的一种普遍的恐惧，本科生们还在忙于连接他们大脑前额皮质里的神经元（大脑建立完整神经连接的最后一部分，完成这个过程需要大量的实操经历），因此，我认为学生应该多用大脑做"实验"。他们需要了解自己，清楚什么样的思维方式更适合自己，自己真正擅长什么。

想要克服对失败的恐惧，最好的一个办法就是现实地考虑一个想法可能带来的负面后果。就像我们常常会问自己："最坏的结果是什么？"如果你对改进自行车锁有新的想法，在没有建立成熟生产线的情况下就辞去工作去创业，会有非常大的风险，除非你背后有强大的资本和人脉支撑。比如你发明了一种新的飞行方式（比如用蜡将羽毛粘在一起，做成一对翅膀），想要将想法付诸实践并发展、完善这一产品也是一个风险极大的过程。但是，如果你只是就如何规划一天的时间、如何粉刷卫生间，或者如何与室友相处等问题有了新的想法，风险就会小很多。

不过，创新确实会伴随着实实在在的风险。很多斯坦福大学工程学院的学生（可以说是大多数）都想创业。这是因为他们见过了太多成功的例子，觉得创业就是通往成功与财富的捷径。但你如果去看看那些失败的例子（差不多占创业案例的70%～90%），就会发现一个企业的成功取决于很多因素，比如有没有风投资本支持、是否由技术驱动等等。彼得·德鲁克在其著作《创新与企业家精神》中就谈到了为什么人们往往会忽视这些失败的创业案例。企业家往往对自己的能力和想法非常自信，而且他们必须如此。他们觉得自己独一无二，一定会成为那些数据中的例外，就像我们总是不太相信那些由数据统计出来的人均寿命。

如果学生把好的创意告诉我，我就会鼓励他们把自己的想法展示给那些在创业、市场、制造业等领域有经验的专业人士看。如果他们想辍学创业,我就会劝他们先把学位证书拿到手,因为如果他们的想法真的够好、够独特,就更应该先"蛰伏"几年,将想法进一步完善。如果他们没结婚也没有孩子,而且前期也进行了充分的调研论证,我也觉得他们的想法很不错,我就会让他们大胆尝试。如果他们是40岁左右的已婚人士,事业风生水起,还有三个要上大学的孩子,我就会劝他们再考虑考虑。假如他们已年过花甲,我就会让他们先想清楚自己有没有经济能力照顾自己和家人的生活,直到他们100岁。

许多在小公司或成长型公司里工作的人都宣扬失败是企业家的必经之路。我见过很多持有此观念的人,比如其中有一个人喜欢在自己的邮件中引用一些励志名言,最近他引用了温斯顿·丘吉尔的一句话:"成功就是即使不断失败也依然不丧失热情。"

喜欢说这些话的人,要么没有把自己的全部资产都投入创业(也就是说,他们背后有资本运作,如果你能说服投资人,那么这确实不失为一个好的开始),要么从来没有失败过(或者失败后东山再起,取得了巨大的成功)。

许多初创企业往往达不到创始人的预期目标。我刚到斯坦福大学不久,就加入了一个初创企业。我大学时和我关系最好的一个朋友,比我先入职斯坦福大学。他在医学院工作,是一个喜欢钻研学术的免疫学家。他研究出一种利用血样精确诊断过敏症的方法,这种方法与传统的划痕试验法相比成本更低,而且几乎不会使人感到痛苦。于是,他想基于这项成果创办一家公司。他跟我关系很好,而且我有管理经验,所以他想让我辞去我刚刚接受的教授职位,跟他一起创业，我做总裁，他做副总裁，负责研发更多有意思的东西。

我觉得辞去一份刚刚得到的工作实在有些不妥，而且我也不想当公司总裁，因为我完全没有这方面的经验，只是之前在空军和喷气推进实验室做过一些管理岗位的工作，而且喷气推进实验室的项目是由政府出资、由加州理工学院运营的。不过我还是答应花一些时间帮他管理产品的开发和测试流程。于是，他辞掉了工作，筹集了一些资金，然后我们就开始了创业之路。他暂时担任公司总裁，我担任产品开发部门的副董事长（其实我怎么称呼自己都行）。

可以说，这次创业还算成功。我们后来被日本一家大型企业收购，大家都赚了一笔钱（我那位朋友赚了很多钱，因为他确实付出了很多）。但我个人认为这并不是一次愉快的创业体验。我不太喜欢董事会里的那个风险投资人。显然，他想开除我的朋友，因为他只是把这个公司看作一个赚快钱的地方，而我的朋友则想帮助世界上所有饱受过敏折磨的穷人。我们后来选出的总裁也不太靠谱，最后不得不解雇了他。看到那群用划痕试验法大赚一笔的人，我心里尤其不是滋味儿。医生们都不愿意改变自己已经很熟悉的标准检测方法，尽管这种方法要花费几百美元。而我朋友的检测方法，只要经过适当的改进和一些医学专家的帮助，就只需要花费几十美元。但我们的那位投资人显然想把价格定得跟划痕试验法差不多。

另外，我们的资金比预想的更为有限，以前我在政府资助的航天项目里从未遇到缺钱的情况。现在回想起来，当时我们太天真了。不过我还是庆幸自己知道了自己并不喜欢开公司。创业或许表面光鲜亮丽，但你如果没有做好为此付出一切的准备，就不要尝试。我认为，

第3章　复杂的情感机制

在你选择自己管理一家公司之前，一定要有在公司工作的经验。

如果你觉得我有些消极，那可能是因为我太清楚硅谷的真实面目了。在硅谷，初创企业像雨后春笋似的冒出来，经济一片繁荣，无数人因创业积累的财富而成为传奇。但那里的房价、交通、停车等问题简直严重到了令人发指的地步，漫长的通勤时间、无聊的建筑和无休止的建设施工已经是硅谷的日常了。创业失败，或者虽然成功但到头来发现自己完全没有时间陪家人一起享受生活的案例太多了。

我一生中大部分的时间都在思考有关创造力与创新的问题。我相信创造力与创新的力量，也相信多一点儿创造力能让所有人都受益。根据我的经验，人们通常不会去考虑创新可能会有怎样的结果。他们要么轻率地忽视了所有的后果，要么因为害怕失败而过分地纠结于每一个错误，无论这些错误在后来的史学家眼中多么不值一提。其实，很多时候，提出一个创新想法的后果也没那么难以承受。如果你的想法有风险，那么花点儿时间研究一下这个想法可能带来的后果是非常必要的。在研究过程中，你应该假设所有的环节都很糟糕，抱着最坏的打算去看待结果，这时你就会明白自己到底想不想冒险了。

练习： 下次，当你纠结要不要实施一个有创意的想法时，请先在（两页）纸上列出最坏的可能性。假设所有的环节都进展不顺，然后尽可能详细地写出其可能的后果。把这些信息清清楚楚地摆在面前，你对失败的恐惧就会变成冷静分析的能力。使用这种方法，稳赚不赔。

不能容忍混乱状态

我们之所以害怕犯错，当然是因为缺少安全感，大部分人或多或少都有这种心理。这种不安全感也导致了另一种情感障碍——极度渴望安全和秩序，不能容忍不确定性和混乱状态。当然，出现这种情感障碍也是合理的。我并不是想说，想要有创造力，就要抛开秩序，让自己处于完全混乱的状态中。而是想说，我们对所有的事情都不要一味地过于追求秩序。解决复杂的问题需要经过一个混乱的过程。这个过程往往需要严密的逻辑，但只有这些还不够。你常常会淹没在一些具有误导性的、不合理的数据中，对那些模棱两可、难以求证的概念、观点、价值观以及一大堆乱七八糟的东西感到束手无策。其实，从某种角度来看，解决问题就意味着化无序为有序。那么，渴望秩序当然是必要的。但是，你也要容忍混乱的状态。

我们都知道有强迫症的人是什么样的，他们喜欢把所有事情都安排得井井有条，一旦被打乱，他们就会非常恼火。如果一个人的心理过程也有这种特质，这个人处理某些问题的能力就会严重不足。极其苛求物理环境的秩序可能是为了追求效率，也有可能是为了追求井然有序所带来的审美享受。但还有一个原因，就是缺乏安全感。你如果把内衣叠得整整齐齐，就会觉得完全掌控了自己的内衣，也就少了一样你无法控制的东西，或者说少了一个威胁。当然，我并不在乎你是如何收纳内衣的。但如果你的思维也和叠内衣一样，追求井井有条，你在解决问题时思维就会受到限制，你会摒弃那些乱七八糟、不合常理的想法。

宁可做评判，不肯抒己见

这种倾向于评判他人观点而非说出自己观点的情感障碍，也是人类自我"保护"的一种途径。在解决问题的过程中，判断能力、批判思维、坚韧的精神和务实的态度当然都是必不可少的。成功与否最终还是要看结果，如果创造性产出的结果不好，就谈不上成功。但如果在解决问题的过程中过早或无节制地运用这种判断能力，就会极大地抑制思维创新。

解决问题的思维有三种不同的类型：分析、判断和综合。通过分析解决问题，通常只有一个正确的答案。比如，我是一名工程师，如果你花钱让我告诉你多大的横梁能撑起一个露台屋顶，那么你完全有理由期待得到一个准确的答案。因为我恰好懂得如何用数学方法分析这类问题，并能结合分析结果给出安全系数。判断思维则一般在必须从多个答案中选择一个的情况下运用。法庭案件就是很好的例子：陪审团理智地做出有罪或无罪的判决，但若案件非常复杂，陪审团成员就会产生分歧。而综合思维则适用于解决那些更加复杂的问题。一个设计问题（比如设计一个家用冰激凌机，从而更好地储存和提供冰激凌）可以有无数种方案，而且通常没有严格的技术指标让你判断哪一种方案更好。

在解决问题的过程中，如果过早地运用分析和判断，你就会摒弃许多想法。这不利于创新，因为：第一，刚形成的想法往往漏洞较多、不甚完善，因此需要你花时间在细节方面加以补充和完善，增强其说服力。第二，想法还可以诱发其他想法的产生，我将在后面的章节具体讨论这一点。许多创新的技巧（比如头脑风暴）都需要我们花费足够长的时间去完善那些不着边际的想法，使之成熟，并催生其他更加现实的想法。坚持这些想法并非易事，因为人们一般都不想让他人觉得自己的想法不切实际。但在创新过程中，还是不能过早做判断。

遗憾的是，许多人都把评判他人的观点当作一种能自我满足的消遣方式。比如，报纸上刊登的大部分文章都是评论型的（如评论专栏、政治评述、社论等），而非原创型的文章。大学的学术研究，同样也是注重评论的而非原创型的。你会发现，那些对别人的思想一概进行负面批评的人，往往因为自己的理智和老练备受尊崇。总喜欢批评别人的观点，其实只是一种显示自己心理优越感的低级手段。

一个真正有想法、懂创意的专业人士，评论时的态度往往比较友善。与非设计专业的老师相比，专业设计师往往更乐于接受学生的不同观点和想法。那些真正解决问题的专业人士对一个新想法多么来之不易有切身体会，因此也会格外尊重新的想法，哪怕它们尚有缺陷。假如你已经养成了批判一切的强迫性习惯，你就要小心了，这种习惯可能会让你的好点子在还没来得及开花结果的时候就被扼杀在萌芽状态。批判他人或许没有什么风险（除非你排除了那些对你有益的想法），也许还能满足自己的优越感，但它会牺牲你的创造潜力。

遇到问题不善于或不愿意酝酿

不论你是否相信无意识思维的存在，我们都会经常遇到这种情况——问题的答案总在不经意间浮现。通常，经过深度思考，你的大脑会在某一个奇怪的瞬间灵光乍现。重要问题的答案总是姗姗来迟，这让很多人都懊恼不已。比如，你遇到一个问题，苦思冥想好几天甚至好几个星期都没有结果，只能停下来先做其他事。而就在这时，你突然想到了一个绝佳的方案。可惜的是，因为上一个问题有截止日期，你当时只能勉强想出一个办法应付了事。现在突然想出这个新方案，反而让你无比懊悔。之所以出现这种情况，有可能是因为许多问题会进入无意识思维，经过孵化、酝酿，最后得出答案。根据我的个人经验，这种"酝酿"过程不仅有效，而且其结果非常可靠。我认为，如果对于某个问题你无论怎么思索（让其进入你的无意识思维）都得不到结果，那么，不如将它抛于脑后，过一段时间再重新思考这个问题，通常会产生一些新的想法。

这个酝酿过程有很多常见的表现。比如，很多学生都觉得，离交作业的时间越近，往往完成得越好。实际上，只要他们在一个问题上花足够长的时间，这些信息就会逐渐储存到他们的无意识当中，然后在无意识里孵化酝酿，最终，他们会想出一个更好的解决方法。有了这个酝酿过程，人们几乎总能在合适的时间得到想要的答案。学生们常说，自己苦思冥想几个昼夜都毫无成果，却偏偏在截止日期的当天早晨，忽然柳暗花明，想到了一个绝佳的解决方案。

所以，你应该给予你的大脑足够的时间去处理这些问题。这种无意识的酝酿过程非常重要，在制订解决问题的计划时，一定要给这一过程预留足够的时间。此外，在解决问题的过程中，还要学会放松自己，这也很重要。处于放松状态时，你的强迫症不会那么强烈，你的大脑会更容易接受那些看似"不着边际"的想法。但如果你不懂得放松，大脑就会对那些不太正经的想法产生戒备，大大降低思维创新的流畅性和灵活性。

缺乏挑战精神，或过于热情

这两种态度虽截然相反，但都不是好事。没有强劲的动力，你永远不可能全力以赴地解决问题。解决问题的专业人士可以用金钱或者未来更多、更好的工作机会激励自己。而要想保持动力，就必须时常让自己面对一些挑战，否则解决问题的过程就会变得毫无意义。但若动力太强，急于求成，也会影响思维创新的过程。龟兔赛跑的故事就是一个很好的例子。能够想出简单而巧妙的解决方法（即使需要更多的时间）的人往往是最后的赢家。在龟兔赛跑中，乌龟因为兔子中途休息而获胜。兔子不肯花时间思考，总按脑子里冒出来的第一个想法去做，失败几乎是必然的。

幻想与现实

关于缺乏通往想象力的途径、无法控制想象力以及幻想无法脱离现实等问题，我们将在第 6 章详细论述。简言之，想象力是一种创造心理，它渴望创造新的东西。善于创造的人既要有丰富的想象力，又要控制自己的想象力。在创造时，如果不能充分运用所有感官，想象力就不能发挥最大的作用。充分利用各种感官不仅可以解决与感官有关的问题，还可以使想象力的作用最大化。比如，在解决图形类问题时，如果你仅仅使用语言思维，想象力就没有发挥应有的作用。但如果你同时运用了视觉意象，想象力的作用就会更加明显；如果你调动了所有感官，想象力就会成为你解决问题时的强大工具。比如，想象一个棒球场的样子，如果此时你的脑海中出现这样一幅画面：四周一片欢声笑语，你惬意地坐在椅子上，享受着明媚的阳光，吃着花生，喝着啤酒，时不时闻到青草淡淡的香味。这种充分利用了各种感官的想象就会格外生动。

只有活跃的想象力还不够，你还要能够控制它。发挥创造力需要打破以往的经验并将其重组。如果不能很好地控制自己的过往经验，想象力就会受到限制。比如，在想象棒球场时，如果想要最大限度地发挥想象力，你就要相信一切皆有可能，你可以想象球场里发生火山喷发、飞机在球场降落、球场忽然缩小、草地都变成了紫色。在第 6 章中，我们将提供一些练习题来测试你控制想象力的能力，并讨论如何增强想象力。

在发挥天马行空的想象力之余，你必须分清幻想和现实。如果幻想非常接近现实，那么它可能会变得难以控制。1955 年，理查德·德·米勒写了一本叫《把妈妈放在天花板上》(*Put Your Mother on the Ceiling*) 的书，我刚开始教授创意课时，就从这本书中得到了许多灵感。这本书虽是为儿童所写，但对于斯坦福大学产品设计专业的学生来说，也是很好的学习资料。其中有一些练习需要你想象各种令你不太舒服的事情，比如想象将鱼、火、干树叶和沙子吸入自己的身体，当然，还有把你妈妈放在天花板上。这样做是为了训练你对幻想和现实的辨别能力，这种诀窍在创作中很有用。

吸入沙子当然很不舒服。能否想象出吸入沙子时的感觉，在一定程度上取决于你的幻想能力。想象这种举动并不会有什么危险，你所感受到的痛苦也只是想象出来的，并非真实的。但如果你的幻想无法脱离现实，你就很难想象出这种难受的感觉。想象力之所以强大，就是因为它能够超越现实。但是，要想拥有强大的想象力，就必须摆脱现实中所发生的行为和事件的束缚。

心流与焦虑

米哈里·契克森米哈赖是克莱蒙研究大学杰出的心理学和管理学教授。他采访了很多有创造力的人，并得出结论：这些人在创造力最旺盛的时候，会进入一个被他称为"心流"的状态。他写过几本关于这方面内容的书，其中最值得一提的就是《心流》。他发现，这些人一旦进入心流状态，就会完全沉浸在工作中。在这个过程中，他们保持着积极的状态，甚至会感到心情愉悦，根本察觉不到时间的流逝。我们大多数人在工作或娱乐时都有过这样的经历，创造的过程是如此令人着迷，我们甚至忘记了自己的恐惧、忧虑和烦恼。人们希望达到这种心流状态，是因为它不仅能给我们带来充实的体验感，还能让我们明白：消极的情绪往往会让我们因循守旧，抑制创造力的发挥。但我们可能会有这样的疑惑：为什么那些举世闻名的伟大创造者，好像都过得不太如意？

和大多数人一样，我看过很多介绍那些伟大艺术家和作家的书籍和电影，比如凡·高、莫扎特、奥斯卡·王尔德、安妮·塞克斯顿等，他们的一生大多都在忧伤和痛苦中度过。不过在现实生活中，我还没遇到过这样的人。这大概是因为我的生活一直平平无奇，毫无波澜。也有可能因为我不太会主动结交精神上异于常人的人，而且我历来的工作环境也不太容得下这类人。如果莫扎特真如电影《莫扎特传》中讲述的那样当了斯坦福大学的音乐教授，那么他肯定会惹出不少麻烦。同样，如果凡·高真的是人们所了解的那样，那么恐怕他也不太适合在艺术学院教书。

我相信，那些游走在正常状态边缘的人，一直都有很强的创造力。最近的一项研究发现，优秀的画家其实都在走向各种极端。还有一项研究提出了一个假设：双相情感障碍患者的视觉化方式与常人不同。那些古怪变态的人往往才是真正的天才，这样的故事太多了，我们不得不相信其中有着某种关联。可是我的朋友、同事和过往认识的人中有许多人都在艺术等领域获得成功，他们获得了诺贝尔奖、麦克阿瑟奖、普利策奖、菲尔兹奖、奥斯卡奖、托尼奖、总统奖章，还获得了来自众多学术机构、荣誉团体和专业组织的会员资格和成就奖。可以说，他们都是富有创造力的。正如人们所期望的那样，他们异常聪明，有强烈的好奇心和进取心，有些人还是幸运儿。但是他们仍过着正常的生活，并没有经历不同寻常的磨难。他们偶尔也会看看电视、为自己的孩子操心、与破坏草坪的浣熊斗智斗勇，有时也思考人生，想一想在接下来的日子里该干点儿什么。这时，他们就没有处在心流状态。

在我从事的几个领域中，那些涉及创造力的项目往往要耗费多年心血才能出成果，这绝非一日或数日之功。比如，我参与的那些复杂技术项目不可能在一个星期内完成，在整个项目阶段，我需要保持旺盛的创造力。对于一门课，我要教好几次才能知道教得好不好，有没有创意。因为有拖延的习惯，我写一本书要花好几年的时间。我那些拿了诺贝尔奖或者其他大奖的朋友，也都在教育和各自的领域学习和工作了多年。如此漫长的过程要求我们长期保持一种稳定的心流状态，但我们很难做到这一点。我前些天在写这本书的时候，正处在非常投入的心流状态，可偏偏我那台不靠谱的计算机在这个时候忽然崩溃了，怎么修都修不好。我当时非常生气，于是第二天索性给自己放了一天假，去修复我那辆彼得比尔特旧卡车。修复卡车让我一下子又回到心流状态，虽然可能会有人觉得这根本算不上什么创新的事情。

在创造性活动中，经常会出现这种心流状态。那么，我们如何让这种状态频繁出现呢？在后面的章节中，我们会讲到动机的问题，简言之，我们如果热爱自己正在做的事情，就更容易激发自己的创造力，也更容易进入心流状态。当然，这不是唯一的正确答案。举个例子，我在亲手制作一些东西的时候，就容易处在心流状态（也可能是最有创造力的状态）。遗憾的是，这似乎并没有给我带来生活中其他我想要的东西。此外，我对政治生态也颇有兴趣，对那些现代版"堂吉诃德大战风车"的政治斗争非常着迷。在工作中，我往往要担负统筹职责，因此，我的很多时间其实都花在解决麻烦上了，导致我在很多时候无法进入心流状态。不过，在这样的工作岗位中，还是偶尔会有状态刚刚好的时候。一个人在进入心流状态时，就会产生一种巨大的成就感和自豪感，同时，持续追求"心流"的兴奋感会让你觉得美妙无比。

第 4 章
告别答案思维

突破文化与环境障碍

世界上存在众多文化。除了民族文化,还有地域、宗教信仰、年龄、种族、价值观以及其他独具特色的文化。这些文化中的群体难以相互理解,导致问题频发,从宗教和种族战争到生意失败,再到不如意的假期旅游。对文化因素不敏感会抑制我们的创造力,反之则有助于我们成功解决问题。下面以美国文化障碍的具体表现为例:

- 必须遵守禁忌。
- 幻想与沉思是浪费时间,是懒惰,甚至是疯狂的表现。
- 玩乐是儿童的特权。
- 解决问题时要严肃,不要加入幽默感。
- 理性、逻辑、数学运算、实用和务实是好的。
- 感性、直觉、定性判断和娱乐都是不好的。
- 科学思维和大笔资金能解决一切问题。
- 每个人都该像我一样。

- 网络世界更美好。
- 因循守旧。
- 金钱至上。
- 越大越好。

解决问题时的环境也会给我们造成思维障碍,包括以下几个方面:

- 导致自己分心的事物,比如手机或其他干扰物。
- 同事间缺乏信任感与合作精神。
- 独断专行的老板一贯固执己见,不会奖赏他人(详见第8章和第9章)。
- 缺乏将想法付诸实践的支持力度(详见第8章和第9章)。

文化障碍

我们首先讨论文化障碍。先从解决一个问题入手,这样可以解释得更清楚一些。

练习: 如图4-1所示,假设一根钢管插在一个空房间的水泥地面上。钢管的内径比放在管子底部的乒乓球的直径(1.50英寸[1])宽0.6英寸。房间内包括你共有6个人,还有如下物品:

---

[1] 1英寸=0.025 4米。——编者注

100英尺长的晾衣绳

一把木工锤

一把凿子

一盒麦片

一把锉刀

一只金属衣架

一把活动扳手

一只灯泡

在5分钟内列出你能想到的所有方法，在不损坏乒乓球、钢管及地面的情况下把球从钢管中取出。

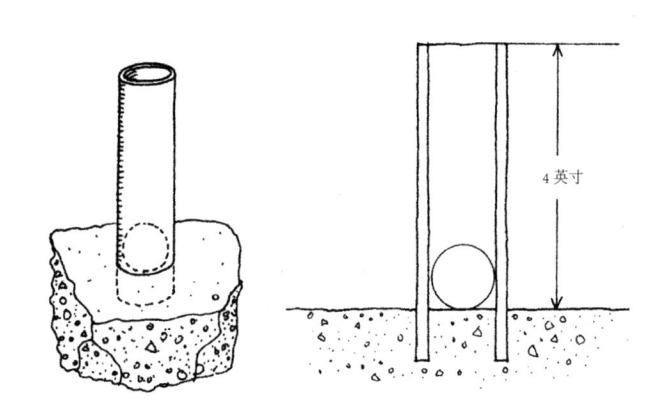

图 4-1 怎样取出钢管中的乒乓球

J. P. 吉尔福特是研究人类创造力的先驱者，他对思维的流畅性和灵活性做过多次阐述。思维的流畅性是指在限定时间内产生创意数量的多少。你如果思维敏捷，就可以列出很多将球从钢管内取出的办法。然而这个游戏并不只是考验你能想出多少种解决办法。思维的灵活性指的是能从不同角度、不同方向灵活地思考问题。假如你思维灵活，你就能从不同角度提出多种解决办法。把金属衣架锉断，磨平两端接口，制成大镊子，把球夹出来，就是一种解决办法，不过没有什么新意。如果你想到了用活动扳手把锤子的手柄砸碎，用碎木屑填充钢管，从而把球取出，这就展示了你的思维的灵活性，因为人们通常不会想到通过破坏工具来达成目的。假如你利用麦片成功取出了球，就更凸显了思维的灵活性。

你是否想过让每个人都往钢管里小便？如果没有，那么原因何在？这恐怕就是文化障碍了。因为在美国，在公共场所小便是一种禁忌行为。

禁忌

我在许多小组里做过这个乒乓球试验，人们的反应不仅受各自的文化影响，还取决于这个小组的人员组成以及做试验时特定的环境氛围。在优雅的环境中，似乎很少有人能想到往钢管里小便这种办法，即便有人想到了也不会说出来。假如是一群学生或彼此熟识的正在喝啤酒的男人，他们就可能无所顾忌，直接说出这种解决办法。这个答案的重要性并不在于往钢管里小便是最优解（尽管这确实是个好主意），而在于这种文化禁忌会限制人的思维灵活性，从而阻碍我们想出本可以被我们想出来的好办法。因此，禁忌是一种思维障碍。我并非反对一切禁忌。禁忌通常禁止那些可能会给他人带来不满的行为，因此发挥着积极的文化作用。然而，只有实施禁忌行为才会冒犯他人，如果只是在脑海中想一想，那么并不会对他人造成影响。因此，你私下思考问题时，不必担心触犯禁忌。

你如果想要进一步了解禁忌，就看一看能否找到《浴室，设计的标准》(The Bathroom, Criteria for Design)这本有趣的书，该书（现在已经绝版）由康奈尔大学建筑系于1966年出版，作者是亚历山大·基拉。这本书分析并批判了西方浴室的设计，最后得出结论：浴室的设计确实很差——正是因为糟糕的设计才为这本书增添了不少乐趣。用浴缸洗澡既危险又不舒服，而马桶的设计使它不能很好地接收男性尿液，而且其摆放位置也不便于排泄，这种内容屡见不鲜。但书中的大量例证让人不禁要问，我们为什么要坚持传统行为模式。事实上，洗浴和排泄在我们的文化中是带有禁忌色彩的话题。这是我们的私生活，我们不想和他人过多谈及。小便池显然比马桶管用，但我们并不想大费周折，把家用浴室里的马桶换成小便池。坐浴盆也很好用，但大多数美国人的浴室都没有坐浴盆。这可能在一定程度上是为了节省地面空间和管道，但我对此抱有怀疑，因为大多数法国人的浴室都有坐浴盆，而他们的空间布局和管道铺设和我们的差不多。我认为这种现象主要反映了美国的社会文化不愿意承认身体的隐私部位需要清洗。

幻想和沉思是浪费时间，玩耍是儿童的特权

这两种观点已经遭到了人们的质疑。大量的证据表明，幻想、沉思和精神娱乐有助于思维创新。不幸的是，这些颇具童真的特质，在社会文化潜移默化的影响下，在成人的身上已经很难看到

了。比如，一个4岁的孩子和自己想象出来的朋友一起说话、玩耍，我们会觉得他十分可爱，而一个30岁的成年人这么做就是另一回事了。人们一向用"白日做梦"或"异想天开"等词语来形容那些一事无成的人。但人们对这一观点的看法正在发生改变。事实上，我最近在《华尔街日报》上读到了一篇题为《走神的好处》（*The Benefits of Mind-Wandering*）的文章。罗伯特·萨波斯在这篇文章中指出，我们花了多达一半的时间去思考无关紧要的事情。但他认为，走神有益于大脑运转，其中一个原因是"极具创造性的解决方法往往是在走神时找到的"。

环境障碍与文化障碍之间存在某些内在联系。具有支持性的环境更适合人们发挥想象力。我经常要求学生充分发挥他们的想象力来完成设计任务，他们也做得相当好。但是，假如我没有明确要求他们这么做，学生就常常因为自己把时间都浪费在幻想上而感到不安，似乎幻想就是分心的表现。然而，假如你打算解决孩子们的争吵，那么你难道不应该花点儿时间和精力去想象孩子们不吵闹时的情景，并仔细琢磨他们安静下来的原因吗？假如你打算设计一辆房车，那么你难道不应该想象一下使用它的场景吗？

许多心理学家得出的结论是，儿童比成人更有创造力。一方面是因为成人对现实的制约过于敏感；另一方面，我认为我们的文化更注重那些引导性的心智活动，而对精神娱乐、幻想和沉思持排斥态度。我们宁愿花更多的时间试图从现实世界中直接获得更完美的世界，而且不愿幻想出一个更美好的世界，也不愿意设想一下，这个世界理应是什么样子的。实际上，两者都很重要。

解决问题时的幽默感

接下来要讲的另一个文化障碍是：解决问题时要严肃，不要加入幽默感。我之前提到过阿瑟·库斯勒，他写过很多与创造性思维有关的文章。在《创造力的三个范畴》(*The Three Domains of Creativity*)一文中，他定义了艺术创意（他称为"啊！"反应）、科学发现（"啊哈！"反应）和喜剧灵感（"哈哈！"反应）三个范畴。他认为，创造力的行为就是将原本毫无关联的结构结合起来，这种方式可以让你从整体中获得的比投入的要多。他认为，喜剧灵感是"两种相互排斥的联想情境互相作用的产物"。正如在艺术创造和科学创新中，往往将两种毫无关联的想法结合起来，这是创造性思维的一种基本要素。库斯勒认为，在涉及幽默感的特例下，正是这种相互作用使我们能够在两种逻辑自洽而习惯上相互矛盾的参照系中感知情境。讲笑话的人通常先讲述一系列合乎逻辑的情节，然后突然穿插一条出人意料的线索。这条线索产生的紧张感不过是一个噱头，一旦紧张感得以缓解，听众便笑了。想想你百听不厌的笑话，不正是这样吗？库斯勒关于喜剧灵感的解释是否正确？

最重要的是，一个独到的见解也会引人发笑。某个观念可能与逻辑过程、已有案例或直觉常识相悖，从而带来同样的效果。事实上，任何问题的答案都会制造紧张气氛，因此，如果你的答案富有独到见解，那么它不仅能引发听众的频频笑声，还会让你忍俊不禁。

我工作过的创新团队总是乐趣无穷，我认识的富于创造力的人也很风趣。幽默感有各种各样的表现形式。这一点很重要，因为它不仅与新颖独到的见解密切相关，还降低了听众对风险的认知。在上一章中讨论的情感障碍（比如失败的恐惧感）就很容易被幽默化解。你更愿意以幽默的方式向团队提出一个激进的新想法，还是一本正经地分析问题？我并不是想说创造性活动总是有趣的。创新过程往往充满困难和挫折，需要琐碎细致的工作，投入极大的努力。尽管如此，幽默感仍是创造性思维的一种基本要素。

理性和直觉

我们列出的第 5 个和第 6 个文化障碍分别是：理性、逻辑、数学运算、实用和务实是好的，感性、直觉、定性判断和娱乐都是不好的。保持理性的确很好，但你也需要敏锐的直觉，尤其是在进行创造性思维的时候。这种情感和愉悦方面的障碍源于清教徒传统，以及以技术为根本的文化环境。我对此感受很深，我曾经与许多工程师和管理者共事，他们在处理各种问题时必须运用大量的感情因素。

这种文化障碍十分有趣，自从本书第一版出版以来，它一直受到社会变化的影响。在 20 世纪 60 年代末期以前，人们通常根据性别来划分不同的精神活动和个性。当时的人们认为，女性直觉敏锐，比较敏感和情绪化，对艺术有鉴赏力；男性则身体强壮、比较有逻辑，工作务实、高效。我们现在才明白，这些刻板印象是对两性的极大束缚，而那些对创造力感兴趣的人早就明白了这个道理。亚伯拉罕·马斯洛在他 1966 年发表的论文《创造力的情感障碍》（*Emotional Blocks to Creativity*）中描述了他对这种文化障碍的看法。

有件事我虽未提起，但我一直对其颇感兴趣。我发现一起工作的男同事（无论是否具有创造力）都害怕被贴上"女性化"或"同性恋"的标签。假如一个男性从小就吃苦耐劳，坚韧顽强，那么他是不愿意被贴上"女性化"标签的，虽然"女性化"意味着富有创造力。想象、幻想、色彩、诗歌、音乐、温柔、感伤和浪漫等词汇，由于有损男子汉的阳刚之气，因此会遭到摒弃。成年男性在自我调节过程中，一般都会有意克制任何被外界视为"软弱"的表现。实际上，许多看似"软弱"的东西并不软弱。

与此相反的文化障碍也同样存在。正如男性对"女性化"的表现感到不适，许多女性受文化观念影响，对那些所谓的男性特征（理性、逻辑、数学运算、务实）也有些排斥。20世纪70年代初（当时我还在写这本书），美国处于反技术主义思潮阶段，反技术主义认为过于强调技术的重要性必然给人类带来麻烦。这些人认为，感情、直觉和定性判断是好的，而理性、逻辑、数学运算和务实并非都是必不可少的。

20世纪70年代，美国处于被称作"性别革命"的时期（事实上，至今仍在进行），社会民众开始质疑性别角色的分工和定位。那时候，受过教育的人士对性别角色的成见已经温和多了。女性努力让自己变得坚韧，增强体能，培养定量思维；男性开始接受敏感和直觉也能帮助他们获得成功的观点。从那时起，不断有人对传统和现代的角色观进行研究，但对角色关系一直没有定论。现在有些人强烈反对强势的女性和敏感的男性。各种有影响力的人物、团体和宗教都在试图重建传统的男女关系，人们对解决双职工家庭和抚养孩子的问题也感到很焦虑。

其实，就创造力而言，这件事传达的信息很简单。创造性思维要求人们兼收并蓄，既要保持理性和逻辑，又要发挥直觉和感性的作用。各种实物的设计者，无论是男性还是女性，都必须具备敏锐的审美能力，这样才能让我们的世界变得更美好。同样，一个人无论学艺术还是学工程，都要摒弃专业成见，正确看待技术问题。经商者也要具备直觉，社会科学工作者必须运用数学能力。男人应当敏感，女人必须坚强，反之亦然。

左手思维和右手思维

谈论创造力的书籍常常会涉及对"左手思维和右手思维"的论述。杰罗姆·布鲁纳在《论认知：左手随笔》(*On Knowing: Essays for the Left Hand*)一书中对此进行了详细阐述。传统观点认为，右手与法律、秩序、理性、逻辑和数学有关；左手则与美、敏感、玩乐、感性、直率、主观及想象有关。右手是工具、纪律和成就的象征；左手是想象、直觉、潜意识思维的象征。在布鲁纳看来：

> 一个是实干家，一个是梦想家。右手是秩序和法律，是法定权利。它擅长解决几何问题及一些带有暗示性的棘手问题。用右手思维获得的知识就是科学。……至于左手，我们说它很笨拙……就像法国人说私生子是愚蠢的"左手之子"一样。此外，尽管心脏基本上位于胸腔中部，我们却在左胸听到它跳动的声音。左手意味着感情、直觉、私生子，我们可以说用左手思维获得的知识就是艺术吗？

说来奇怪，两只手对应两种截然不同的思维类型，这种历史上的象征性对应关系竟与大脑的某些特征一致。左半脑控制右手，主要负责语言和听觉并参与分析推理过程，如解决代数问题。右半脑控制左手，主要负责自我感知、综合思维，以及对艺术和音乐的审美。

20世纪60年代，一位名叫罗杰·斯佩里的外科医生经过多次动物实验，完善了手术治疗方案，成功降低了病人癫痫发作的频率。手术最终要求切断胼胝体，这是连接大脑左、右半球的最大的神经纤维。该手术成功治愈了癫痫，这个有趣的实验证明，切断胼胝体相当于将病人的大脑一分为二，左脑和右脑各司其职，有时彼此并不交流。著名的心理物理学家迈克尔·加扎尼加是斯佩里的学生，他在这方面做了进一步的深入研究。曾几何时，左右脑分工理论风靡一时，这种对大脑功能的简单解释太常见，大脑研究员反而不再重视了。

尽管如此，该理论仍然受到民间的追捧和争论，而且它是描述两种似乎互不相关的思维方式的一种简便方法。C. P. 斯诺在里德讲座做了题为"两种文化与科学革命"的演讲，明确反对大学里人文和科学的文化对立。虽然两个半脑功能不同，但整体连接异常复杂。如果只动用半边大脑，就不能最大限度地发挥我们的创造潜力。在知识领域开拓创新的科学家们仅凭以往的工作成果还不足以充分发挥其个人才智，他们必须运用情感因素。同样，无视逻辑的人文学者不仅无法引导人们的社会行为，还会给他们添乱。

强调任何一种思维而忽视另一种思维，其本身就是文化障碍的表现。在专业领域，人们强调右手思维。右手思维的人也比左手思维的人更容易赚钱。越来越多的父母希望他们的孩子成为律师、医生或科学家，而不是画家、诗人或音乐家。除非我们的社会文化愿意承认左右手思维在两性中同等重要，否则还有更多人继续受到这种思维障碍的桎梏。

练习： 假设自己处于左手思维模式，不要考虑逻辑、秩序、数学和科学方面的问题。多想想自己的情感、美好、悲伤，以及你的一切感受。倘若置身于一个更容易触景生情的环境中，比如春天的时候站在树下，或者独自坐在舒服的椅子上，效果可能会更好。然后，通过思考一个赚钱的详细计划，让你自己摆脱左手思维，转向右手思维。你是否感到一心二用了？你能从一种思维方式转换到另一种思维方式吗？或者，在理想的情况下，你能兼顾两种思维方式吗？还是说，你更倾向于使用其中一种思维方式？

认为"科学思维和大笔资金能解决一切问题"，这显然是一种强调右手思维重要性的文化观念。有趣的是，形成这种观点的部分原因在于人们对科学过程存在误解。科学发展既依赖逻辑的受控过程（右手思维），也需要突破创新，而后者通常需要一些左手思维。

初级创造力与次级创造力

马斯洛在《创造力的情感障碍》一文中论述了初级创造力，他认为："从无意识中产生的创造性，是新观点（或者说真正的创新）的源泉，是对现有观点的一种背离。"这就是科学取得重大突破的原因。他接着论述了被他称为次级创造力的东西："我现在经常想到两种科学、两种技术。你可以把科学看作一种技巧，可以使没有创造力的人通过与人合作、学习前人的经验和小心谨慎行事等方式去创造和发现新事物。因此，我把它叫作次级创造力和次级科学。"

就像左手思维和右手思维一样，人们很容易混淆初级创造力和次级创造力。正如马斯洛所说，两者都是必要的，都要求人们具有高度的创造力。我不会做此区分，部分原因是我认为不能简单地将创造力分成两个层次。目前在遗传学和生物化学方面取得的惊人进展（包括马斯洛所说的次级创造力），是建立在 RNA（核糖核酸）与 DNA（脱氧核糖核酸）的发现及二者的功能和结构的基础之上的，两者都是初级创造力的产物，都让人印象深刻。多年来，我一直把詹姆斯·P. 沃森的《双螺旋》一书推荐给学生阅读，尽管这本书跟我的课程内容没什么关系。现在，这本旧书有一些负面影响，因为英国女科学家罗莎琳德·富兰克林为这个项目做出了巨大的贡献，却没有获得诺贝尔奖。尽管如此，我还是建议你暂时忽视性别歧视，读一读《双螺旋》。这本书非常有趣，它对科学方法的理解和阐述与普通人大相径庭，因此刚出版的时候引起了很大的争议。作者认为 DNA 结构的发现是一个非常人性化的左手思维过程。在这个过程中，沃森与共同发现者弗朗西斯·克里克主要依赖灵感、重复和视觉化表现。尽管他们是顶尖的生物化学家，却无先例可循。他们在推导 DNA 与 RNA 的结构时主要依靠左手思维。

20 世纪 60 年代，美国航天事业突飞猛进（我也贡献了微不足道的力量），展现了科技力量的强大。显然，这需要丰富的次级创造力和左手思维。即使一些基本的科学决策，比如，第一艘月球飞船是否要安装电视摄像机，是否要携带测试物理量的仪器等问题，也是以左手思维的方式解决的，因为仅凭逻辑无法做出科学决策。第一艘宇宙飞船的设计工作也依赖高超的艺术灵感，同时少不了大量的数据分析、详细设计以及精密制造和开发，因为设计者没有可以借鉴的先例，无法进行逻辑推导。

右手思维（科学思维）和大笔资金只能解决已知领域的问题。对于那些涉及社会和情感因素以及高度复杂性的问题，如城市犯罪问题，单纯用右手思维或次级创造力就无法解决。我们需要突破思维局限并付诸行动。

遗憾的是，要把左手思维方式和初级创造力阐释清楚是比较困难的。它们比右手思维和次级创造力更加变幻莫测。因此，要提出如何强化这类思维活动的建议就更难。对我来说，为某些科学新发现的应用转化筹集资金（尽管实际应用的潜在收益并不多，但应用成果可以发表）比为实现重大科技突破筹集资金容易得多。在第一种情况下，我和资助机构对需要完成的工作了如指掌，大约需要多少资金，时间计划表以及最终结果如何都一清二楚。第二种情况则不像第一种情况那样有十足的把握。资助机构必须根据我以往的业绩表现、内在动机以及知识储备等无形的东西来评估我是否值得资助。投资后者比投资前者更像一场赌博。因此，资助机构在资助科研攻关项目时更倾向于右手思维，因为大多数资助机构发放的资金必须对投资者个人负责，这就决定了他们往往比较保守。

当然，初级创造力和左手思维的模糊性也困扰着人文科学与社会科学领域的研究者。为了获得优势，许多社会科学研究都比以前更注重定量化、严谨化，以迎合我们的文化对右手思维的偏好。这样做是否真的占优势还有待商榷。尽管我是一名工程师，但我对从事人文科学和社会科学的研究者深表同情，他们经常抱怨得不到社会资金的支持。当了工程师之后，我曾到一所艺术学校学习。我的绘画老师经常跟我说，我非常适合学绘画，他指的是经济条件。他认为，许多画家的职业生涯起步艰难，是因为他们为了养家糊口，不得不从事工时长、薪资低得可怜的工作。而我只要兼职做一些工程设计就能养活自己，这样我就有大把的时间和精力作画了。这个论调多么奇怪，但也许是真知灼见。对我而言，挣钱让自己过上理想的生活要比那些想以写作或绘画为主业的朋友容易多了。在美国这样成熟的社会，人文科学和社会科学具有非常重要的意义，但无所不在的文化障碍蒙蔽了我们对其重要意义的认识。

每个人都该像我一样

　　观点、价值体系和欲望都因人而异。人们喜欢和与自己观点相似的人打交道正说明了这一点。人类正是以这种方式形成了不同的群体，而国家作为各种人群的大集合体，也由众多不同的群体组成。在这个集合体中，除了自由主义者和保守主义者、天主教徒和新教徒、富人和穷人的对立，还有血帮和瘸帮之间的你死我活以及哈特菲尔德和麦考伊两大家族的势不两立。时过境迁，这些利益集团在与其他利益集团对立的过程中往往会变得更加极端，因此出现了极右派、激进左派、原教旨主义基督徒和反基督者。有些组织日益激进，甚至采取恐怖主义手段来达到自己的目的。

看不到别人的观点不仅会做出草率的判断，还会导致这种判断立刻遭到别人的反对。作为一名学者，我属于自由主义者。由于我给技术企业提供咨询，因此我经常与那些观点高度保守的人打交道。虽然我可能越来越多疑，但我有时觉得，这些人之所以对我提出的技术观点表示反对，仅仅是因为他们对教授这个职业抱有成见。另外，我知道工程学教授也经常贬低那些鄙视学术的行业人士的观点。创造力往往来自不同群体的价值观和期望之间的矛盾，但也需要开放、包容的心态。那些坚信持枪有错、堕胎非法、政府应该被取缔的人，或者认为自由市场可以解决一切社会问题的人，对如何解决枪击致死、意外怀孕以及国家组织或社会福利等问题提不出什么创新的应对之策。那些一味迷恋信息技术，并且相信体力劳动者最终会被淘汰的人也很难与不关注技术的人愉快共事。认为自己也能像精英群体那样解决复杂的问题（如医疗健康、国际关系以及国民经济等）是一种很正常的反应，但是因此而闭目塞听就会限制创造力的发挥。我们将在第9章和第10章中深入讨论这个问题。

越大越好

对智人而言，成长似乎是一种自然趋势。当我首次以研究生兼临时讲师的身份来到斯坦福大学时，这个地方与众不同：学校规模较小，气氛更活跃，在某些领域拥有自己的学科优势。例如，机械工程的设计小组，当时称为设计学部，是我最初的学术之家，由约翰·阿诺德和鲍勃·麦金两位教授、一名行政人员和三名研究生兼临时讲师组成。

我和麦金一直痴迷于创造力的魅力，阿诺德带来的研究生对创造力当然也非常了解，阿诺德本人则是享誉全美的创造力研究专家。阿诺德和我们讲师的教学工作量都很合理，大家喜欢互相开玩笑，和学生们打成一片，我们还经常在阿诺德家里听音乐、喝酒（至少我喝了）。学生们毕业后再来看我时，都心怀感激，可见，他们在我们这里受益匪浅。

当我以教授身份返聘时，设计学部有了一些变化：教职工人数有所增加，行政人员增加到三名，助教和研究生也比以前更多了，但大家还是在同一个地方和更多、更大的班级中的学生做着同样的事情。如今的设计学部有33名教职工、26名行政研究技术人员、10名博士后、14名客座教授及访问学者、13个实验室和其他研究小组，还有独立的办公大楼，教学和科研场地更加宽敞，除此之外，还包括分布在其他大楼里的实验室。独立运作的哈素·普拉特纳设计学院在某种程度上由设计学部演变而来。如果把它算在内，那么可以说设计学部是一个实力较为雄厚的研究机构。

这些变化都挺好，但现在的教师似乎不像我们当年那样，花很多时间轮番授课，或者围坐讨论，一起确定发展方向和教学计划。学生也很难找到老师讨论问题。设计学院的招生规模越来越大，研究项目也越来越多，更高的知名度吸引人们争相拜访、模仿。尽管全体教师每一个星期都要开两个小时的会，但内部似乎还是缺少凝聚力。比如，由设计学院（设计研究中心）和传统工程人员共同参与的设计项目似乎比以前更少了。此外，尽管设计学院的许多课程都有其他系的教师和校外的兼职教授参与，但是与艺术系的关系不复从前。在我看来，"设计"一词已经名不副实了。

在第8章和第9章，我将讨论更多关于成长的话题。但现在我只想说，斯坦福大学设计小组的演变历程，让我们看到了一个热衷于创造力研究的小团队是如何成长为资金雄厚、具有广泛知名度和影响力的庞大机构的。从我这样一名退休教授的角度来看，这种转变不仅丧失了团队的凝聚力，还少了很多乐趣，而这正是典型的成长曲线。

网络世界更美好

有些人渴望一个全球电子互联的世界，人们不仅可以交流，还可以获得大量的信息和计算能力。这就是所谓的网络世界。可惜，并不是每个人都想和其他人建立联系，耗费大量时间去消化和处理各种信息。许多数码产品爱好者认为，这些人只是暂时对互联世界不感兴趣，他们最终都会爱上网络世界的。就娱乐方面而言，这个观点可能是对的，但并不是真理。

20年前，斯坦福大学的一名研究生阿德里亚·阿努齐斯·布朗做过一项关于美国和日本公司合作开发产品的互动研究，并从中得出了一些有趣的结论。她研究了交流的三个方面，分别称为人际沟通（在同一地点交流）、文化沟通（共同爱好、文化背景及价值观）、网络沟通（电子信息互动）。她发现最有效的职业沟通要做到三个方面兼顾，只用网络沟通不如结合其他两种沟通方式更有效。换句话说，那些除了使用网络沟通，还会在现实中分享文化价值、进行人际沟通的人是最有创造力的。她的先见之明实在难得。那些认为人人都离不开网络空间的公司，只要找到志趣相投的客户群体，就能获得成功，但要想大有作为，就必须理解以我为代表的一类人的价值观：他们并不想收到更多的广告消息，在徒步旅行时也不需要带 GPS（全球定位系统）接收器和手机。

传统与变革

我要讨论的最后一个文化障碍是：重传统，轻改革。克里斯托弗·亚历山大在《形式综合论》一书中，提出了两种类型的文化：非自我意识的文化和自我意识的文化。其中，非自我意识的文化以传统为导向。传统的形式和礼仪延续至今，经久不衰，而变革往往与禁忌和传统背道而驰。在这种文化背景下，建筑师都需要从学徒做起，花大量时间学习如何建造传统建筑（如长排房屋、庙宇等）。当他学有所成，其能力得到师长的认可后，他也可以当师父，指导其他学徒。在美国，几乎不存在这种文化。所有年轻建筑师都知道，学习传统建筑形式是不明智的。我们的文化属于自我意识的文化。新的宗教、新的形式、社会运动、服饰、谈吐、娱乐和生活方式层出不穷。只有在切实相关的情况下，人们才会重视年龄和资历，长期的学徒制已经被淘汰了。人们似乎对创新精神推崇备至。

然而，美国仍有许多人更重视传统而轻视变革。这虽然令人感到奇怪，但不是坏事，因为我认为美国文化缺少传统载体。但是，重传统轻变革的态度不利于培养创造性思维。动机是发挥创造力的基础，就算解决问题的人才华横溢，他也要事无巨细地付出巨大的努力，而且难免会遭受挫折。除非你真的想解决问题（不管是出于乐趣，还是为了金钱、声望、享受或其他目的），否则要出色完成是不太可能的；除非你确信在某个领域内有变革的必要，否则你不太可能构想出变革方案。

假如人们一贯倾向于传统，以至看不到某一领域变革的必要性和可取性，问题就出现了。我想，这就是彻底的保守主义。一些环保主义者因为完全反对某一地区的变革而失去了人们的信任。假如一个人深陷于"往昔美好时光"，坚持认为过去二三十年的变革使生活水平不升反降，他就缺少成为一名优秀的思维创新者的动力，被文化障碍束缚了。那些为了变革而变革的想法可能更危险，但有利于培养一个人的创造性思维。

环境障碍

非支持性的物质环境

现在我们来谈谈环境障碍。环境障碍是由我们当前的社会和物质环境造成的，其中物质环境的影响尤为明显，因为它会直接影响我们解决问题时的工作效率。

大家肯定有受干扰而分心的体验。接二连三的电话、不断响起的消息提示音以及朋友频繁来访，你很难在这样的情况下专心处理手头复杂的工作。有时，那些潜在的干扰也是一个问题，因为当你遇事不决、心情烦闷时，你巴不得有人来分散你的注意力。就个人而言，我在解决问题的过程中，有时会不由自主地分散自己的注意力。为此，我经常逼着自己天没亮就起床工作，这样就可以排除各种干扰，因为别人都没起床，所以没有人和我聊天。即便如此，我也常常是呆坐在那儿，盼望着谁能醒来分散我的注意力。

我的妻子其实很支持我写作。和许多（也许是大多数）作家一样，写作的过程既费力又痛苦。我变得越来越爱发牢骚。好在我可以通过粉刷墙壁、打磨地板、修理屋顶、改善花园灌溉系统，或者做些其他有意义的事情来逃避写作，这都是拖延症的表现。我还不算极端，我的一个教授朋友在大学里有专属的豪华办公室，在家里也有工作室，但他在写书方面成果寥寥。最后，他在城里租了一间办公室，里面只放了写书必需的材料，没有电话，没有杂书，没有网络。他还付钱给隔壁办公室的接待员，交代接待员不仅要阻止外人来访，还要阻止他在写作的时候离开办公室。这个办法还真的奏效了！

每个人都难免受到物质环境的影响，只是各有各的行为模式，所以不同的人受到的影响也就不同，有人在冷一些的房间里工作状态更佳，有人喜欢暖和的房间，还有人愿意待在冰冷的屋内，但要把脚裹得很暖和；有人一边工作一边听音乐，还有人需要安静的环境；有人习惯工作时身边有人，还有人习惯工作时无人打扰；有人喜欢有窗户的房间，还有人喜欢在没有窗户的屋子里工作；有人完全不受周围环境的影响，还有人对环境极为敏感。

乔治·内勒在《创造力的艺术与科学》(*The Art and Science of Creativity*)（现已绝版）一书中介绍了许多作家和艺术家在某些工作环境下的怪癖："譬如，席勒喜欢在书桌上摆满烂苹果；普鲁斯特在其居室墙壁上贴满软木塞以防噪声；莫扎特边作曲边健身；塞缪尔·约翰逊博士写作时与猫相伴，再放一些橘子皮和茶；哈特·克莱恩创作时喜欢用留声机大声播放爵士乐。"对他们来说，这些做法有助于专注地工作，发挥创造性思维。另一个例子比较极端，伊曼努尔·康德会在一天中的特定时间坐在床上工作，身上裹着毯子，而且要把毯子摆成特殊的形状。"他在创作《纯粹理性批判》

时,为了集中注意力,经常眺望窗外的塔楼。后来树木遮挡住了塔楼,他变得闷闷不乐,为了让他安心工作,柯尼斯堡当局砍倒了这些树。"

有些人处于特定环境下可以从事任意一种创造性思维工作。因此出现了多功能工作室,可以满足一个人在那儿画画、写作、雕塑、发明创造的多种需求。而对另一部分人而言,可能每个人都有自己的最佳写作环境、最佳制陶环境,以及最适合做木工活的环境。即使存在个体差异,我们仍然可以说,多数人在特定环境中都能把思维创新发挥到极致。

如今,随着开放式办公室、智能手机和互联网的出现,人们难免分心。我们将在第9章中谈及,团队可能比个人更具创造力,所以要集思广益,发挥集体的智慧。但也有一些时候,个人需要长时间专注于某个问题。我和许多人一样,都觉得跟朋友闲聊比解决难题更让人感到轻松愉快。有时我又需要一个封闭的房间把自己隔离起来。但我知道,即使关掉手机、忽视电子邮件、远离 YouTube(一种视频播放媒体),也总有些人有充分的理由干扰我的工作。更糟糕的是,开放式办公室在当下十分流行。幸好我还有一间带门的办公室,不然我真的要逼着自己在山顶买一间偏僻的小屋用作办公室了。

练习: 拿一张纸,列出你能想到的创造性思维工作(或者不同工作所需要的不同环境)所需的最佳环境的特征。你的工作环境符合这些特征吗?如果不符合,那么原因何在?如果你设想的环境可以实现(不是未知的南太平洋岛屿的海滩),就改造你的工作环境，使其更接近你理想中的环境。这是否可以帮助你发挥思维创造力？

非支持性的人文环境

虽然环境通常包括物质因素，但最严重的环境障碍通常是非物质的，而且更接近文化和情感。正如第 3 章中讨论的，思维创新涉及一定程度的情感风险。变革往往会对旧事物造成威胁，新思想同样具有威胁性，特别是新生的、尚不完善的、未经实践检验的新思想，很容易因此被扼杀。社会的反应通常也是如此，有多种途径可以将新思想扼杀于萌芽之中。有人添油加醋，过度解读；有人冷嘲热讽；还有人嗤之以鼻，不屑一顾。

练习：想出一个新创意，或者一项令人觉得切实可行的新发明。比如，发明电动马桶刷、策划邮政改革促使邮局改善服务，或者其他任何事情。然后一本正经地向朋友或其他熟人（如果你有足够的勇气）提出这个想法，留意他们的反应。除了朋友，还有人积极回应你吗？朋友是真的能接受你的观点，还是出于礼貌迎合你一下？这个实验设计有些问题，因为你的想法可能很高明，也可能很差劲，而这显然会影响听众的反应。但是，我并不认为他们的反应能有多大差别。你如果想改进这个实验，就可以对同一个人分别提出好点子和馊主意，再看看他的反应。

但是多数人不喜欢受到批评，更糟糕的是，他们也不确定自己的想法是否有价值。因此，人们需要一个支持自己工作的环境。我们在设计课上遇到的最严重的问题是，学生不愿意把自己没把握的想法告诉老师，也不愿意和同学交流。他们有很多创意，但不确定是否可行，所以他们选择闭口不言。我们必须将课堂（通常是被动倾听、充满竞争、不愿冒险的环境）转变为一种非竞争性的、友好互动的课堂氛围，这样，即使是最不切实际的想法，学生也敢于说出来。而竞争性和缺乏信任则会破坏这种支持性的环境。在信任缺失的情况下，如果有人想剽窃别人的思想成果，就没人愿意提出自己的创新想法。

人们往往对带来变革的想法持批评态度。来自老板、同事或朋友的反对尤其不利于思维创新。第 8 章和第 9 章将讨论团队和组织的思维创新能力。我想在这里先强调一点：如果要让大多数人充分发挥思维创新能力，那么诚实守信、相互支持的氛围必不可少。

但事无绝对，我知道许多杰出的发明家都对自己的能力非常自信，也不太需要依赖他人的支持。我曾经与其中最知名的一位合作过。遇到难题时，他总能马上提出解决方案。但这些方案往往漏洞百出，有时把我急得团团转，他却若无其事地去隔壁办公室欣然接受批评。如果受到这么多指责的是我，那么我可能会沮丧好几天。可他会全盘接受所有批评，再去下一个办公室继续听取批评。他就是这样逐步找到解决方案的，而且往往完成得极为出色。他的成功归因于他具有接受批评、整合意见的能力。然而，这种人颇为少见。

独断专行的老板

对于有主见的老板，我们需要特别对待。许多问题解决者都固执己见，他们不在意别人的漠视或反对，即使孤立无援，他们也会将一种理念贯彻到底。他们如果恰好有敏锐的判断力，就能在公司取得显著的成就，还可能被提拔为管理人才。因此，人们常常会发现，许多管理者都是成功的创意者，他们坚持将自己的想法付诸实践。在管理员工时，他们仍然使用这种行为模式。虽然他们在解决问题时能够达到立竿见影的效果，但其实是依靠自己的创新能力以及公司内部的服务机构来解决的，管理者可能没有充分发挥员工的创新能力。

为了最大限度地实现团队的创造性产出，管理者必须有激励员工进行思维创新的意愿和能力，并在员工成功时给予奖励。当然，管理者自己也要发挥创新性思维。假如他们想要充分发挥员工潜能，就应该参与团队协作。

但令人不解的是，这样显而易见的道理经常被忽视。我经常看到设计小组组长将自己的意志凌驾于组员之上。如果组长思路开阔、善于创新，组员又愿意配合执行他的理念和构想，那么团队当然可以获得成功。然而，我们担心的是环境障碍，毕竟这样的工作环境不利于组员思维创新。

缺乏所需资源

另一个常见的问题是在把想法付诸实践时发现缺乏物质、经济或组织方面的支持。新想法很容易落空，在说服他人接受新想法之前需要耗费大量精力去完善。举例来说，许多科学观念在取得重大突破之前往往需要经年累月的实验，只有这样才能引起业界人士的关注。激发小说创作的灵感也与最终成品相去甚远。即使这个想法发展为具象化的实际成果，它也必须面对世人批判的眼光，这可能需要资金和时间。以发明者为例，个体发明者明显没有企业发明者占优势，因为前者进行发明创造时需要自行获得制造技术、实验设备、专业的法律及推广知识，还要承担食品消费和场地租金。假如没有时间和资金的支持，即使是最好的创意也难以实现。

这个例子确实有些极端，但巧妇难为无米之炊，即使是新出炉的创意菜谱也需要资金来买食材，花时间烹饪。同样，运用一种新式画法进行创作也需要充足的时间和相应的绘画工具。度假旅行可以提升婚姻幸福感，但也要付出时间和财力。所有想法都需要特定的环境提供必要的支持来实现。这种支持可能来自一家友好的风险投资公司、银行、配偶、收入盈余，或任何其他形式的资助。缺乏这类资助会造成严重的环境障碍。

克服文化障碍与环境障碍

涉及文化障碍的项目备受学生青睐，因为文化障碍难以克服，而一旦被识别出来，特征也极为明显。我经常要求学生为彼此设计谜题、游戏或情境，只有打破文化障碍才能找到答案。有个题目使我印象深刻：在不打破平衡的情况下，从一个不稳定的物体下面取出一张钞票。最简单的方法就是把钞票撕成两半。然而，由于各种文化因素（故意毁损货币是违法行为，人们通常不会撕掉有价值的东西），没有人会想到这个特别的解决方案，也就无法把钞票取出来。另一个题目要求撕掉52张纸牌中的一张。这次也没有人想到用这种违规操作。美国社会流行玩纸牌，但大多数人不会去玩一副不完整的牌。我还记得一道最能说明问题的题目。题目要求学生在一块木板上按一定顺序移动物体，最后摆成规定的图案。多次尝试后发现，按照题目要求根本无法摆出规定图案。这是文化障碍吗？不错，一味遵守规则也是文化障碍！如果不按照题目要求的顺序移动物体，就很容易摆出规定的图案。

设计课的学生如果接受过比较严谨的、以理论为导向的学科训练，或者受到类似的文化背景的影响，就比较容易按部就班地做事。设计方面所需的专业知识与其他领域（如流体力学）的侧重有些不同。设计方案有多种解决思路，运用分析的方法是为了达到目的，而不是为了分析而分析。即使是经验丰富、掌握技巧的老师也不是通常意义上的设计专家，因为他们在课程开始时并没有确定唯一的答案，甚至不一定能提供标准答案。因此，老师评分显然带有主观随意性，学生必然会面临更多评分不公的问题，毕竟老师评分的标准不那么合规。若学校制度非常看重分数，教授或老师的权威性极高，那么学生有时会难以适应设计课程的学习评估方式。由于受到他们所接受的文化教育影响，他们经常在心里揣测："答案是什么？""我怎样才能得A？"其他很多国家也迫切需要有能力的设计师和解决问题的人，然而，这些国家的学生也受到这些障碍的困扰，因为承担学业风险在某种程度上是一种禁忌。来自工业欠发达国家（如大量赤道附近的非洲国家）的学生与美国、日本、中国、西欧等国家和地区的学生之间也有文化差异，主要表现在他们对机器的了解程度以及态度上的不同。工业发达国家的学生长期使用各种机器，用起来得心应手；工业欠发达国家的学生则很少有机会接触机器，缺乏实操经验，无法灵活运用机器。但是后者正在迅速进步，前者的优势正在慢慢消失，这令发达的工业化国家懊恼不已。

第 5 章
选择正确的思维语言

语言表达、视觉设计和数学逻辑

智力障碍会让你智力储备贫乏，智力策略选择低效。表达障碍会限制你表达思想的能力，你不仅和他人交流有障碍，还无法理解自己。我们先来看看下面这些障碍：

（1）使用不正确的语言解决问题，例如，用数学方法解决一个本可以用视觉方法处理的问题。
（2）在解决问题的过程中，智力策略运用不灵活、不充分。
（3）信息缺乏或信息不准确。
（4）表达和记录思想的语言能力不足。

举几个例子应该可以帮助我们更好地理解上述障碍。本书第1章提到的关于和尚上山下山的智力题给我们的启示是：选择正确的思维语言（比如视觉意象）有助于引导你迅速找到解决问题的途径。下面再来看一个思维语言方面的问题。

练习：想象你有一张很大的纸，厚度和这本书的一页纸差不多。现在请你想象着把这张纸对折一下（变成了两张纸），再折一下（变成了四张纸），共对折 50 次。想一想，这张对折了 50 次的纸有多厚？

事实上，无论一张纸有多大，也无论它有多薄，你都不可能对折 50 次。但是，为了做这道题，假设你能做到。不管你是想出了答案还是放弃了尝试，都请继续往下读。

你第一次对折后得到的厚度是原纸张厚度的 2 倍。第二次对折后得到的厚度是原纸张厚度的 2×2 倍。第三次对折后就变成了 2×2×2 倍。这样一直对折下去，你如果有数学头脑，就应该知道对折 50 次的纸张厚度将是原纸张厚度的 2^{50} 倍（2^{50} 大约是 1 100 000 000 000 000）。如果这张纸和打印纸一样厚，那么对折 50 次后其厚度大约有 5 000 万英里[①]，也就是说，比地球与太阳的距离的一半还要长。

如果你试图用视觉意象（解决和尚上山下山那道题的聪明方法）来解决这个特殊的问题，那么恐怕无济于事，因为要想准确想象出对折 50 次之后纸张的厚度几乎是不可能的。采用语言表述的方法恐怕也不行。你如果懂得乘方运算，就应该知道这将是一个大得惊人的数字，但对这个数字到底有多大仍然没有概念。解决这一问题的正确语言显然是数学。

---

① 1 英里 ≈ 1.609 3 千米。——编者注

解决问题时选择正确的思维语言

你是怎么选择心理策略来解决此问题的？你是怎么在视觉化方法、数学方法、其他方法中做出选择的？你如果受到和尚上山下山那道智力题的启发，采用了视觉意象的方法，就说明你有意识地选择了它。你如果读懂了本书的内容，就应该思考各种解决途径，然后选择其中一种。然而，我们当中的许多人很可能会像以前一样，无意识地选择一种策略，然后又从这一策略切换到另一种策略。正如我之前所说的，大多数人在解决问题时都遵循这种习惯模式。即使没有经过有意识地思考，头脑中也会产生某种思维倾向。这种思维倾向有可能正确，也有可能不正确。如果是错误的，那么另一种倾向可能会出现，当然也可能不会出现。

有意识地思考一下你可能采用的多种思维语言，也许有助于你的策略选择。例如，你可能会在读了折纸问题后自言自语："瞧，这个人一直在试图向我推荐视觉思维的方法。这种方法奏效吗？我先折几次试一试。"等到很难继续折下去的时候，你可能会问："还有别的方法吗？语言表述呢？恐怕行不通，这是一道有关数量的实际问题。数量，对呀，用数学方法啊！"你如果是数学专家，通过心算就可以做出来；你如果是半个专家，就可以列方程解决；如果你只是业余数学爱好者，聪明的办法就是向懂数学的人求助。

下面，我再出一道题。在你想出答案之前，请认真读题，看看哪些思维语言比较合适，然后用最合适的思维语言解决这个问题。

练习： 一男一女并排站着，他们开始向前走，都同时迈出右脚。但是两人步幅不同，男人每走两步，女人都要走三步。请问，两人左脚同时落地时，男人走了多少步？

这是一个可以借助视觉思维来解决的典型问题。和另一个人现场实验、画一张图或者用音乐节拍类推都可以解决此问题。用数学方法也可以，不过要多绕几个弯。语言表述的方法仍然行不通。你会采用哪一种思维语言呢？行得通吗？如果行不通，那么你尝试过其他方法吗？你是怎么知道该放弃某种方法，去尝试另一种方法的呢？这个问题的答案是：男女二人永远不会同时左脚落地。

选择合适的思维语言之所以困难重重，不仅是因为选择往往是无意识的，还因为我们的文化过于强调语言思维（数学思维次之）。上述两个问题都不好解答，因为它们都不是运用语言思维就可以轻易解决的。使用绘画的视觉化方法几乎是做好实物设计的基本方法。当你用语言思维来解决设计问题时，它会给你造成一种错觉，你自以为找到了答案，但其实并没有。那些擅长表达的人虽然有较强的语言思维，但他们的表达都是泛泛而谈。而在设计中，只有在一个人用视觉模式支撑了自己的想法时，他才知道自己是不是在自欺欺人。

既然你已经意识到了这种情况，那么我再出一道练习题，让你对自己的偏见有所了解。它要求你运用三种问题解决方式：语言表达、视觉设计和数学。这道练习题包括三道小题，和以前一样，你心里要清楚自己对这个练习在认知和情感上有什么样的反应。

另外，最好找一些不同专业背景的朋友一起做这道题，这样会使专业化的差异更加明显。解答本题大约需要 20 分钟。如果你的朋友来自不同的专业，那么在至少 5 分钟的练习中，每个人都会感到有些不自在，有些人可能根本就不喜欢做这类练习。这个练习的 3 道小题都要求人们有创意，对参与者的身份和社会地位也有较高的要求，如果他们做得好，那么这还能给他们带来名气和金钱。假如没做好，他们就有些尴尬，可能不想再参与这样的活动，也不想和那些表现出色的人进行交流。我们喜欢按自己的习惯做事，但这样会失去创造力。

练习：

1. 花 5 分钟写一首以爱情为主题的严肃短诗。力求体现诗歌的意象之美和表现力。写完后，在同伴之间朗诵。

2. 花 5 分钟设计一款更好的台灯（画在纸上）。无论是功能还是外观，台灯通常都有一些需要改进的缺点。请设计一个既实用又美观的台灯。画完后，把你的设计展示给小组里的其他成员，并用几分钟时间展开讨论。

3. 花 5 分钟解决以下问题：有一只蚂蚁在一个天花板和地面为正方形的房间的顶部角落里，天花板的边长为 24 英尺，房间高度为 8 英尺。它看到斜对面的角落里有一块面包屑，因此想以最短的路线爬到那里享用。请问最短的路线有多长？5 分钟结束后，确保小组中的每个人都理解了问题并得出了一致答案。

我们对智力题的反应并不一定反映我们现在解决这些问题的能力。我们有各种各样的解决办法，但有些早已过时，无法应对新问题，加上面对问题时产生的焦虑，这一切都对我们产生了影响。我经常把诗歌创作这部分练习给工程学专业和商科专业的学生、专业工程师、职业经理人以及企业高管来做。当他们听说要写诗时，他们最初的反应通常是从惊恐到迫切地想要离开教室。当真的坐下来开始写时，他们发现写诗的过程并没有他们想象的那么痛苦。他们在以前的学校教育中接受过诗歌创作的教育，只是后来忙于专业学习或工作，早就没有写诗的习惯了。他们还发现，虽然写诗可能不符合他们平常的交流习惯，但是关于爱情，他们其实有很多话可说。然而，当他们被要求当着别人的面朗诵自己的诗作时，他们又感到痛苦了。他们读完自己的作品后，我让那些觉得自己的诗写得很烂的人举手，结果所有人都举了手；我让那些觉得同伴的诗写得很棒的人举手，所有人都举了手。换句话说，他们都认为自己的诗很烂，而别人写的诗很好。

  黛安娜·米德尔布鲁克是斯坦福大学的英语教授，同时也是一位诗人，发表过诗歌作品。我曾经邀请她给我的高管短期培训班讲授诗歌创作。这些学员是作为未来科技公司经理重点培养的精英群体。她在课堂上向学员介绍诗歌，内容包括阅读、课外写作以及大约4个小时的讲座。她通常会在课前给学员朗诵一首诗歌，即使是让他们听诗歌朗诵，也会让一些学员感到不太习惯。不用说，他们最初的写作尝试是痛苦的。然而，听，或者不听，诗歌之美就在那里。米德尔布鲁克对学员晓之以理，动之以情，不管是恳求加劝导，还是表扬兼批评，总之，她用了各种方法，终于让这些不情愿的高管写出了越来越复杂的诗句。图5-1是培训班部分学员创作的短诗。短期培训课程的教学效果不错，有几位学员甚至成了业余诗人，每一位学员都对自己诗歌创作能力的认识发生了巨大的变化。

```
                                    Shapely brown bicycling legs
                                    Flashing in the sun through Stanford arches
                                    I am an old man
I comb my hairs with a ball point pen
aging ego
hostage to ratted locks

                                    Fern Hill, you stir the little boy
                                    Take me back
                                    Leave me by the stream above the cliffs
                                    Let me relive the year
                                    The joy; my friends; my dog
                                    . . . no chores!

economic elements of engineering arouse
   me, Anne
eleemosynary music modifies my
   arousal, Anne
elegant eulogies/expert algorithims/
   integrated implantation
   Anne, Anne, Anne

                                    Cherub face glowing to the world,
                                    inner thoughts not expressed.
                                    A filling sponge, thirsty.

Cold night falls on deeps now
narrow path lit by full moon
Dog barks into silence

                                    Paint the sky
                                    Roll the meadow
                                    Fathom the depths
                                    Water under the bridge
                                    No U turn!

Personal perks, privileges.
Mission seduced integrity.
Beguiled by a lofty
Self-esteem through arrogance
Clouded vision. Exquisite
Rationalization. A
Talent squandered, a life disrupted.
Power corrupts.

                                    Invent bad verse—why?
                                    To manifest our joy
                                    before this episode ends
```

图 5-1　学员们创作的诗歌

许多人都认为自己的诗歌创作水平很低，但也能写出尚可接受的诗句。他们仅仅是对自己的能力缺乏自信，同时深受社会大环境阻碍、高中开展诗歌教学的结果的影响。同样，绘画所遭遇的尴尬也可能是因为人们将大多数人的画画爱好同职业艺术家的绘画创作混为一谈。一个人之所以对数学失去兴趣，可能是因为他在读小学三年级的一次算术考试中计算速度没有其他同学快（这与数学没有多大关系），没有保住班级第一的位置。

在解决问题时，人们为了逃避某种不喜欢的思维方式，会想方设法在其他方面付出努力，有时候我觉得很好笑。一名学员提交了如图 5-2 所示的爱情短诗。这个作品很有创意，但其创作过程可能比写一首真正的诗更费脑力。

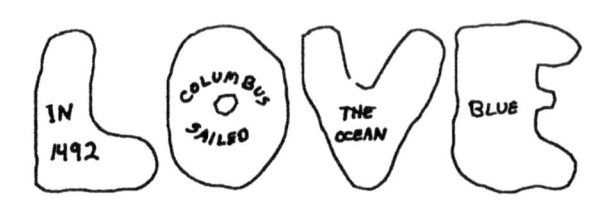

图 5-2 一名学员的爱情短诗

在台灯设计作业中，有一位学员竟提交了一篇论文。论文开头写的是："在你欣赏我的台灯设计之前，你必须了解一些电路设计原理、固体理论和光学理论。"这显然是一个高科技台灯。接下来的 5 页内容全都是对电路设计、固体理论和光学理论的介绍。看完理论介绍，我却没有看见台灯的设计方案。这名学员在规定时间内介绍了他所知道的东西，却很省事地规避了视觉意象的过程。

关于那道室内蚂蚁的题目，我清楚地记得一位斯坦福大学校友的答案，他用了整整一页纸来演算。你还记得在学校学过的勾股定理吗？解决这个问题的一个简单方法就是把立体的房间展开，形成平面图（如图 5-3 所示）。这样很容易算出答案是 40 英尺，但前提是你必须要想到把房间展开，形成平面。做这道题的思维障碍很明显：人们不会想到把立体的房间展开，形成平面。

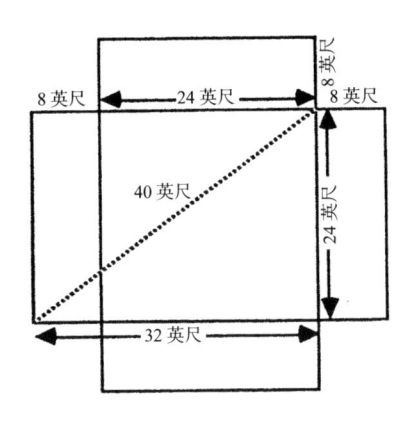

图 5-3　蚂蚁到达面包屑的最短路线

我给那些喜欢做计算题的人出的另一道题是：假设两列火车在一条直的铁轨上相距 1 英里，两列火车均以每小时 10 英里的速度相向而行。其中一列火车的最前端停着一只苍蝇，它开始以每小时 20 英里的速度飞向另一列火车。到达另一列火车时（现在离第一列火车不到 1 英里），苍蝇立刻掉头飞回原来的火车，到达原火车车头时又立刻掉头，如此往复，直到两列火车迎面相撞，把苍蝇撞死。这个问题问的是苍蝇在被火车撞死之前飞了多远。这显然是一道与数学相关的题。很多人都试图通过记住或写出无穷级数来给出答案。其实，我们只需要知道，每列火车在相撞前行驶的距离都是 0.5 英里。由于火车以每小时 10 英里的速度行驶，因此所需时间为 1/20 小时。苍蝇以每小时 20 英里的速度飞行，那么，它在 1/20 小时内飞行的距离就是 1 英里。然而，一名参与者给出的答案是：

自由任性、一路高飞的苍蝇，
为什么，哦，
为什么你一定要被撞死？

这又是一个精彩的答案。事实上，在注重创造力培养的课堂和研讨会上，我希望人们这样做。只不过我怀疑，与其说这里的动机是创造力，不如说是不想花时间进行数学思考。

我们可以有意识地克服解决问题时的语言选择习惯（我们通常会使用自己擅长和喜欢的语言，而不一定是解决问题的最佳语言），从而提高创造力。但坏消息是克服习惯并不容易。首先，我们需要克服情绪信号；其次，我们要时刻保持一个新手的学习心态。这个过程大家都很熟悉。想一想，如果你想要改变打网球的挥拍动作，那么这意味着你意识到你并不满意自己的挥拍动作。其中的原因要么是球技不如人，打不过对手；要么是你在电视上仔细看了罗杰·费德勒的发球后发现他发的球更有效；要么是你非常敬重的一个人说你的反手击球技术很差，你因此受到了刺激。通常，改变习惯的第一步是认识到目前的习惯存在不足。

下一步则要采取有意识的，通常是分析性的行动。你可以上课、读书、看录像、看其他网球运动员打球，尽可能在对比的过程中取长补短，然后有意识地培养你的新习惯。虽然一开始你可能会觉得非常尴尬，但它可能会帮助你实现心中的目标。最后，你还要不断强化练习，直到它成为一种程序化的自然行为。当然，这并不能保证你以后无须再改进，也不能保证你赢得网球比赛。它只是意味着在下一次习惯改变之前你暂时不用改变了。

当然，奖励、惩罚和其他类型的动机因素在习惯改变的过程中是很重要的。此外，我们还要考虑时间和精力，也许还有金钱等因素。为了讨论，我们尤其要注意意识在改变习惯过程中的重要作用。意识不仅有效，而且是我们唯一需要改变的因素。

灵活运用策略

戴维·斯特劳斯和迈克尔·多伊尔长期以来对解决问题很感兴趣，他们共同创建了互动协会公司，该公司为问题解决小组培训引导师，提供培训课程，并从事相关研究。在与小组合作时，他们的一个方法是在解决问题的过程中密切关注某一策略或某些策略的使用情况，并在过程即将陷入僵局或其他可行方法被忽略时，提出修改或补充策略的建议。他们出版了《策略笔记》(Strategy Notebook)一书，列出了大约66种策略，每种策略都附有策略描述、优缺点以及示范练习。该策略清单如下：

建立	展示	模拟
消除	组织	测试
顺向工作	列表	游戏

逆向工作	克制	操控
联想	图示	模仿
分类	规划	阐释
类推	语言表达	转换
示例	视觉意象	翻译
比较	记忆	扩展
认同	回忆	简化
承诺	记录	夸张
延缓	补救	淡化
冒险	调查	适应
抑制	选择	替代
关注	计划	联合
发泄	预言	分离
强迫	假定	改变
放松	质疑	变化
梦想	假设	循环
想象	猜测	重复
消除	定义	系统化
酝酿	象征	随机化

有了定义和例子，大多数人都不难理解上述策略。事实上，大多数人都曾经使用上述策略以及其他策略，只是没有意识到而已。然而，大脑往往习惯于下意识地做出策略选择，因此我们需要意识到这些策略的存在，在遇到某个问题时，有意识地选择策略，或在

引导师的指导下充分利用这些策略。互动协会公司还出版了《过程笔记》(*Introduction to Process Notebook*)，该书这样总结这种情形："就像我们用实物工具解决具体的任务一样，我们用概念工具解决抽象的思维任务。要想熟悉某个工具，你可以在不同的情况下试用它，并评估其实用性。这一方法也适用于概念工具。我们的思维能力取决于我们使用概念工具的范围和技巧。"

很显然，在有意识地选择思维模式和问题解决策略的过程中必须达成某种妥协。你不应该用95%的精力去选择思维模式和解决策略，而只用5%的精力去真正解决问题。当然，反过来说，有意识地思考一些策略问题也是有必要的。首先，当你有意识地选择策略时，你往往会发现一些新的方法，这是你在下意识地选择策略时永远发现不了的。其次，你如果很清楚各种思维策略，知道它们的使用方法和用途，就可以确保头脑在下意识地选择时有更多选择。换句话说，你可以成为自己的引导师。

计算机

使用计算机时，我们可以看到智力缺乏灵活性的有趣例子。尽管计算机已经走进了千家万户，但仍有少数人对它持怀疑态度，不愿使用它。其实计算机是一个非常强大的思考工具，我们要充分利用它。但有些人走向了另一个极端，他们疯狂地崇拜计算机，以致在错综复杂的互联网和不断更新的软硬件产品面前变得无所适从。除非你是计算机专家，否则对计算机的盲目崇拜对你没有好处。如果你是计算机游戏迷，还喜欢研究计算机配件，或许你会把所有的时间都花在计算机上面,却不会用它来解决问题,那么,虽然这可能会给你带来无穷乐趣,但不会有助于改变人类的生活现状。

自20世纪70年代制造出第一台个人计算机阿尔塔以来,克利福德·斯托尔一直从事计算机方面的工作。早在1995年,他就写了一本有趣的书,名为《硅蛇油》(Silicon Snake Oil)。他在书里抱怨自己花费了大量时间在计算机功能开发上面。在他看来,如果计算一下开发这项技术需要投入的资金和精力,我们就不会花这么多时间来解决计算机系统的问题了。尽管这本书在当时被认为是一种异端邪说,但我还是和其他大多数计算机用户一样,赞同他在书中的观点。毕竟,计算机本应该是被用来提高我们的生活质量的。他提到,当计算机崩溃或者给你发送一些奇怪的错误信息时,你不但要花时间处理,而且被打断了思路。这种情况在此后的几年里虽然有所改善,但是,这种改善又被越来越复杂的计算机功能抵消了:强迫用户升级,从而使用户不得不学习新的操作技能;吸引用户购买不需要的东西;诱导用户把注意力转向令人上瘾的游戏、视频、应用程序、短信、体育赛事和其他娱乐活动;使用具有强制性的安全程序;让用户不得不没完没了地设置密码。我仍然认为我花了太多时间试图让计算机做我想做的事。我对计算机的期望值太高了,它只不过是一个工具。

计算机对我职业生涯的影响可以追溯到很久以前。20世纪60年代,当我在喷气推进实验室工作的时候,实验室使用的是大型的(对当时而言)基于计算机的结构分析程序,而宇宙飞船上使用的是相对原始的计算机,以进行机载制导、控制和科学数据简化。我也紧跟时代潮流,买了一台RadioShack公司出品的TRS-80便携式个人计算机,后来又买了一台苹果公司推出的 Apple I,并试着把它们应用到我的生活中。我现在的工作要经常用到计算机和通信设备,因此工作效率比以前提高了不少,但我不是计算机专家,也不想成为计算机专家。对我来说,问题是如何做到两者之间的平衡。一方面,计算机有助于创造力的发挥,我们应该如何最大限度地利用数字革命?另一方面,缺少时间也许是发挥个人创造力的最大阻碍。计算机如果占用了太多的时间,就会抑制我们的创造力。

准确信息的重要性

在解决问题的过程中,获得准确、充分的信息至关重要。智力障碍可能会导致问题解决者无法获得均衡的相关信息,这可能是灾难性的。没有电气工程思维的机械工程师可能会设计出机械电视机;对机械工程有偏见的电气工程师可能设计出非常复杂的电力控制系统,但是,简单的机械控制系统更便宜,更可靠。那些一贯拒绝数学思维的人因为缺少定量数据分析,从而限制了他们的问题解决能力,就像那些拒绝考虑美学、情感和定性分析的人在做决策时遇到的障碍一样。审美水平较低的工程师可能制造出丑陋无比、缺乏人性的产品或设备,不仅如此,其销量也可能很低。忽视定量数据和统计方法的使用的环保主义者在解决环境问题时无法提出有效的方案和措施。

然而,信息在解决问题的所有阶段是否都具有普遍价值,人们对此存在分歧。有一种学派认为,创新的大敌是现有解决方案对创新思维的巨大影响。该学派有一句经典名言:"如果你长期习惯了用斧头砍树，你就很难想到其他砍树方法。"我认识一个极富创造力的工程师，他发现解决问题前保持大脑"一尘不染"非常重要，他会避免让旧有经验先入为主。但我还认识一位工程师，她同样富有创造力，会耗费大量的精力去摸清某一问题的来龙去脉，哪怕是对与问题关联性不大的信息也要了解透彻（这是一个"污浊"的大脑吗）。的确，如果你不知道有斧头这种工具，你砍树的方法就可能是重新发明斧头，或者根本不使用斧头。

在我看来，解决问题的最佳状态是，即使你的头脑里塞满了海量信息，你仍然能够用"一尘不染"的头脑来思考和解决问题。当然，我的这个观点也有些偏颇。正如我之前承认的那样，我在解决问题的过程中也总是磕磕碰碰的，并非不费吹灰之力。我对问题的各方面越了解，尝试解决的次数越多，我就解决得越好。然而，在解决问题的过程中，有时我们有必要与这些信息保持一定的距离。当然，在处理高科技问题、面对复杂的商业环境或人际交往时，拥有大量的信息是很有必要的。但这些大量的信息往往会蒙蔽你的双眼，让你忽视其他巧妙的解决方案。知识渊博可以让你成为专家。但是《集思广益：创新能力的培养》（*Synectics: The Development of Creative Capacity*）一书的作者威廉·J. J. 戈登这样描述专业知识："对既定知识的专门语义阐释形成了一种约定俗成，使现实变成了一种抽象的、间接的东西。而这些约定俗成就像一座没有窗户的堡垒，让你无法以新的视角来观察世界。"

我相信，在成为某一领域的专家的同时用新的视角观察世界，是有可能实现的。人类不需要一个在荒岛上独自长大的人来发明一个更实用的开罐器。我们不仅需要那些在电气、机械、物理、化学等方面学识渊博的专家，还需要对现有的开罐器了如指掌的普通人。唯一的先决条件就是：不管拥有怎样的先验知识，他们都应该以新的视角来观察世界。如果能做到这一点，他们就应该比来自荒岛的人做得更好。

表达障碍

现在来谈谈表达障碍，让我们先来做一个简单的练习。

练习：请找一件说不上名字的简单物品（若找不到，自制也行），可以是一块木头，切掉了一个角，其中一面还有一道凹槽，也可以是机器的一个零部件，或者其他任何物品，只要是简单的、形状不规则的即可。不要用铅笔、剪刀、药瓶等人人都熟悉的日常物品。把你找的物品放在一个大纸袋里，然后找几个人，让某个人把手伸进纸袋去摸，但不让这个人往里面看。让这个人用语言向其他人描述该物品，其他人则根据他的描述将它画出来。

这个练习难度非常大。当然，交流时缺乏反馈是造成这种情况的一大原因。做这个练习时，绘画者不能向描述者提问，因为如果允许提问，绘画者就可以获得一些反馈信息。另外，仅凭触摸来确定物品形状并非易事。但主要的困难恐怕莫过于用语言来描述一个具体的物品了。参与者如果具有数学头脑，能用 x、y、z 坐标或其他几何结构表面描述技巧进行交流，就可以完成得更好。如果使用常见的口头描述方法（例如"底部是一个长方形，缺了一个角，从缺角往上有一条短边"），那么完成这个任务是极其困难的。造成这种困难的另一个因素是大多数人没有相当的绘画才能。即便你可以用语言完美地描述这个形状，大多数人也没有能力把它画在纸上。

我通常会召集一大群人来做这个练习，这样我可以对他们的绘画做一番比较。我们可以在聚会上试试这道题。如果有大批观众在场，描述者就会面对一些有趣的情感障碍。描述者如果在描述之前能好好摸摸袋中的物品，就会描述得更准确一些。但在一群迫不及待的观众面前，她很难从容地去做，只好边摸边描述。如果描述者说话速度快，那么观众可能没有听到什么有用的信息。让她在一大群人面前摸袋子里的东西，她自己也会觉得有点儿尴尬。她觉得自己完全了解物品长什么样，就想当然地认为绘画者应该也很清楚她描述的物品是什么形状。因此，她可能会失去耐心。毫无疑问，练习结束后，她会想出一个更好的方法来完成这个描述任务。

这个练习说明我们在表达思想时可能会使用不恰当的语言技巧，也说明我们在语言表述方面不准确。这在工程等行业中是一种极其常见的障碍。许多学生和工程师都不喜欢绘画，部分原因是他们可能觉得绘画很难，还有一部分原因是，在某些专业领域，人们认为分析能力比绘画能力更重要。因此，人们总喜欢用语言来表述几何概念。这种表达障碍带来的困难甚至没人能理解，因为描述者非常清楚自己要描述的是什么，而绘画者通常也自然地认为自己完全理解描述者的意思。下面这个练习同样可以说明不准确的语言表述所导致的障碍。请找十几个人一起做这个练习。

练习： 给第一个人看一张画有简单物品的图片。图中物品应较为抽象，我们无法给它取一个确定的名字。第一个人在观察片刻后，开始向第二个人描述此物品，第二个人再向第三个人描述，一直传递下去。当一个人向另一个人描述时，要确保其他人听不到。在描述完成之后，让最后一个人画出他所听到的物品的样子。将这张图与最开始的那张图进行对比，应该会很有意思。

我经常在课堂上和同学们玩这个游戏。第一张图是一张工程制图，从不同角度展示了一个简单的物体，参与这个游戏的是工程专业的学生。图 5-4 展示的是他们最后画出来的部分作品。很明显，在这个过程中出现了一些偏差。

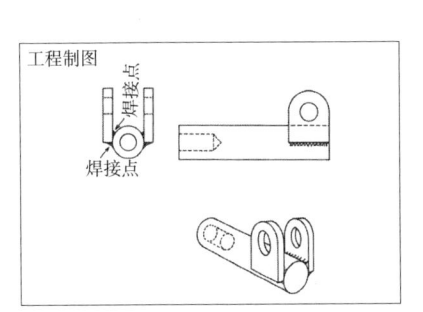

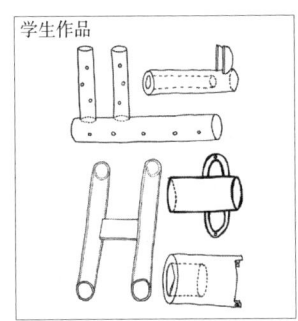

图 5-4 工程制图与学生作品

这两个练习有一个共同的难点，就是交流都是单向的。这种交流效果非常差，除非接收者和发送者的信息对等，而这在涉及创造力的情况下是不太可能的。如果在练习中允许双向交流（接收者可以提问），那么传递的信息会准确得多，但过程可能会极其缓慢。

还有其他原因导致交流困难吗？当然有，我们很容易找到原因：试图用外语表达概念却表达不清；习惯用计算机写作的作家偏偏遇到计算机"罢工"；行政助理请病假导致经理在办公室忙得焦头烂额；懂数学的人向讨厌数学的人解释定量概念时的挫败感。

在涉及创造力的情况下，我们经常会从别的学科中吸收借鉴，以新的视角来看待和解决问题。但是跨学科的交流异常困难，因为我们的头脑对学习新的术语和技术比较抵触，或者并不愿意承认我们需要学习这些新知识。我们担心别人会对我们产生误解，认为我们学习新知识是一种无知的表现。教学中最大的一个挑战就是，学生没听懂时，你不能指望他们会主动向你提问。有时候，学生们听着听着就听不懂了（通常一个学生听不懂，其他学生也跟着听不懂）。对这种不愿提问的现象的常见解释就是，一提问就等于承认自己愚昧无知。

我曾经做过系统工程师，致力于复杂产品的研发，在设计过程中要确保所有的部件在物理和功能方面都能完美对接和运行。我在美国空军服役时，军方刚刚发明"系统"的概念。飞机、弹药、启动车和皮托管插头不再那么重要，重要的是会有一整套武器系统。人们开始谈论系统概念、系统管理、系统方法，当然还有系统工程。此时，像拉莫-伍尔德里奇这样的武器生产商（美国天合汽车集团旗下子公司）也因其系统设计和管理能力而声名鹊起。这种方法很快就渗透到了航空航天领域，因此，在我1959年加入喷气推进实验室之前，大家就知道设计像航天器这么复杂的东西需要系统方法。但一些资深人士对此有异议，他们认为系统工程非常普通，

思维突破　　　136

没什么特别之处，但我们年轻人满怀热情地接受了它。刚到斯坦福大学时，我教的就是系统工程，暑假的大部分时间，我都在做美国国家航空航天局赞助的一个项目，这个项目的一个目的就是让工程学教授对系统工程有更深入的了解。

那么，什么是系统工程？其实，它就是普通的传统工程，只不过它形成了自己的体系并作为一个独立的专业领域而存在。其产生的背景在于不同的技术领域都有自己的专业术语、学科观点和重要的认知，这就给跨学科交流造成了障碍。通信工程师认为在他们的系统中出现3分贝的误差无可厚非，而某个蹩脚的机械工程师最终设计出来的天线的覆盖范围可能是原来的两倍。

跨学科交流并不局限于科技公司。任何一个组织内部各专业团队之间都存在沟通困难，任何一个家庭不同角色成员之间都存在沟通困难。传统的家庭主妇（应该还有）与传统的丈夫（现在应该不存在了）沟通起来同样困难，因为他们的人生经历、他们心目中的优先事项和责任感都有所不同。

我在这里想表达的意思很简单，但非常重要。在涉及变革和创造力的情况下，交流不是我们想象的那样，仅仅是简单的信息传递。我们要努力确保交流是双向的，并且有充分的时间和足够的努力来传达信息。同样值得怀疑的是学科交叉融合这一变化带来的交流困难。最后，也许还要改变我们的价值观和对优先事项的看法。要做到这一点，有时需要进行深入的沟通，特别是对于那些早已习惯某个特定角色的人来说，要说服他们转换角色，需要大量的沟通。如果在这种情况下出现表达障碍，就可能造成严重后果。

第 6 章
三种解决问题的特定方式

分析—综合、聚合—发散、演绎—归纳

在第 5 章中，我们讨论了解决问题时因思维语言选择不当而造成的思维障碍。我想在这一章详细阐述这一点。有经验的人在碰到问题时能够熟练运用多种思维语言并且切换自如，以此记录信息、与无意识进行交流以及有意识地操纵。有些思维方式对我们来说比较自然，有些则不然。如果能综合运用这些思维方式，那么效果往往比单独使用更好。

我将论述其中的一些思维模式或思维语言，并重点推荐几种我认为没有得到应有重视的思维语言。在此之前，请先做一个练习。

练习： 假设你刚刚让某人搭了一程顺风车，而这个人是一个非常富有但性情古怪的建筑商。为了表示感谢，他主动提出按照你的要求为你加盖一座房子，只要总预算不超过 10 万美元就可以。现在请你构想一下想要加盖的房子的模样。在这个过程当中，请留心你脑子里在想什么（只想象加盖房子的事情，不用担心这种事情发生的概率问题）。

你会再次发现，观察自己的思维过程有多困难，因为思维总在有意识和无意识之间摇摆。然而，你是否大致了解自己使用了哪些思维语言？你使用了语言思维吗？量化思维和图像思维呢？你想象过气味或者声音吗？触觉或肌肉的感觉又如何？你是否习惯于仅用一种语言进行思维？

如果你同大多数人一样，那么你刚才很有可能使用了语言思维。语言思维是美国文化中最著名的（或许也是最常见的）思维语言。

许多心理学家和普通语义学家认为语言是思维的基础。例如，列夫·维果茨基在其代表作《思维与语言》中说："思维是通过文字产生的。"爱德华·萨丕尔在其代表作《语言论》中说："语言和我们的思维不可分割地交织在一起，从某种意义上说，它们是同一回事。"我们的教育制度更是强化了这种偏见。鲁道夫·阿恩海姆在其论文《视觉思维》[*Visual Thinking*，收录于《视觉教育》(*Education of Vision*) 一书] 中写道："我们的学校教育把阅读、写作和算术当作技能来训练，这些技能训练将孩子从感官（不同于语言或数学）体验中分离出来……只有幼儿园和小学一年级的教育是建立在综合运用各种心智能力的基础上的。此后，这种自然合理的教育方式被认为是训练正确抽象思维的障碍，因而遭到摒弃。"我们的文化非常重视阅读速度和理解能力，看重基于语言能力的智商测试，把语言能力的分数作为衡量学术潜力和职业潜力的一个极其重要的智力指标。

作为一个经常使用语言思维的人，我绝不会质疑那些将文字神圣化的人的远见卓识。许多问题的确可以通过语言思维得到解决。

我们可以通过早已建立的语言渠道，轻松地交流解决问题的方法。然而，正如我们在和尚上山下山智力题和折纸问题中看到的那样，也有一些问题很难用语言思维来解决。

现在，我们每天都会碰到各种各样的数字问题，有些数字大得惊人，我们都感觉不到它们的真正意义了。我们周围不乏亿万富翁，他们经常讨论数万亿元乃至金额更高的债务和开支。我们很多人对所谓的科学记数法感到不适应。我最近看到一个数字：据估计，在可观测的宇宙中，大约有 10^{24} 颗恒星，即 1 后面跟着 24 个 0，或者 1 000 的 8 次方。你对这个数字有概念吗？

还有一个更实际的例子，我在前面说过，你的大脑和神经系统中大约有 1 000 亿个神经元。这是一个多大的数字？要想知道这个数字的大小，一个常见的技巧是计算一下从 1 数到 1 000 亿需要多长时间。这比在大脑里想象这个数字容易得多。假设你有一个计数器，可以让你每秒数一个神经元，这意味着你每天（按每天工作 8 个小时计算）可以数大约 3 万个神经元，一年下来大约是 1 000 万个神经元。开始计算吧。你需要大约 1 000 年的时间才能数完你所有的神经元。如果你确实试过大声地数数，然后加上吃饭、上厕所、休息等时间，再加上有时数错等因素，那么你可能需要 5 000 年才能数完。

显然，你如果想预测物体在空间中的运动轨迹，了解复杂机器或结构的构造，或者解决有关人口和资源的问题，就必须将数学纳入你的思维模式。照着菜谱做菜，到银行办理账户结余，或者按照肥料说明书给草坪施肥，你也要用到数学知识。如果不运用数学思维模式，你就会在处理需要量化的问题时一筹莫展。

统计学是另一个非常重要的领域，但很多人都在这个领域表现得很薄弱。很多人认为汽车比飞机安全，因此害怕坐飞机，我总觉得这很可笑。在美国，每年有3万多人死于车祸，而飞机失事其实很少。只不过，每次发生飞机失事，媒体都会大肆渲染，而对车祸的报道则少得多。如前所述，丹尼尔·卡尼曼和理查德·塞勒这两位诺贝尔奖得主向我们揭示了人们对不同方式的概率表述会有不同的反应。回顾一下那个抛硬币的问题："在抛了三次硬币之后，再抛一次硬币，正面朝上的概率是多少？"这个问题总会难倒很多人。

虽然数学能力和表现在我们社会的某些圈子很受重视，但语言能力和表现则更加普遍地受到推崇。事实上，在某些圈子里，不懂数学似乎是一种不可多得的优势。一些人（通常是老年人）似乎觉得，在文化上有必要抵制数学，甚至夸耀自己在数学方面的笨拙无能。有些人对数学避之不及，认为数学是一种机械的、没有灵魂的东西。这当然是一种误解，因为纯粹的数学家不仅具有强烈的美学意识，还受到这种意识的启发和引导。尽管如此，数学家在美国还是被严重地刻板化了，在大多数高回报的职位中，精通数学远不如能言善辩重要。例如，如果我要竞选美国总统（假设这是一个高回报的职位），那么我可能不会在电视上跟其他候选人比试，看看谁是数学解题高手。事实上，如果还需要做些什么，那么我可能还会隐藏我的数学实力，以免失去那些小时候就厌恶数学的人的选票。

如果更多的人利用数学来解决问题（即使数学水平不高），那么这将会大大提高解决问题的整体效果。把数学思维和语言思维结合起来，比单独使用语言思维更能有效地解决问题。对于数学思维的用处我不再赘述，因为这已是公认的事实。讨论语言思维和数学思维，是为了说明学会运用两种思维语言能使我们更有效、更老练地解决问题，而且有些思维语言比其他思维语言更受推崇，人们也更多地依赖这些思维语言去解决问题。

对数学的不适应也可能导致对技术、自然科学和社会科学的不适应，因为这些学科与数学密切相关。媒体津津乐道的"科技盲"可能会导致这种结果。对科技的无知会给人类带来大至经济弊病小到丧失学习乐趣等各方面的问题，而且可以肯定的是，还会导致创造力的丧失。科技对我们的思维方式、工业成就、健康和生活质量都是不可或缺的。我们不仅无法在工作中完全回避科技，而且，如果没有科技助力，我们的工作效率也将大受影响。仅仅因为消极的情绪反应就拒绝应用科技无疑是一种损失，同时这也是我们进行自我分析和研究的一个原因。

现在我来介绍一些在思维创新方面非常有价值的其他思维语言。它们都是感官方面的思维语言，包括视觉、听觉、味觉、嗅觉和触觉。

视觉思维

我在前面几次提到，视觉思维是一种非常重要的思维模式，在学术界也受到了越来越多的关注。视觉思维在解决与形状、形式或模式有关的问题时特别有用。鲁道夫·阿恩海姆在他的《视觉思维》一书中解释道："每个人都经常使用视觉思维。我们在下棋时要靠它来布局，政治家要用它来谋划全球政治。两个灵巧的搬运工沿着螺旋楼梯搬运一架钢琴，抬举、移动、转弯，这一系列复杂的过程都需要依靠视觉思维来判断。"我们都习惯了在某些情况下使用视觉意象。例如，视觉意象在梦境中极为常见。有人问起某个人长相如何或某地风光怎样时，我们也会用到视觉意象。但是，让我们没想到的是，思维创新过程也少不了视觉意象。

德国著名化学家弗里德里希·奥古斯特·凯库勒在对苯环的神秘结构进行了大量有意识的思考之后，偶然在梦中发现了苯环的结构。阿瑟·库斯勒在《创造的行为》中引用了凯库勒的话。凯库勒是这样描述他的发现的：

我调整了一下椅子的方向，面对着壁炉，然后渐渐进入了梦乡。众多的原子又开始在我眼前跳跃、飞舞。这一次，较小的原子躲在其他原子的背后，不再那么显眼。这种视觉上的意象反复出现，我的想象力变得更加敏锐，能够分辨出具有多种形态的更大的结构：原子排成很长的一排，有时结合得更加紧密，像一条条舞动的长蛇，缠绕着，扭动着。看！那是什么？其中一条蛇咬住了自己的尾巴，形成了一个环，在我眼前旋转，仿佛在嘲笑我。我好像被一道闪电惊醒了。

这个梦的结果就是凯库勒的精彩洞见，即像苯这样的有机化合物是封闭的环，而不是开放的结构。

在《视觉思维的体验》（*Experiences in Visual Thinking*）一书中，鲍勃·麦金提出了有效的视觉思维必需的三种视觉意象。第一种是知觉意象，即对物理世界的感官体验，是人看见并储存于大脑的印象和信息。第二种是心理意象，它在大脑中被构建，利用知觉意象所记录的信息。第三种是图式意象，这是一种通过画草图、涂鸦、绘图或其他书面形式记录下来的意象，既可以帮助你自己思考，也能帮助你与他人沟通。

首先，让我们简要讨论知觉意象，也就是视觉能力。在第2章，我曾让你画过一个电话座机拨号盘，目的是想让你知道，你的大脑并没有记录下你所看到的一切，至少在需要的时候，你不能想起所有的细节并画出来（在催眠状态下，你也许能够准确地画出拨号盘上的按钮）。因为某些主观原因和客观原因，人们的视觉记忆很差，第一种原因是信息输入过于饱和，第二种原因是缺少动机。那些对人们来说更重要、更不寻常的事物，或者视觉特征更容易记住的一些事物，人们往往看得更清楚。

你可以有意识地学习提高自己的视觉能力，尤其是在你确信视觉能力对你而言至关重要的时候。迅速提高视觉能力的一种方法就是重新描述你见过的事物。

练习：先观察事物，然后把它们画出来。这种练习不仅需要观察力，还需要想象力和绘画能力。我们后面还会谈到这一点。现在用你周围的事物试试，用你工作中的事物来尝试则更好，也许能帮助你加深认识。

学习绘画可以提高你的视觉能力。如果你要画树，你就要认真观察树的样子。我曾经上过一门美术课，老师很乐于让我们在课堂上尝试画自己的家人、朋友、宠物，还有我们的家和邻里环境。我觉得特别好玩,为了画好这些人和物,我更加细致地观察了周围的人和物,细致程度比平时至少高两个数量级。我有个同事,他学过摄影。摄影老师教学生拍风景的方法是带一罐豆子,领着学生来到乡间田野,老师将豆子撒到地上,然后让每个学生分别站在一颗豆子上,在这一整天的时间内不能到处走动,只能站在原地拍风景。这种方法可以逼迫你用心观察。要拍摄科罗拉多大峡谷或其他风景奇观,即使不费力观察,你也可以轻松拍出好照片。但是,要站在豆子上原地不动拍到漂亮的风景,就要充分发挥你的视觉能力了。

其次,我们来谈谈第二种视觉意象:心理意象。这些心理意象对那些追求思维创新的人来说可能是最重要的。根据鲍勃·麦金的观点,视觉意象有两个重要的方面。一方面是清晰度,即意象有多清晰,细节有多丰富。另一方面是控制度,即你在多大程度上可以控制你的意象。这里有一个练习,你可以评估一下自己的视觉表象能力。

练习: 想象下列事物,请根据该事物在你脑海中的意象清晰度和详细程度,在每一项后面标记清晰(c)、模糊(v)或者没有任何印象(n)。

(1)某位朋友的面孔。
(2)你家的厨房。
(3)汽车的前格栅。
(4)一朵山茶花。
(5)一只招潮蟹。

（6）一架波音747客机。

（7）一头奔跑的奶牛。

（8）从太空中看到的地球。

（9）你的第一辆车。

（10）美国总统。

你大脑中构建的心理意象清晰度取决于以下几个因素：首先，它取决于你的见识。如果你从来没见过招潮蟹和奔跑的奶牛，那么你的心理意象很可能不是那么清晰。其次，它取决于你的视觉能力。如前所述，视觉能力又取决于动机（如果你酷爱山茶花，那么你脑中的山茶花意象可能就会更清晰）、事物的视觉特征（你对美国总统的形象也可能相当清晰，因为他们经常在新闻和政治漫画中出现）、时间的长短（你对第一辆车的印象现在可能已经模糊了）以及信息饱和度（你可能每天都会看到你的汽车格栅）。最后，它还取决于你大脑的意象再现机制。视觉想象力当然存在个体差异，而且这种差异远远超出了上面提到的可变因素。如果你让一屋子的人用视觉来构想一块砖或一个苹果，然后问他们的意象如何，你会得到一系列答案，这些答案描述的清晰度在很多方面都不一样，从颜色、细节、纹理、背景、阴影等各个方面都非常生动的意象到一片空白的意象，不一而足。

练习：试着将一系列物体视觉化，看看能否给自己的视觉表象能力确定一个模式。与将物体视觉化相比，你是否更善于将人视觉化？相对于三维物体，你是否更善于将二维物体视觉化？与小物体相比,大物体是不是更容易被视觉化?你想象的图像在哪儿?是眼前,还是大脑的某个地方?

视觉表象能力很复杂,因为它不仅取决于你的视觉成像能力,还取决于你大脑中储存的相关意象的多寡。然而,我们似乎可以肯定地说,通过主观努力,并把视觉思维作为解决问题时的优先选择,你就可以提高你的视觉表象能力。我们可以有意识地增强视觉意象。当我还在斯坦福大学读书时,我的老师约翰·阿诺德教授经常用"将苹果视觉化"之类的问题来考验我的视觉表象能力。正是因为在斯坦福大学接受了这样的训练,现在再遇到需要使用视觉思维的情况,我会不自觉地调动所有的知识,全神贯注地去解决问题。

现在让我们看看你控制视觉意象的能力。

练习:想象下列事物:

(1)一壶水烧开后,沸水溢了出来。

(2)你乘坐的波音 747 客机从航站楼中被牵引出来,滑行到跑道上,等待其他几架飞机起飞后再起飞。

(3)一头奔跑的奶牛渐渐变成了一匹奔腾的赛马。

(4)你熟悉的一位老人返老还童。

(5)一辆飞驰的汽车撞上了一个巨大的羽毛枕头。

(6)与第(5)题相反,一个巨大的羽毛枕头撞上了一辆飞驰的汽车。

你是更擅长控制你实际见过的意象，还是更擅长创造新的意象？你能以一种奇妙的、非现实的方式修改意象吗？花些时间想想这些问题，看看能否加深你对视觉意象控制能力的理解。你可以尝试控制各种类型的意象，并在大脑中创造新的意象。很多人认为控制视觉意象的能力可以通过实践来培养。在《视觉思维的体验》一书中，麦金讨论了被他称为"定向幻想"的强化想象力的方法。参与者被要求从多个方向进行幻想，这些方向会引导他们发挥更多天马行空的想象力。他们被迫锻炼自己的想象力，并且需要正视他们通常会回避的想象障碍。一旦发现自己能够在这些领域自由驰骋、发挥自己的想象力却不会招致灾难性的后果，他们就会受到极大的激励，想进一步了解如何在思维创新过程中使用视觉意象。

现在让我们讨论第三种视觉意象：图式意象。要想充分发挥视觉思维能力，绘画是必不可少的。绘画意味着对图像信息进行记录、存储、控制和交流，从而补充完善你通过想象生成的图像，达到更好的效果。如今，我们可以用很多工具在不同的表面上作画。计算机辅助设计非常流行，但对于用手、铅笔、钢笔、木炭棒或其他工具绘画的触觉体验，仍有许多值得深入探讨的地方。高中时我学过机械制图，学艺术的同学总是嘲笑我画的图很"机械"，这让我至今对绘画仍抱有一些偏见。然而，用手画图的美感和速度，是机器无法做到的。沿着直尺画一条线，然后在旁边用手再画一条线。哪一种方式更能引起你的兴趣？

绘画可以分为两类：一类是为了赚钱，另一类是自娱自乐或与朋友、同事切磋交流。第一类绘画的例子包括交给客户的建筑图纸、为一本书或杂志绘制的插图，或挂在墙上的艺术作品。但就创造力而言，非正式的绘画或许更为重要。自娱自乐或与同事切磋的绘画不需要你的技法娴熟到炉火纯青的地步，也不需要具备博物馆收藏价值。

要想学会绘画并以此谋生，需要投入大量的时间，可能还需要参加正规的课程学习。以思维创新或切磋交流为目的创作的草图不需要什么绘画技巧，而且这也是视觉思维的重要辅助手段。对于大多数人来说，只要在做题时给他们一沓草稿纸和一支铅笔，他们就会画草图。奇怪的是，同样是这些人，在碰到需要解决的实际问题时，却懒于动笔画草图。

我可能对这些特殊问题过于敏感，因为我很长一段时间都在斯坦福大学教设计，而斯坦福大学汇聚了一大批语言能力很强的大学生。在他们接受正规教育期间，教育者投入了大量精力培养他们的语言能力和数学能力，但没有重视他们的视觉能力。等他们考上斯坦福大学时，很多人都成了"视盲"。他们往往不习惯绘画，也不习惯把视觉意象作为一种思维方式。虽然他们的绘画水平很一般，但把绘画作为一种思维辅助手段（尤其是在存在一些有用提示的情况下）还是没问题的。尽管如此，他们还是很不情愿提笔绘画，因为他们的画与职业画家的画相比实在是太差了。在设计课上，我们鼓励学生根据自己的需要画出虽然粗糙但内容丰富的草图。我们也鼓励大家提高自己的绘画技巧，因为我们发现良好的绘画技巧是一个强有力的思维辅助工具。试试下面的练习，看看你的绘画技巧（无论多么外行）是否有助于开拓思维。

练习：买一个大小合适（要随身携带的话就买小一点儿的，否则

思维突破

尽可能大一点儿）的便宜笔记本，再找一支理想的绘画笔。日本派通公司的笔就很好，它看起来像一支圆珠笔，但其笔尖由纤维制成，呈锥形，这种笔书写流畅，着墨均匀。接下来的一个星期，当你需要进行创造性思维或解决问题时，你就在这个本子上画一画。你可以涂鸦，画框图、示意图、曲线图、草图或者其他形式的图。看看哪些图有助于解决问题（如果有的话），哪些对解决问题没有帮助。它们在某些特定阶段（例如，在开始着手解决问题时）是否更有效？缺乏绘画技巧会降低它们的效果吗？你会查阅以前绘制的图画吗？笔记本的尺寸大小合不合适？如果不合适，就换成白报纸或绘画专用纸，挂在墙上或放在桌子上。如果笔也不合适，就改成大一点儿的毡头笔或其他彩笔，再画一次。

说了这么多，我必须承认，绘画水平高还有其他优势。我同他人交往的经验告诉我，那些擅长绘画的人在解决问题时能影响别人，不管这种结果是好的还是坏的。这在没有先例可借鉴的设计工作中尤为常见。我曾经指导一组学生设计一种新型潜水器。其中有一个学生非常擅长快速绘制效果图。每当他提出一个设计理念，小组成员都会欣然接受，因为从其效果图来看，这些理念都非常切实可行。然后，到了第二天，他又提出了一个设计理念，成员一开始会有些惊愕，但最后还是采纳了他的新设计理念。航天器设计也几乎没有可资借鉴的先例，我在参与航天器设计的过程中也多次目睹类似的事情。

几年前，我有一个叫彼得·德赖西希阿克的学生，他现在是我的朋友，也是赛艇训练器材公司 Concept 2 的创始人之一，Concept 2

在他的管理下经营得非常成功。他非常擅长素描，并把绘画发展成一种爱好。我经常邀请他来给学生讲课。我还记得最后一次听他演讲的情形，他当时正在介绍公司概况、公司产品和公司地址，但他的演示文稿里没有使用拍摄的照片，而是使用了他亲手绘制的图，非常漂亮。当演讲者的演示文稿页数太多时，学生们通常会听着听着就开始打瞌睡，但是德赖西希阿克用手绘图的方式介绍公司，学生全程都聚精会神地看着。绘得一手好图，就有这种惊人的力量！幸好熟能生巧人人都可以做到。

当然，即便是画得很粗糙的图也能传达精确的信息。举个例子，我有一位忘年交，他经营着一个农场。我每次去拜访他，通常都会陪他一起巡视农场。我这个人喜欢帮忙，总是尽量帮他干各种各样的农活儿，包括搬动那些庞大、笨重的东西。这样的任务对于像我这样的工程学教授来说，应该是非常简单的。然而，他总是口头上告诉我要怎么做，而我却听不明白，站在那儿手足无措，这种情形和我们在第 5 章中讲到的描述袋中之物的练习很相似。（我已经开启了一个长期的培训项目：让老友给我和他的农场工人画一些草图，这样我就不会愚蠢地把东西放错地方。）

练习：不管你的绘画水平有多低，都运用你的绘画技巧来给别人指路。若有必要，带上一小沓纸和一支铅笔。你可能知道怎么画路线图，告诉别人怎么找到你的家。但是，你有没有给孩子（假设你有孩子）画过一张图，告诉他们应该把树叶堆在哪里？有没有给你的伴侣画过一张地图，告诉对方应该把东西放在家里的什么地方，或者告诉对方如何切烤肉？

关于视觉意象，我们暂且讨论到这里。如果你有时间提高视觉思维能力，也对此有自己的见解，那么，互联网会是一个很好的起点。至少你要了解自己在视觉意象方面的能力和局限，然后，只要有合适的机会，你就可以尝试在思维过程中运用视觉化表现方法。这是所有思维模式中最基本的一种，也是非常有用的一种问题解决方式。

其他感官语言

我们现在继续探讨其他感官语言，这些语言在思维创新时必不可少，在一般性问题解决过程中的使用频率甚至低于视觉思维。正如视觉意象与视觉相对应，其他类型的意象也是由它们对应的感官产生的。

下面有一些练习，可以检验你在不同类型的感官意象方面的能力。

练习： 想象一下下面的情况，用清晰（c）、模糊（v）或者没有任何印象（n）对它们进行评分。

某位朋友的笑声

雷声

马蹄声

赛车轰鸣声

触摸湿草的感觉

触摸爱人或恋人头发（或宠物身上的毛）的感觉

跳入冰冷的游泳池的感觉

流鼻涕的感觉

烤面包的香味

鱼腥味

汽油味

树叶燃烧的气味

菠萝的味道

塔巴斯科辣椒酱的味道

牙膏的味道

拉绳子时的肌肉感觉

扔石头时的肌肉感觉

跑步时的肌肉感觉

蹲着时的肌肉感觉

冷得难受的感觉

吃得太撑的感觉

欣喜若狂的感觉

长时间打嗝的感觉

现在尝试用以下方法来控制不同的感官意象：

从冷得难受到热得难受的感觉

朋友的笑声变成雷声

触摸湿草的感觉变为触摸爱人或恋人头发（或宠物身上的毛）的感觉

鱼腥味变成汽油味

拉绳子时的肌肉感觉变为扔石头时的肌肉感觉

这类练习的作用和前面的视觉意象练习差不多。大量训练也许有助于提高你的感官意象能力。无论如何，它们都能让你更多地了解自己运用各种感官语言进行想象的能力。

从生理学的角度来看，视觉往往是最主要的感官。然而，就像语言思维不应该排斥视觉思维一样，视觉模式也不应该压倒其他感官模式。嗅觉、听觉、味觉和触觉对我们解决问题也非常重要，原因有三：

（1）它们在我们的文化中不受重视，因此你可能会寻求那些被忽视的新颖方案。美国冒险小说作家埃德加·赖斯·巴勒斯创作了"人猿泰山"系列小说，故事主人公泰山嗅觉很发达，但我相信，在我们的主流文化观里，没人会指望一个诺贝尔奖得主也具有同样发达的嗅觉。

（2）它们对于解决涉及嗅觉、听觉、味觉和触觉的问题必不可少（如开发一道新的开胃小菜）。

（3）它们在相互强化的同时，也增强了视觉意象，从而极大地提高了整体意象的清晰度。

让我们简要讨论一下上面列出的第一个原因。我经常要求学生设计一些方便盲人使用的器材。我这么做是因为这种练习能够调动学生的积极性，激发他们的创造力，同时，还能促使他们在解决问题时考虑各种感官输入。他们中的大多数人最初是把自己想象成盲人来解决这个问题的。这是很难做到的，因为对大多数人来说，视觉是一种压倒性的感官输入，仅靠想象力是很难扮演成一个盲人的。对于那些一般只使用语言思维或数学思维的人来说，则更加困难。

当他们思考片刻后，我帮学生蒙上眼睛，然后让他们花两个小时在校园里随便走走（有向导带路）。这立刻给了他们一次接受其他感官输入的机会，然后，使用这些非常重要的感官数据来解决问题的可能性也就更大。这种对失明的模拟精确度有限，因为当你被蒙住双眼一两个小时后，你的主要问题是如何正常行走，而盲人早已克服了这个问题。不过，这种模拟可以帮助人们意识到其他感官的信息输入。

练习： 你自己试着体验一下。找一个人确保你的人身安全（不是让他贴身带路，而是让他只确保你不要走到公路上去，不要掉入窨井或碰到毒橡树等），蒙上自己的眼睛，四处走走。大约一个小时后，你收集到的不同感官的数据会让你感到吃惊。

使用所有感官的第二个原因也应该是显而易见的，即这些感官对于解决涉及嗅觉、听觉、味觉和触觉的问题必不可少。正如建筑师更擅长想象空间和结构一样，厨师也更擅长想象味道和气味。

第三个原因则更加微妙，即它们在相互强化的同时，也增强了视觉意象。我相信你们大多数人都知道感官是可以相互强化的。品尝食物就是要品尝它的色、香、味。感冒时喝维希奶油汤就像吃染成了蓝色的煎蛋饼一样大煞风景。一场惊心动魄的雷暴只有声像俱全才能真正产生强烈的效果。性兴奋不仅需要视觉和听觉，还依赖触觉、嗅觉和味觉。同样，只有让所有感官全方位参与，心理意象才能最清晰、最有效。

请记住，我们解决问题时有非常多的思维语言可供选择，有些你经常使用，有些你很熟悉，有些你可能从未用过。能运用的思维语言越多，你可能就越有创造力。虽然不需要样样精通，但你不能仅仅因为某些思维语言很陌生，让你感到不自在，就远远避开它们，那样无疑会限制你的创造力。

认知多样性

除了思维语言，还有关于认知或智力风格的问题：我们更喜欢哪种类型的思维。表6-1列出了可能用在"思维"一词前面的形容词。

这些词也暗示了一个人解决问题的风格或思维的特点。我用这个列表是想告诉你一些思维的特点，但要全部列举出来难免挂一漏万。第一栏是描述思维策略和问题解决方法的词汇。第二栏的词汇也经常用来描述思维，但这些词语显然是对个性的反映。在整理这份列表时，我惊讶地发现居然有这么多带有负面人格内涵的形容词。你可以试试看能否加上一些积极含义的形容词。第三栏是学科专业方面的词汇。这些通常与我们所受的教育以及生活方式有关。当然，这一栏还可以列出很多词汇来，因为随着社会的发展，我们的专业分工越来越细，这种专业化也可以帮助我们做到术业有专攻。第四栏是描述整体思维素质的词汇。最后一栏是其他不好归类的词汇。

表 6-1 可能用在"思维"一词前面的形容词

与策略相关	与个性相关	与学科相关	与整体思维素质相关	其他
归纳性的	乐观的	科学的	敏捷的	视觉的
演绎性的	悲观的	人文的	迟钝的	渴望的
批判性的	偏执的	数学的	凌乱的	意志坚强的
直觉的	神经质的	语言的	机敏的	刻板的
善于分析的	强迫性的	法律的	模糊的	富有表现力的
富有想象力的	强迫症的	医学的	清晰的	夸张的
聚合的	精神分裂的	技术的	正确的	随意的
发散的	反常的	人类学的	肤浅的	本能的
理性的	变态的	社会学的	深刻的	富有洞察力的
非理性的	扭曲的	历史的	有条理的	建设性的
前瞻性的	固执的	以市场为导向的	缺乏创造力的	审美的
逆向的	冥顽不灵的	以产品为导向的	巧妙的	创造性的
聚焦的	倔强的	以人为本的	多变的	高效能的
狭隘的	多愁善感的	金融的	混乱的	严谨的
广博的	内向的		多产的	创新的
敏锐的	外向的		强大的	务实的
果断的	古怪的			
优柔寡断的	病态的			

续表

与策略相关	与个性相关	与学科相关	与整体思维素质相关	其他
判断性的	攻击性的			
理论性的				
应用的				
加法式的				
减法式的				
定性的				
量化的				
客观的				
主观的				

你在看这些单词的时候，请注意哪些词给你带来了积极的情绪，哪些词给你带来了消极的情绪。给你带来积极情绪的单词可能与你喜欢的解决问题的风格是一致的。哪些风格能够适应变化并具有创造力？哪些风格反映了社会的现状？你最欣赏哪些风格？你更喜欢哪些风格？你还能想出其他单词并将其补充进去吗？你想删除其中一些单词吗？你能想出更好的列表格式吗？看看你能否列出你自己、你的朋友和家人在解决问题时首选的和非首选的思维方式有何特点。

知识专业化对我们非常重要。拥有专业特长有助于保持心理健康。如果你特别擅长某件事，那么你可能会有一个更健康的自我。这方面的一个常见例子是，高资历人士（比如诺贝尔奖得主、大公司前总裁、职业运动员、政治家等）通常非常自信，对那些他们几乎没有受过正规训练，甚至没有能力进入的领域无所畏惧，敢闯敢拼。专业化还具有极其重要的社会价值。如果没有专业化分工，就根本不可能维持我们所拥有的复杂的社会机构。显然，如果没有那些专业技术人员的分工协作，各组织就无法正常运作。大到一个国家，小到一个家庭，莫不如此。

专业化的问题

然而，就创造力而言，专业化也有不利的一面。专业化有时被描述为一种由重复和奖励导致的思维习惯。这是一个古老的隐喻，其用法也许可以追溯到美国心理学之父威廉·詹姆斯，现在隐喻用法已经成为日常用语中的一部分。可惜的是，"凹槽"与"车辙"只有一步之遥[①]。我发现，许多问题之所以产生，都是因为人们试图把自己喜欢的问题解决方式强加给别人，或者看不到其他解决方式的优点。

我们在很多公司都会看到这样的情况：市场营销部门和新产品开发部门在处理问题时风格可能不一样，沟通不畅，或者根本就没有沟通。对于一家健全的公司而言，市场营销和新产品开发都是必不可少的，事实上，任何一种职能在错误的时间占据了主导地位，都会使公司陷入困境。然而，不同专业背景的人所秉持的处世哲学也会因人而异。对产品开发人员来说，进步就是产品本身的改进，无论这种改进是功能上的、外观上的，还是经济效益方面的。他们

---

① 凹槽（groove）和车辙（rut）在英语中都有"常规、惯例、老一套"的意思，只是程度有别。——译者注

关注的是内部的东西，比如公司产品的设计、开发、制造能力和相关技术。

而营销人员的关注点则是那些外部的东西。他们以客户需求为上，对产品的技术改进不怎么关心。在一家打印机生产公司，你可能会发现工程师们试图开发一种速度更快、价格更贵的打印机，而营销人员则希望开发一种速度更慢、价格更便宜的打印机。这种情况如果持续下去，就会给公司带来很大的麻烦。类似的态度上的分歧在产品设计人员和制造人员、经理和工人、软件专家和硬件专家、研究人员和产品开发人员、一线经理和中层经理、教授和学生、父母和孩子以及丈夫和妻子之间普遍存在。

扩展思路是解决问题时提高创造力的一大法宝，和风格不一样的人共事也是如此。认知方式的多样性会激发更大的创造力。认知多样性也许不会促进和谐，使人们达成共识，但和谐和共识并不等于富有创造力。让我们想象一下，我们可以用某种方式绘制出解决问题的5种风格，如图6-1所示。有两种极端的方式可以让处事风格不同的一群人合作。一种方式是基于交叉重叠的部分，即利用所有个体在解决问题时的共同特征。这是一种常见的工作方式，在某些情况下，它会带来很大的好处。一群无组织的同伴往往会以这种方式处理事情。

在游戏"沙漠生存"（或者"月球生存""北极生存"等类似的游戏）中，你的团队可能是这样行动的。这个游戏要求你想象自己被困在环境恶劣的沙漠里，但是随身携带15种物品，你要根据这些物品的用处对它们进行排序。你首先以个人的身份对其进行排序，然后以一个团队的身份再来排序。此外，求生专家也会对其排名。结果，团队排名通常比个人排名更接近专家的排名。原因很明显：在解决问题时，能够利用共同特征的团队较为明智、趋同和保守，团队成员也会合作顺利，相处愉快。但他们的创造力和应变能力不足，因为团队的成功取决于它是否能够遵循传统智慧。

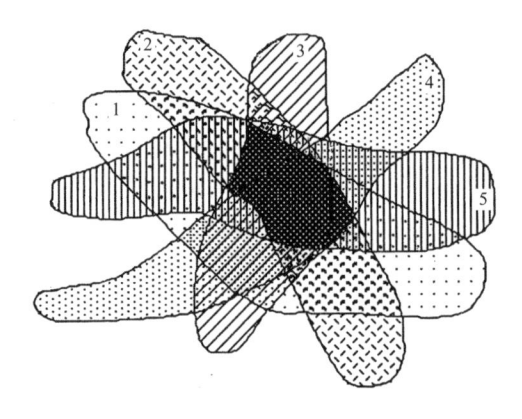

图6-1 解决问题时的5种个人风格

另一种极端的操作方式是，在解决问题时，每个人都特立独行，充分展现自己的做事风格。在这种情况下，我们都认为自己才智过人。如果每个人都发挥自己的聪明才智，那么这样的团队确实更有智慧、创造力和应变能力。然而，我们必须谨慎使用这种方式，因为如果搞不好，团队成员之间就很容易意见不合，甚至不欢而散。但是，如果使用得当，它就会变成一种强大的资源，不至于沦为错误的集体决策。

这样一个团队是如何形成的？个人可以通过学习、借鉴别人的问题解决方式，培养自己与他人协作的团队精神。对于已成立的团队，只要予以激励并进行科学管理，就可以使其变得更加强大。然而，更快捷的方法是成立特别小组、工作小组、研究小组，或者汇聚禀赋各异的人才小组。小组内的每个人都有自己特有的认知风格。我将在第 9 章和第 10 章更详细地讨论这个问题，这两章都与团队和组织的创造力有关。

让我们更具体地谈谈解决问题有哪些思维方式，这样我可以更好地阐明我的观点。为此，我将讨论三种特定的问题解决方式。这三种方式代表了典型的广义认知风格差异。当然，还有很多其他类型的方式。但是，如果理解了这三种方式，你就能更好地从认知风格的角度来思考问题，也更有可能在团队中找到更有效的解决问题的方法。

分析—综合

严格地说，"分析"一词是指把整体分解为各个部分，从而发现这些部分的特点，以及部分与部分、部分与整体之间的关系。这样，就有可能将整体的行为理解为其组成部分的功能。这一点在微积分等数学学科中得到了明确的证明，在微积分中，我们需要明确定义变量（部分），然后通过方程来求出各个变量之间的关系。分析广泛应用于科学、文学以及所有其他领域。它是一种高层次的人类智力活动，"我们来分析一下""分析性思维"这样的说法随处可见。

"综合"就是把各个部分合成一个整体，其目的是提出一个满足目标的概念。如果世界上存在完全的综合思维，那么，一个孩子的绘画，或者原始人的斧头，都属于这一类。我之所以说"如果世界上存在"，是因为即使是最基本的综合思维行为也通常伴随着一些分析的过程。大概绘画老师都给孩子演示过在拿画笔时不要逆着刷毛画画，而原始人在形成斧头概念之前，大概分析了杀戮、防守、建造的行为需求。

仅使用分析和仅使用综合都会给我们带来不利。将分析作为一种纯粹的智力活动（如解微积分方程）是可能的，但分析的总体目的是更好地进行综合。在分析时，如果存在未知和不确定的情况，就有必要借助综合思维，更好地解决问题，或在必要时，综合新的分析方法。反之，综合也从分析的使用中获益。人们如果不应用分析这个方法，就无法建造复杂的现代化结构，比如大型组织、飞机、污水处理系统或大地艺术家克里斯托的作品《奔跑的栅栏》。因此，当那些认同分析的人反对综合，而认同综合的人又站在分析的对立面时，这种情况是令人悲哀的。画家和应用数学家、诗人和化学家、歌手和工程师都应该平衡分析和综合的关系，但他们经常大肆宣扬其中一个的优点而对另一个极力排斥。这无疑是得不偿失的，因为在复杂的情况下，两者的结合对于创造力和应变能力至关重要。

聚合—发散

聚合思维的目的在于找出问题的答案。长除法是一个简单的例子，计算你的所得税也是如此。运用这种思维方法，可以消除不确定性，化繁为简，增强决策能力。大部分的教育都是以聚合思维为导向的。人们希望专家的思维也是聚合的。你希望医生能够迅速诊断出疾病；希望建筑师能马上拿出设计方案；希望汽车修理工能马上给出维修方案；你在给家人出谋划策的时候，也希望他们在一些重要的问题上早日做出决策。三角函数、句子分析、决策分析、复式记账、电视维修和法式面包食谱等方法或技巧都是聚合的。

发散思维是指产生想法、概念和方法的过程。这是一个极其强大的过程，可能不太为人所知，因为我们的学校教育和公众意识对它并不重视。在解决问题的过程中，从根本上扩大发散思维是可能的。随着产生的概念的增加，决策也变得更加复杂。然而，更多的选择意味着我们找到更优方案的可能性更大。正因为最初的概念往往局限于传统的思维，所以更多的选择当中有可能产生更有创造性的解决方案。

同样，解决问题时，不管是有能力的个人还是团队，都应该很好地处理这两种思维模式，事实上，在大多数问题解决过程中，两种思维都有涉及。只有发散思维、没有相应的聚合思维是低效的，因为产生的想法越来越多，你几乎无法做出决策。同样，如果只顾及聚合思维，而不花费一些精力审查那些可供选择的替代方案（如果不是有意识地产生的），那么也是愚蠢的。然而，我们仍会发现，不管是个人，还是团体，甚至组织，他们要么只认同发散思维（有创意，有想法但不切实际），要么只认同聚合思维（意志坚强、果断、务实）。我们发现工程技术类学校尊崇聚合思维，而艺术学校迷恋发散思维。我从事的是工程领域，对艺术领域也有涉猎，我并不觉得机械设计师和雕塑家在智力活动上的差异有那么大。如前所述，因专业不同而导致分化甚至对立是得不偿失的，尤其是在需要创造力和应变能力的情况下。

演绎—归纳

演绎和归纳是另一种"切分蛋糕"的方法。演绎是指从一般到具体的推理方式。它通常与分析有关，但这样说可能会引起误解。我们由一般原理推演出一系列具体的事实，或从一个方程推导出答案，用的就是演绎法。我们在学校做练习题以及应用技术时经常使用演绎法。我们也希望像夏洛克·福尔摩斯这样伟大的侦探使用演绎法进行推理，因为他们拥有极其科学、完整的知识和经验，可以推断出谁是真正的罪犯。

归纳是从具体到一般的推理方式。这是科学理论产生的方式，也是我们解决问题的方式。在生活的大部分时间里，并不存在完备的理论。我们试图通过观察其具体的缺点来找出问题和答案。归纳没有演绎那么神秘，因为它似乎不是以正确答案为导向的。从这个意义上说，它属于综合和发散思维。然而，我们在很大程度上依赖归纳，尤其是在创造力和应变能力方面。要想成为解决问题的能手，我们需要具备这两种推理能力。

第 7 章
创造力清单

有效提升创造力的方法与训练

提高个人创造力的一种方法是首先让大脑深刻体会创造力的优势，并有技巧地发挥出来。在本章中，我将提出一些行之有效的提高创造力的方法，并在读者指南中列出关于创造力技巧的书籍。但请谨记，你只有在把 200 种提高创造力的方法写成书或者假装成创意顾问时，学习这么多方法才是有价值的。最好把学到的几种方法用于实践，这样大脑就不会陷入固定的思维模式。

如第 6 章所述，使用丰富多样的思维语言是克服思维障碍的方法之一。但还有很多其他方法，本章将讨论其中几种。这些技巧能使大脑有意识地克服思维障碍。在某种意义上，这些技巧能激发人们的奇思妙想。本章的最后一部分谈到了如何让解决问题的过程更轻松、更益智，少一些吹毛求疵。第 8 章和第 9 章则探讨了更多突破思维障碍的方法。

你或许会想，为什么这本书专门讨论创造力的障碍，而不是介绍如何获得诺贝尔奖、普利策奖、奥斯卡奖、托尼奖、巨额财富或加入粉丝俱乐部的可靠方法。这是因为，根据我的经验，与设立目标相比，人们更喜欢接受挑战。我开始相信，对我们这些对创造力感兴趣的人来说，大脑中思维障碍的存在感越强，我们就越想克服这种障碍。别忘了，人们总认为自己的大脑很强大（事实的确如此），不可能被这样的障碍限制住。你可能还想知道为什么我们每个人都会给自己设置思维障碍，因为这是激发创造力的素材。

有意识地识别思维障碍是克服思维障碍的第一步，但是要想完全克服思维障碍，还有很长的一段路要走。尽管如此，仍有具体的方法可以让你更进一步。这些障碍之所以存在，是因为我们具有追求成就、争强好胜的强迫性人格。然而，正是这些典型特征的结合使我们能够有意识地战胜思维障碍。只关注分数的学生在学校往往没有体现出他们本应具有的创造力。但是，如果让他们参加一门以创造性产出为评分标准的课程，他们的创造力就会被激发出来。他们的内在动机与精神自律足以使他们迅速找到让自己变得更有创造力的方法，并付诸行动。我们首先谈几种能够自觉应用于解决问题的过程的方法。

质疑的态度

一个有创造力的人最重要的能力就是具有质疑的态度。每个人在小时候都喜欢问问题，他们需要在几年内吸收大量的信息和知识。例如，你在 0~5 岁之间通过观察和提问的方式主动获取的知识，远远超过了他人专门传授给你的知识。不幸的是，很多人在成长过程中失去了质疑的态度。这有两种原因。第一种原因是人们不喜欢刨根问底。孩子到了一定的年龄，父母和其他人往往没有耐心听孩子提出的各种问题，特别是在他们很忙、不知道答案，或者孩子的问题与社会生活无关（比如"为什么能透过玻璃看到东西""为什么树叶是绿色的"）的时候。在这种情况下，大人往往不许孩子提问题。我们的教育机构勉强能够传授其理应负责的学科知识，比如阅读、写作、算术和文化知识。不过回答问题的时间很少，所以实质上限制和阻止了学生提问。许多教授只给学生课前提问的时间，然后就发大量的材料给学生阅读，导致学生没有时间提问，教授也没有兴趣听他们的问题。

第二种原因是，社会环境剥夺了儿童好问的天性（至少已经被削弱），这与知识竞争有关。随着年龄的增长，我们知道脑子聪明是优点，而且知识储备越多，通常人就越聪明。提出问题就承认了自己对某件事情的无知，因此他人会质疑我们的知识不够渊博。结果出现了一些令人难以置信的怪事：每年交纳数千美元学费的学生坐在教室里听课，一脸疑惑却一个问题也不问；参加鸡尾酒会的宾客认真聆听着根本听不懂的谈话；高新技术领域的工作者对那些一知半解的专业术语也不懂装懂。

我在航天部门工作时，有一位同事喜欢在外行面前显摆自己，说一些胡扯的所谓专业知识，给别人灌输错误的观点。外行提不出有深度的问题，也就没人发现他在招摇撞骗。为了让学生关注航天医学的发展动态，我曾经邀请另一位朋友为我的一个班级的学生做过一场航天医学讲座。讲座举办得很成功，但内容全是编造的，这位朋友对航天医学其实一无所知。讲座结束后，学生知晓了他的资历问题，便把听讲座过程中的所有质疑一股脑地全部提了出来。学生对演讲者和我极为不满，认为我们辜负了他们的信任，浪费了他们的时间。然而，演讲者的能力和资历在演讲期间并没有受到质疑，这可能是因为他谈吐自信、能说会道。

正如前文所述，质疑的态度从广义上讲是激发创造性思维的必要条件。你如果盲目地接受现状，就不会有创新的动因，也不知道需求是什么，问题出在哪里，而对问题的敏感性是创造型人才的重要特征之一。一旦发现问题，就必须抱有质疑的态度，直到找出新的解决方法。一个有创造力的人应该对现成的答案、技术和方法持有合理的怀疑态度。

《环球旅行者：创造力、问题解决和实现目标过程的软系统指南》（*The Universal Traveler : A Soft-Systems Guide to Creativity, Problem Solving and the Process of Reaching Goals*）是一本有趣的书，作者唐·科贝格和吉姆·巴格诺尔探讨了"建设性不满"的问题。他们认为：

人在16岁时通常就具备了实现创造力这一重要属性的一半条件。"知足"的年轻人很少见；这个年纪总是不满足于现状。在年轻人看来，一切事物都不完美，都有改进的空间。随着年龄的增长，我们的不满会减少；社会教会了我们，"吹毛求疵"会扰乱"他人"的正常生活。压制不满情绪的方法也就应运而生。我们从小就被教育"不要惹是生非""大人在说话，小孩别插嘴"，更不要"兴风作浪"，甚至"无风起浪"。保持低调、管好自己就是"好孩子"，惹是生非就是"坏孩子"。这一切都极大地抑制了创造力及其发展。因此，建设性的态度是必要的动态条件；对现状的不满是解决问题的先决条件。两个条件结合起来便构成了一个有创造力的问题解决者的主要品质:越来越强烈的建设性不满。

这种质疑的态度可以通过主观努力来形成。你只需要开始质疑就可以了。这里涉及一种情感障碍,因为质疑显然暴露了自己的无知。然而,你一旦发现人类所知甚少,突破这种障碍就不成问题了。没有人是无所不知的,提问非但不会让你显得愚蠢,反而会让你显得很有洞察力,也说明其他人并非都像他们自己认为的那样聪明。即使是最有学问的人也有被问倒的时候。比如,问一个科学家其研究领域内的幼稚问题,几个问题就会迫使他承认自身基础知识的不足。你年少时常常思考的问题(最远的星星以外还有什么?什么是生命?人为什么会死亡?人死后会去哪里?)到现在仍没有答案。

事实上,学术会议上最受钦佩的学者往往是那些能提出尖锐问题的人。他们提出的问题表面上很简单,却能指出复杂定理或其他知识结构中的缺陷。因此,提问能让你收获良多。你只需要记住,并非每个人对知识都有你这样豁达的态度,有些人被追问到无言以对时会闷闷不乐。("人为什么要有创造力?""因为创造力能满足自我实现。""自我实现有什么好处?""可以让人快乐。""什么是快乐?""快乐就是幸福安康。""幸福安康又是什么?""停!")

如果你仍然羞于提问,那么我给你提供几个无关痛痒的问题。随便问一个人,你会发现自己并没有自己想象的那样无知。

(1)人类为什么睡觉?
(2)镜子会使字母左右颠倒吗?如果可以,那么为什么不是上下颠倒？

（3）把一只密封瓶放在秤上，瓶子里站着一只金丝雀。如果金丝雀在瓶内飞起来，那么秤的读数会有变化吗？如果瓶子里装满水，一条鱼在里面游动，那么秤的读数会有变化吗？

（4）甘草糖是由什么制成的？它为什么是黑色的？

（5）目前许多宇宙学家都认同宇宙大爆炸理论，所有的星体都是在最初的爆炸后诞生的。大爆炸之前的世界又是什么样呢？

练习： 提出疑问对于发现问题与界定问题尤其重要。以一个练习为例：首先从其他行业找一个合作者，你对他的职业不了解。这种练习大概需要花费一些时间，但是如果这个合作者是你的朋友或者对这样的活动感兴趣，那么他是不会拒绝的。然后，一直问他与其职业相关的问题，直到你从中找到和界定一个具体问题。问题不要模棱两可、过于笼统，问题的范围不要太大（比如，与老年人的医疗服务有关的问题就不好）。要问一个不太费劲就能解决的具体问题（比如人们一看见麻醉注射针就感到害怕）。

你要清楚你的问题的难点在哪儿。某些类型的问题比其他类型的问题更难以启齿吗？当你寒暄过后进入正题时，你是否注意到过渡的这段时间让人感到窘迫？你的提问对象对不同类型的问题有何反应？你觉得迅速了解另一个职业有趣吗？你能将笼统的问题具体化吗？你是否做到了先提出几个问题，接着顺其自然地引出最后的关键问题？

解决正确的问题

我在第 2 章提到了问题表述方式的重要性：更宽松的问题框架可以启发更多的想法，还可能激发更多的创造力，尽管在某些情况下，我们必须调整问题框架以适应约束条件。但还有一个关键的问题是如何解决关键问题。我们倾向于解决熟悉的问题或最明显的问题，忽略了应该集中精力重点解决的核心问题，这已经成了习惯。我提到过一句耳熟能详的格言："如果锤子是你唯一的工具，你就会把一切问题都看成钉子。"这句话还有其他版本，比如"你如果擅长用锤子，就会更喜欢钉子"或"如果钉子最显眼，你就会拿起锤子"。经验丰富的医生知道应该寻找症结，而不仅仅是帮助病人消除病症。熟练的问题解决者知道寻找导致其他次要问题的核心。

确定问题的优先顺序并不容易，但非常有必要。此前，我提到了斯坦福大学商学院荣誉退休教授杰里·波勒斯，他的著作《流式分析》提供了一种发现商业核心问题的有趣方法。我曾有机会见证它在商业环境中的积极成效，偶尔也会推荐给别人，同样取得了积极的成效。在一次练习中，波勒斯让客户拿起一大张白纸，在纸上划分四个区域——工作、物质、亲人和杂事，并写下他们能想到的所有问题。然后，他要求客户在问题中画出关系箭头，显示问题之间的因果关系。

大多数人可以在相当短的时间内填满这张纸，甚至要求再来一张。关键的一步是在问题之间画出关系箭头，呈现出问题的前因后果。理想情况下，对于大多数问题，客户都能用箭头标出其前因后果。观察这张纸通常会让个人或团队对自己的问题有新的见解，并且知道怎么优先处理问题。如果某个问题导致了其他几个问题，其他问题又产生了新的问题，就说明最初的问题非常重要，需要优先处理。相反，如果许多箭头指向同一个问题，就说明这个问题可能很棘手。我们还应该观察箭头的方向，看看是否可以通过解决另一端的问题来降低箭头所指问题的解决难度。

这个练习也很有趣，因为它用图示法呈现了问题之间的关系——这对个人和组织都很有用。随着年龄的增长，思维行动会变得迟缓，遇到的问题越来越多，而人们往往难以应付，这是我的经验之谈。如果把问题摊开，试着分清轻重缓急，或者至少审视一下问题，生活就不会那么忙乱不堪了。我不仅继续到办公室与学生和校友交谈、给一两个博物馆提建议、给各种团体做演讲、与家人在一起共度美好时光，而且，作为一名工程师，我还拥有几十台古董机器（其中约30台还装有引擎），我想修复这些机器，让它们再次运行起来。写完这本书后，我还想再创作几本，以保持我的工作空间井然有序，并始终拥抱新的体验。我想我应该处理掉被妻子称为"破铜烂铁"而被我视若珍宝的大部分古董机器，但即便是波勒斯的练习法也很难让我做到这一点。但是，当我尝试把生活中的问题（尤其是如何处理我的古董宝贝）按优先程度排序时，我就会有这种想法。

我最近发现自己在计算机上花费了太多时间，于是我把所有精力都放在写书上，而不是花时间回复邮件和短信、写博客文章、查看加入的社交网络、浏览视频网站、看电影、听音乐或者升级计算机软件。别人可能认为我不再像以前那样喜欢社交、乐于助人，但对任务进行优先排序有时会出现这种情况。

　　我还发现，朋友往往不理解我为什么要对生活进行优先级排序。即使解释给他们听，也会引发争论。譬如，我在写这本书时太投入，没注意到家里的装修出现了老化和磨损问题。虽然我的妻子很能干，但这次她真的有点儿生气，朋友们也问我为什么不雇人修一下。我的回答是我喜爱这栋房子，想亲自修补。朋友们不以为然，还给我提供了一些出色的粉刷工人、水管工人和电工的联系方式。简直无法沟通！他们不理解自己动手的乐趣。虽然按照优先程度做事对我来说很正常，但是其他人可能不会用这种方法解决问题。

打破思维定式

　　思维的流畅性和灵活性是发挥创造力的必要条件。幸好，我们可以做一些练习，同时提高流畅性和灵活性。列清单是最简单直接、可能也是最常用的提高思维能力的方法之一。人们经常通过列清单的方式帮助记忆，比如列购物清单和待办事项清单。然而，清单较少被用作思维辅助工具。列清单的效果超乎寻常，因为它利用了多数人的强迫心理，使我们的思维开放活跃而富有成效。由于列清单不要求（实际上受制于）人们改变行为方式，因此它在竞争激烈的环境中十分流行。我们的大脑通常倾向于系统 1 思维，但如果意识到了竞争的回报（无论是实物奖励还是简单的快乐），大脑似乎就会迅速转向系统 2 思维。为了使你进一步认识列清单的作用，请你完成 J. P. 吉尔福特发明的"砖块用途"测试练习。

练习： 假设你给一家生产红砖的砖厂当顾问，该砖厂目前陷入了财务困境。厂长对开发砖块的新用途很感兴趣，想请你提一些建议。请思考几分钟，然后写出砖块的一些新用途。

你在思考这个问题的时候，意识到自己脑海里的想法了吗？你可能已经列出了一些备选方案。然而，你的思维可能受制于缺乏重点、草率判断（放弃那些看起来不切实际的想法）和标签化（只选择刻板化的做法）。

练习： 现在，花4分钟在一张白纸上尽可能列出砖块的所有用途。切记，要追求思维的流畅性和灵活性，不要草率判断或随意贴标签。列出的清单越长越好。现在就开始吧！

4分钟过后，你是否希望有更多时间来完成？这是你的大脑在自我施压下的反应。你可能已经注意到（尤其是与他人一起做这个练习），人们在列举想法的时候往往很紧张，在有时间限制的情况下，尤其如此。这也许是我们教育考试制度留下来的后遗症，也体现了智人普遍的竞争本质。然而，不管是什么原因，列清单都能相当有效地集中你的脑力，并产出书面性的成果——这两者都是有利于创新的特征。如果上述练习完成得不错，那么列出的清单会使你的思维更加清晰，富有条理，比最初"随便花几分钟"想一想的效果好得多。你的思维既流畅又灵活吗？作为思维流畅性的参照标准，我们设计专业的学生在这个练习中平均列出了10~20种用途。有些人列出5~10种，有些人列出10~20种，还有人列出20~30

种；只有少数人首次仅列出 5 种以下或 30 种以上，呈现出的曲线大致为钟形。当然，思维只具有流畅性还不够。

如果你的砖块用途清单只包括砌墙、修建壁炉、铺砌露台地板、修建鞋店、修建五金店、修建服装店或者杂货店等，那么你的思维或许还算流畅，但对砖厂厂长来说未必有用，因为他可能早已知晓这些用途。所以，思路的灵活性也至关重要。如果你的砖块用途清单包括储水、冬季保暖、压平泥土、用于雕刻、作为儿童游乐场的积木以及田径新项目（推砖）器材，那么你可以算是一个思维灵活的人。这些用途不再局限于砖块的传统用途。

假如你和他人一起做这项练习，可以互相看一下各自的清单。如果你很好地发挥了思维的灵活性，你的有些想法看起来就会很可笑。如果你列举的用途过于死板，那么你可能遇到了第 2 章谈到的"标签化"的障碍。人们总是把砖看作一种建筑材料。

许多创造力技巧都要求我们突破思维障碍，促使我们放弃最先想到的老办法，去挖掘新点子，使我们加速运转大脑朝特定的方向思考。在第 2 章，我论述了通过列举属性来避免标签化的方法。列举属性是快速且深入了解事物潜在用途的有效方法，可以帮助我们发挥创造性思维。

现在我们来列举砖块的属性，其中包括：

重量
颜色
矩形（边缘锐利，砖面平整）
多孔性

强度

粗糙

保温性和导热性

导电性能差

硬度

若能想到更多属性，就补充进去。考虑过经济方面的属性吗？美学方面的呢？现在你肯定可以看出，利用任何一种属性都能打破常规，列举出砖块的新用途。例如，砖块凭借其重量可用作锚、压舱物、门挡、砝码、压住防水布或废报纸，在发生战争、骚乱或邻里纠纷时作为投掷物等用途。

天文学家弗里茨·兹维基提出另一种属性列举法，称之为形态分析法。这是一种自动将参数重新排列组合的方法，可供问题解决者后续检查。以约翰·阿诺德的实验为例，该实验案例援引自《创新思维资料集》(*A Source Book for Creative Thinking*) 一书，实验目的是发明一种全新的个人交通方式。首先选择三个重要的参数（可供选择的不止三种，但是很难在一张纸上展示出来）。然后，如图 7-1 所示，在三个正交轴上列出三个所选参数（如动力源、乘坐方式和运输媒介）的组合范围。

每小格表示三个参数的某种特定组合。例如，有一个格代表以蒸汽驱动的运输系统，在铁轨上行驶，乘客坐在座椅上。这不算什么交通新概念，不过是前人发明的一列火车。用电缆运输乘客的电动装置（滑雪缆车）以及乘客坐在行驶于坚硬路面上的汽油发动机设备（汽车）也很常见。然而，你想过乘客躺下并通过管道运输的气动式设备，或乘客站在传动带上的重力式设备吗？如果有计算机，就能够处理大量的参数，这种方法可以提供很多种组合方式，供解决问题者参考，也许，在激发灵感的同时，问题就迎刃而解了。纯粹的创新主义者往往会嘲笑这种方法过于机械。然而，事实表明，形态分析法有助于激发创新思维。

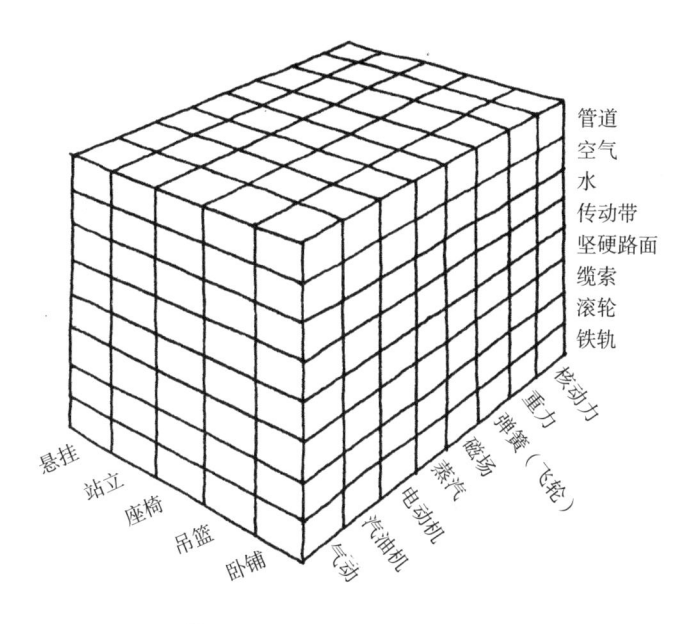

图 7-1 全新交通方式的重要参数

我再举一个清单作为思维辅助工具的例子。我将要求你制作一个问题列表。人们经常梦想着发明出社会需要的某种东西，希望以此获得暴利，退休后就可以衣食无忧。这种幻想很正常，然而极少有人能梦想成真。这要归结于两方面的原因。一方面是很难想出社会的具体需求；另一方面是因为创造新事物可能要耗费许多时间和精力才能实现，还可能面临资金匮乏和家庭失败的情况，然后才能指望发明获得回报，后者是主要的障碍。然而，除非解决第一个障碍，否则第二个根本无从谈起，并且我们目前没有办法解决后者，所以还是要从前者着手。

要想知道某项发明能否取得成功，就要明确社会对此是否有需求。第一种途径是调查采访。例如，你可以去最近的医院，询问医务人员的需求。第二种途径是换位思考，扮演消费者群体的角色。假设自己是一名卡车司机，看看能否想出一些对工作有帮助的东西。第三种途径或许最简单：作为消费者，你肯定和他人有同样的需求，如果能弄清楚这些需求，就可以发明某些东西让大家都受益。

多数人遇到的问题是需求范围太大，不够具体。如果你的需求是消除空气污染或暴力现象，就有些不切实际了。若只是想清除门前草坪上的狗粪，则可行得多。开始发明创造的最佳方式可能需要你将一些具体的小需求记下来并整理成问题列表。你应该列出困扰你的问题，整理时思维要灵活流畅，清单内容尽量清晰具体、独具个性。

练习：准备好纸和笔，列这样一张清单。留意自己的情绪状态。如果不到 10 分钟就写完了，那么说明你要么遇到了感知障碍或情感障碍，要么生活受到压抑。如果你想不到任何困扰你的问题，那么我倒想见见你。

表 7-1 是当今斯坦福大学学生的问题清单。你可以对比自己

的清单，看看你的问题是否也是如此灵活、具体、富有个性。（你可以自主安排时间，针对一些与学生相关的问题大胆地提出解决方案。）

一份恰到好处的问题清单会激发你的创新思维。列清单一定要发挥思维的流畅性和灵活性，清楚阐明具体的需求领域。既要包括司空见惯的问题，也要有异乎寻常的发现。对于大多数人来说，这可能是你们第一次这么认真、具体地思考生活中令人烦心的琐事。

学生列出清单后，我经常鼓励他们将这些问题转化为发明创造的动力，这样几乎每次都能诞生趣味十足的发明。这首先需要缩小问题范围，集中关注几个有可能取得突破的问题。在此期间，你可能会对解决方案有一些初步的思考。如果有构思巧妙的方案，解决问题的可能性就大一些。接下来，我要求学生为所选的每个问题设计几种解决方案，然后让他们选择其中一种制订详细步骤（包括相关的实体设计和实施计划）。你也可以试试这个方法，如果成功赚了一大笔钱，那么不妨出资支持一下我的慈善事业（给我的孩子还房贷也可以）。

表7-1 当今斯坦福大学学生的问题清单

方便快餐	塑料花	按键式水龙头
买汽车	速食早餐	特制壁炉原木
亲戚	要缝上的扣子	单只袜子
厕所没有纸	贴不上的邮票	男士服装
倒刺	不能在地板上滑行的椅子	烂橘子

续表

汪汪乱叫的小狗	床上的卷发器	废弃的易拉罐
香蕉蛞蝓	皮下注射针头	从衣袋里掏零钱
软冰激凌	甘薯	繁文缛节
清洁烤箱	电视有奖竞猜	难闻的废气
家庭浴室里没有小便池	高昂的学费	写信
保险杠贴纸摘不掉	铺水管的沟挖得太大	露天开采
钝刀	磨断了的鞋带	浴缸
将耕地变为住宅用地	过期的身份证	香烟
需要打气的气球	游泳池里的氯气	没挂正的照片
擦皮鞋	不透明的冰块	开车时看交通图
裸露的线头	冷茶	不该被评为 X 级的电影
胸罩	不耐磨的鞋跟	给草坪除草
天气	在图书馆找书	容易被蹭掉的报纸油墨
迷你贵宾犬	随意乱放的自行车	父母决定孩子的职业
不容易拿出肥皂的肥皂盒	劣质图书	通过电话推销或挨家挨户推销的推销员
用秃的铅笔	烧坏的灯泡	不找零钱的自动售货机
笔记本计算机的电池	连裤袜	热力学
不起作用的减震器	肮脏的鱼缸	聒噪的闹钟
刮胡子	写书	

另一种清单叫作"检查单",我们可以用它来检查思考过程,以确保自己没有陷入思维障碍。下面是亚历克斯·奥斯本在《应用想象力》(*Applied Imagination*)中首次提出的检查单。

新创意检查清单

是否有其他用途?

　　新用途是什么？修改后有其他用途吗？

是否适用?

　　有类似的其他东西吗？它可以给你带来启发吗？曾出现过相似的事物吗？我可以模仿什么？我能效仿谁的发明？

是否可以改动?

　　可能有新的改动吗？改变用途、颜色、运动、声音、气味、形式或形状了吗？还有其他改动吗？

是否可以扩大?

　　增加什么呢？延长时间？提高频率？增加强度？增加高度？增加长度？增加厚度？提高附加值？增添成分？扩大一倍？扩大多倍？扩大到不成比例？

是否可以缩小?

　　缩小什么呢？缩小体积？降低密度？变成微缩模型？降低高度？缩短长度？减轻重量？删除？精简？分割？淡化？

是否可以替代?

　　谁能替代？替代什么？其他成分？其他材质？其他过程？其他

动力？其他位置？其他方法？变换语气？

是否可以重置？

互换部件？更改图案？改变布局？调整顺序？因果倒置？改变节奏？更新计划？

是否可以逆转？

化消极为积极？正反颠倒？前后倒置？上下颠倒？角色反转？换位思考？扭转形势？逆来顺受？

是否可以组合？

可以是混合物、合金、混杂物、组合体吗？单位组合？功能组合？特征组合？理念组合？

下面这份更全面的检查单最早见于《怎样解题》一书，由斯坦福大学数学家乔治·波利亚提出，用于解决单项答案的数学题。多年来，波利亚教授在斯坦福大学一直深受爱戴。他活到了100岁，却在演讲的时候不幸离世，一生的辉煌就此终结。这份检查单既能锻炼你的质疑能力，还能通过增强观察力与联想力来提高思维的流畅性、灵活性以及独创性。

理解题目

未知数是什么？已知数是什么？条件是什么？条件有可能被满

足吗？条件是否足以推断出未知数？条件不够充分？还是重复多余？抑或前后矛盾？请画一张图，并标上适当的符号。区分出各种条件。你能把条件全部写下来吗？

设计方案

你见过这道题吗？或者，见过与此类似的题目吗？你了解相关的题目吗？你知道一条可能用得上的定理吗？仔细观察一下未知数！试着想出一道你熟悉的、具有相同或相似未知数的题目。

这里有一道题和你的题目相关，并且以前被解开过。你能利用这道题吗？你能利用它的结果或解题方法吗？为了利用这道题，你是否应该引入某些辅助元素？你能复述这道题吗？还能换一种方式复述吗？回到定义上去。你如果不会解答这道题，那么先试着解答某个相关的题目。你能想到一个更容易入手的相关题目吗？一道更常见的题目？一道更特殊的题目？一道更类似的题目？你能解决题目的一部分吗？如果舍弃其他条件，只保留部分条件，那么你可以确定多少未知数？它又会如何变化？你能从已知数中获得有用的信息吗？你能利用其他合适的已知数来确定该未知数吗？你能改变未知数或已知数（必要时两者都发生变化），从而使新的未知数和新的已知数之间的关系更密切吗？你用到所有已知数了吗？所有条件你都用了吗？题目中所有的关键概念你都考虑在内了吗？

执行方案

执行解题方案时,检查每一个步骤。你能清楚地看出这个步骤是正确的吗?你能否证明它是正确的?

验证解法

你能检验得出的结果吗?你能检验这个论证过程吗?你能以不同的方式推导出相同的结果吗?你能一眼就看出来吗?你能利用这种方法得出的结果去解决其他题目吗?

任何人都可以用列清单的方法将可行的解决方案进行组合。不管你是思维最严谨的人,还是最随性的人,你都能用它来辅助思考。列清单不仅能正确界定问题,还能把想法记录和保留下来。正如前文提到的,一旦有了一个想法,就会产生更多的想法。如果把这些想法列入清单,它们就会激发人们的灵感,使其在思考问题时迸发更多创意。

在某种意义上,设计笔记本、想法记录本、速写本、问题日志等都属于列清单的方法。按时间顺序记录问题的解决方法,就是记录解决过程中浮现的所有想法。因此,人们在遇到问题时就能提出更多更有创意的解决方案,他人在参考时也能从中受益。我曾经要求大部分学生在做项目期间记录设计的全过程。这些记录按时间顺序完整记录了他们的所思所想以及学到的知识。我会定期把学生的笔记本收上来并打分。我知道,许多学生不厌其烦,觉得没什么意义,所以赶在检查的前一天晚上才敷衍写完。这种最后时刻"临时抱佛脚"的行为对他们的思维造成的影响可想而知。有些同学显然已经对某个问题一筹莫展了,却在交作业当天茅塞顿开,一下子找到了新办法。他们交上来的厚厚一摞笔记,里面列满了清单,虽然这是为了达到我的要求,但也强有力地激发了他们的创造性思维。

除了列清单,当然还有其他方法可以增强思维能力。任何打破常规思维的方法都能发挥作用。乔治·普林斯是共同研讨法的创立者之一,他喜欢把书打开,然后把手指放在书页上,全凭触觉感知词汇。罗杰·冯·欧克著有《在脑袋一侧猛敲一下》与《往屁股上踢一脚》(*A Kick in the Seat of the Pants*),他发明了一套类似塔罗牌的纸牌,称之为"创造性纸牌"。每一张纸牌上写的都是与你目前的思维状态有关的词汇。我的许多朋友都有跑步或打高尔夫球的运动习惯,他们声称这些运动习惯打破了他们的思维定式。现在也有越来越多的软件被开发出来,帮助你在解决问题时开拓思路。

几乎任何一本介绍创造力的入门书都会提到如何有意识地突破思维障碍,我在后面的读者指南里提到了几本。这些书大多在某种程度上采用列清单的方法,用一些小技巧来鼓励趣味性思维,读者无须担心过于娱乐化的问题。由于认知风格的差异(见第6章),有些技巧更适合特定的个体。在实际的问题解决过程中应用这些技巧也不是那么容易的,我们需要付出努力。大多数教师和作者(包括我自己)在展示某种技巧的优势时往往会用一个例题来证明。例题通常是一个很简单的问题,只要运用该技巧就能解决,如果不用就很难破解(例如和尚上山下山的那道智力题)。而一旦离开例题，你就又会发现其他很多问题似乎更为棘手。

然而，如果你经常有意识地使用各种清除障碍的方法，具备了足够的实践经验，这些技巧就可以用来成功地解决复杂的实际问题。事实上，经过熟练运用，它们将成为本能反应。把思维障碍制作成清单是一种有意识的障碍排除法。如果配以具体的例子，就能加深对这些障碍的了解。然而，人们很难识别出自己思维中的障碍，一是因为它们本身就是障碍，二是因为实际的思维过程远比例子更复杂。如果有意识地努力寻找，你就能学会识别思维障碍。你将了解各种情况下会遇到什么类型的障碍，积极发现问题并主动出击。

借鉴他人观点

与观点不同的人交流是打破思维定式的好方法。这很简单，每个人都能做到。这是提高创造力的一种行之有效的方法，因为我们从小就在赞美独立的个体创造者的环境中长大，而在遇到问题时，我们也会为寻求帮助而感到内心矛盾。翻开历史书，有件史实令人兴趣盎然：约翰·古腾堡、詹姆斯·瓦特、塞勒斯·麦考密克和托马斯·爱迪生等人被认为是技术发展新方向的功臣。我怀疑这是因为历史学家希望尽快下结论，避免纠缠于一些技术上的细节。看看当代的技术发展成果（例如计算机、数字电视、盐酸氟西汀、人工髋关节、宇宙飞船），我们更不会将这些荣誉归于某一人身上，不是吗？

我认为，人类取得的重大发展是许多人共同努力的结果，就算爱迪生没有出生，我们仍然可以用上电灯。如果阅读西方文化以外的历史书籍，你就不太会倾向于把功劳归于个人。因此，像"非我发明症候群"（不是我发明或创造的都是不好的）这样的事在世界许多其他地方就不是重要的问题了。想想抄袭、模仿的恶名。美国工业界花了很长时间才认识到标杆管理（跟踪竞争对手的产品）和逆向工程（研究竞争对手的产品以进行仿制）的好处。日本人因为善于使用这两种方法，所以在产品研发方面进步很快，遭到了多年不思进取的美国人的攻击和侮辱。最终，美国工业界为了在激烈竞争中生存下去，不得不承认这样做是有益的。

如前文所述，认知多样性有利于发挥创造力。要想做好一项测试，我们需要向很多人征求意见，包括那些不是你朋友的人。你会对收到的各种各样的答案感到惊讶，其中一些极为有趣，因为这与你曾经考虑过的解决方案大相径庭。对我来说，最成功的一个创造力技巧就是在倾听他人的想法时获得灵感，他们的想法各不相同，就像外星人的创意。（我不好奇他们的身份，因为他们才华横溢，对我帮助太大，我不想让他们回到自己的星球。）

我不是在建议你违反法律，最后因为专利侵权而入狱，或者因为剽窃而被学校开除。但你肯定可以充分利用别人的认知风格和特长。这就是头脑风暴取得成功的一个原因。征求他人的意见既不用花钱，又能获得令人满意的结果，其他人也喜欢帮你排忧解难以彰显自己的才华，这比解决他们自己的问题的风险小得多。在公司里，有的专家会充当免费顾问。有些人向这些专家求教时不假思索，却不愿向业外人士求教。这种做法太愚蠢了。如果解决问题时不能利用所有可用的资源，生活就会寸步难行。借鉴他人的经验又不是行骗。

跨学科交流

我在最后一章关于专业化的讨论中提到了学科问题，但它需要得到更多重视。随着知识和智力手段的增加，我们把它们细分为各类学科。最先在学校里接触到拼写、算术和音乐，然后是英语、代数、外语和社会研究。我们如果上过大学，就会发现人类学、社会学和心理学的差异；进一步深入学习，就能发现认知心理学和行为心理学是完全不同的两门学科。作为一名教授，我生活在一个热力学专家、工程力学专家和设计专家之间各自为营的世界里。尽管机械工程专业的本科生知道这些学科都是机械工程的分支，在学校里，它们更应该作为一个统一的学科，而不是作为独立学科而存在。

各类学科也有自己的一套专业术语、方法论、专业期刊和学术团体，其好处是可以帮助我们加深理解，控制其职权范围内的工作质量（不幸的是，有时是按传统标准来判定质量的），并且满足成员的归属需求。然而，现在不同学科之间的交叉融合产生了更多的创造力。我最初是因为不喜欢电气工程课才选择做一名机械工程师的——这种选专业的方法在大学里很常见。现在，通过将电气工程技术（集成电路、微型传感器和驱动器以及计算机）应用于机械设备，机械工程领域涌现了许多发明和创新。物理上的许多突破是通过数学的应用实现的，将物理应用于化学，又取得了化学上的诸多突破，而将化学与医学相结合，又给医学带来了很多突破。

学习这些学科或者与这些学科专家打交道时感到不适应，是影响创造力的主要障碍，而且这种不适应常常源于一些早已过时的经验：死板的老师、枯燥的书籍以及因循守旧的方法。我给学生的建议是加强交流。以我对学生的观察，他们给我的印象是：随着年龄的增长，他们对历史的兴趣也与日俱增。这不仅仅是工程专业的问题。也许你在高中时不喜欢历史，但并不意味着你在大学里不会对历史感兴趣，尤其是在历史与同时期的社会科学相结合的时候，你会对历史产生浓厚兴趣。这种状况不仅出现在工程学领域，其他领域也如此。

跨越文化和改变环境

正如第 4 章提到的，了解和适应不同的文化有很大的好处。创造力既要有深度也需要有广度。旅居国外、与来自不同社会阶层的人交往，都能拓宽人们的阅历。如果你不是计算机专家，那么尝试理解计算机专家所说的内容既具有挑战性又能学到知识。如果你是一名上了年纪的、富有的白人男性，那么，试着理解一个年轻、贫穷的黑人女性所看到的世界，将极大地帮助你提高创造力。如果你是一位商人，那么，试着理解那些非常挑剔的顾客可能会帮助你提高销量。

改变环境也是提高创造力的一种很好的技巧，但我们必须深思熟虑。我参加过许多公司的非现场会议（通常称作静修会），公司把员工送到风景优美的地方，然后在一间布满通信设备的会议室里开会。如果是这样，那么还不如待在家里开会。如果你想鼓励员工建立联系，那么你要清楚一点：你们需要的是共同面对压力，而不仅仅是在一间会议室开个会。海军陆战队就是如此。假如你是一家汽车用品公司的老总，想让工程师像谷歌工程师一样思考问题，也许你应该试着说服谷歌允许你们在他们公司举办一次会议，同时邀请谷歌的工程师参加，这样他们可以更加了解汽车市场。此外，如果你想让员工具有创新思维，就不应该把静修会安排到最后一刻。环境变化必须适应预期目标和创造力水平。

不急于判断

生活中难免要做判断，但判断往往是一种无意识行为。这不难理解：如果一个人快速做出判断，那么生活当然会变得更简单；如果这些判断被验证是正确的，他就会获得回报。但是草率的判断可能会破坏创造力。你肯定有类似的经验，当你专注于某个想法时，另一个更好的点子出现了，这种现象很常见。

西格蒙德·弗洛伊德在其著作中探讨了无意识心理的关键作用以及自我和超我对无意识心理的抑制作用。在本章，我们已经探讨了突破思维障碍的各种方法。通过使用各种形式的清单、有意识地质疑以及提高思维的流畅性和灵活性，这些都有可能大大提高你的思维创新能力。这些技巧之所以奏效，是因为它们激发了人们有意识的思维能力。但是按照弗洛伊德的说法，我们该如何降低自我和超我对无意识心理的抑制作用？他所说的无意识心理能极大地激发创造力。

一些想法在试图上升到意识层面时，会被自我与超我判定为超出常规而被压制下去。如果不急于做出判断，就能保留更多的想法，并进入意识层面。弗里德里希·席勒在下面的论述中提到了草率判断的危害［摘自他给朋友的一封私人信件，载于《弗洛伊德基本著作集》(The Basic Writings of Sigmund Freud) 一书］。

在我看来，你（对自己缺乏创造力）的不满源于自身理智对想象力的重重限制。我想在此表达一种看法，并用一个比喻加以说明。显然，如果理智过于严格地审查已经涌入意识大门的想法，就会造成不良后果，这实际上阻碍了大脑的创造性活动。某种想法单独看来可能无足轻重，甚至极端冒险，但是它可能会在后续的想法中发挥作用；当这个想法以某种方式与其他看似同样荒谬的想法结合起来时，它或许会起到非常有效的连接作用。除非理智能够保留所有的想法，并把它们与其他想法联系起来一起考虑，否则理智无法判断所有想法。在我看来，一定是理智撤去了意识大门的看门人，随后各种想法纷至沓来，只有到那时，理智才开始审查这些大量涌入的想法。无论这些当之无愧的批评者怎样称呼自己，他们都对真正的创造者转瞬即逝的狂热感到羞愧或畏惧，这种狂热持续的时间是区别思考者和幻想者的标准。因此，你之所以会抱怨无果而终，是因为偏见太深，急于否定所有想法。

大多数人很难做到延迟判断，因为我们受到的教育要求我们严厉批判任何不切实际、异想天开、轻率妄为、漏洞百出或被社会排斥的想法。我们常常不愿承认自己头脑里存有这样的想法。我们当然也不愿意在别人面前承认，自己可能会想到用羽毛盖屋顶，用轿子代替汽车来减少空气污染，甚至使海洛因合法化以减少犯罪。然而，如果我们想成为真正有创造力的人，就应该拥有天马行空、不受羁绊的想象力。那么，怎样延迟判断呢？我们可以从有意识的思维入手。如果能够经常有意识地让自我放松一点儿，随后大脑就会产生大量的想法，这一做法可能会让自我进一步放松。这就开始了某种程度上能够自我循环的游戏。做这个游戏的最简单方法是正式地（通过与自己或他人达成协议）设立一段延迟判断的时间。独处时，我可能会对自己说："好吧，我需要一些新点子来解决这个问题，但时间不多了。我先不急着做判断，看看还能想出什么别的好点子。就算这些想法荒诞离奇也不要紧，反正其他人也猜不到。"然后，我就可以无拘无束地构想了，也无须判断这些想法是否切合实际，这样做并没有危及自我。最后，我要正式向自己宣布开始进行这个活动，因为这不是我平常习惯性的心理行为。

有没有可能在某种程度上放松对自我和超我的控制，从而更好地利用无意识心理？答案是肯定的，但并不容易做到。如前文所述，虽然有很多理论解释了思维创新的各种特征，但对思维创新过程的理解还不够全面。许多心理学家都尝试解释创造性思维需要经历的心理过程以及那些富于创造力的人具有的动机和特征。请看下面两个例子。

马斯洛

亚伯拉罕·马斯洛是试图理解创造力的一个比较重要的人物。他更喜欢谈论初级过程和次级过程，而不是无意识和有意识。他没有把初级心理过程称为无意识,而是根据隐藏在表面之下的意义,将其称为深层自我。马斯洛还讨论过初级创造力和次级创造力(见第4章)。次级创造力是指在一个需要经过大量训练的系统中工作的大多数人所表现出的创造力。这种创造力采用右手思维,并以他人取得的突破创新(初级创造力)为基础。

马斯洛认为,初始创造力来自深层自我或初始自我。这种创造力在儿童身上普遍存在,但在许多成年人身上很大程度上被阻断了。在一次题为"自我实现者的创造力"的演讲中,马斯洛讲述了他对那些创造性人才(他称之为自我实现者)所做的一项研究。他在开场白中承认,自己很早就摒弃了那种把创造力归因于健康、天赋、才能以及多产的观点。马斯洛发现,他的大多数研究对象在自我实现能力方面极具创造力,然而他们既不多产,又没有出色才能或非凡天赋。某些研究对象给他留下了特别深刻的印象,这些人虽然没有在与创造力相关的传统领域表现出引人注目的才能,但在日常生活中表现得非常独特、新颖、独到且富有创造力。

根据这一点,马斯洛说他学会了将"创造力"这个词应用到许多活动、过程和态度上,而不是传统意义上具有创造力的标准范畴(如文学、艺术和理论)。这样马斯洛便区分出通常与创造力本身有关的"特殊才能的创造力"和他所说的"自我实现的创造力",后者在我们所做的任何事情(包括最普通、最平凡的日常事务)中都能够表现出来。自我实现者在日常事务中具有创造性的态度和作风,马斯洛在研究这些人的特点时发现了一些共性。这些人随性而行、善于表达且自然,他们的行为举止比常人更洒脱,没那么拘谨,很少会自我批评:"经证明,这种自由地表达想法和冲动、不怕别人嘲笑的能力是自我实现创造力的一个重要方面。"马斯洛发现，他的研究对象在另一个他认为更能激发创造力的方面异于常人："相对来说，自我实现者不仅不惧怕神秘、未知、令人费解的事物，反而经常为之着迷。也就是说，他们会挑选一些问题仔细琢磨，苦苦思索，全神贯注。"

马斯洛发现了个人行为的创造力和自我的内在整合之间的一种联系："如果说创造力是建设性的、合成的、统一的和整合的，那么它在某种程度上取决于人的内在整合程度。"马斯洛将此归因于这些研究对象"相对缺乏恐惧"。他们有自己的见解，而且不怕听到别人对自己的情绪、冲动和想法做出评价。"正是这种对深层自我的认同和接受，使他们能够勇敢地摸索世界的真实本质，也使他们的行为更随性、洒脱（较少受到控制和抑制、较少按计划行事、较少受意志驱使以及较少设定任务）。相比之下，普通人和神经症患者都会因惧怕而高筑心墙，阻断自己内心深处的很多想法。他们不仅控制、抑制、克制，甚至压制自己的想法，不认同自己的深层自我，还期望别人也这样做。"马斯洛解释，这样的人"也失去了许多东西，因为这些内心深处的东西正是他快乐的源泉，是支撑他玩乐、爱和大笑的能量，也是最为重要的创造源泉"。

巴伦

另一位心理学家弗兰克·巴伦对创造力做了大量研究，他采取的方法略有不同。他不愿意把整体心理健康作为衡量创造性人才的标准，因为他觉得有必要制定标准，承认贝多芬、乔纳森·斯威夫特、凡·高、阿瑟·兰波、夏尔·波德莱尔、夏洛蒂·勃朗特和艾米莉·勃朗特姐妹、海因里希·海涅、理查德·瓦格纳等创造性人才，以及那些为摆脱抑郁而创作的人。巴伦在《科学美国人》刊载的一篇文章里写道：

  我建议用下列说法来描述有创造力的艺术家，或许这些说法也适用于有创造力的科学家：

  有创造力的人尤其善于观察，他们比一般人更重视观察的准确性（洞察真相）。

  他们的观点常常含有部分真理，但表达得生动具体；他们传达的部分观点一般是人们的盲点；他们通过改变语调和抑扬顿挫的陈述，试图指明这些盲点。

  他们看待事物的方式与一般人既有共性，又有特性。

  因此，他们既有自己的独立见解，又尊重那些更为清晰的认知。他们宁愿承受巨大的痛苦以证实观点的正确性。

  出于自我保护和对人类文化及其命运的关切，他们受到这种价值观的驱使，积极运用这种才能（独立敏锐的观察力）。

  他们生来就有更大的大脑容量；他们更有能力同时掌握多种想法，并且能对更多的想法进行相互比较，从而形成更丰富的综合体。

  除了拥有不同寻常的认知天赋，与普通人相比，他们的体力更加旺盛，精力更加充沛。

  他们的世界因而更为复杂，他们的实际生活也更加错综复杂，他们追求紧张刺激，期望在释放紧张感的过程中获得满足。

  他们比大多数人更熟悉无意识活动、奇思妙想和想象的世界。

他们对自己具有全面的、灵活的认识。当自我回归（允许原始的幻想、天真的念头、禁忌的冲动进入意识和行为层面），并且回到理性和自我批判的高度时，这种自我是最强大的。同普通人相比，这种创造性人才更原始，也更文明；更有破坏性，也更有创造性；更疯狂，也更理智。

释放无意识的其他途径

从神志健全、肤色健康且快乐自信的性格外向者，到痛苦扭曲、喜怒无常的神经症患者，其他人曾假设了不同类型的创造性人才。然而，无意识（前意识、原初自我或其他任何用过的术语）主题一再出现。因而我们不禁要问：怎样才能把无意识从它过分热心的看守者那里解放出来？

精神分析法的效果有目共睹，因为其目的是在无意识和有意识之间取得平衡，从而更好地整合人格。据说它可以改善强迫症，从而释放初级自我。许多研究创造力的心理学家都认为，一个人如果能达到精神分析学家设定的目标，就一定能提高创造力。对于精神分析法会以某种方式毁掉一个人的创造力的担忧，大多数专家都不以为然。然而，对大多数人来说，精神分析法似乎是提高创造力的一剂猛药。它代价高昂，耗时长久，我们无法预料它能否达到效果。如果一个人的行为严重影响正常生活，那么精神分析法可能是有效的。但是，对于"正常的神经症患者"来说，使用精神分析法可能有些矫枉过正。

还有释放无意识的其他途径吗？大概有很多。马斯洛认为，凡是能提高自我认识的方法原则上都必然会提高创造力。罗伯特·奥恩斯坦在其著作《意识心理学》(The Psychology of Consciousness)中提及的"传统的秘传心理学"已在亚洲东部的文化中流传几百年了。这类心理学关注的是自我认识的个人经验方法，而不是客观的科学方法。它们通常是从佛教或瑜伽等领域中发展起来的，并使用冥想等方法，使线性逻辑思维暂时最小化，以及强化某些属于无意识的心理过程。科学刚刚认识到这种神秘的体验和不同层次的意识。奥恩斯坦认为，这些经历可能说明，善于分析的左脑不再控制意识，而使右脑能够以非线性、非演绎的方式更自由地阐释刺激。奥恩斯坦在其著作中提出了一个令人信服的论点：将这些心理学及方法与我们熟悉的右手心理学结合起来。当然，随着人们更加重视左手思维，人们必然会产生更高程度的自我认识。然而，这些方法费时费力；尽管它们目前在西方国家变得越来越流行，但许多人远没有能力或不愿用这种方法来提高自己的思维创新能力。

还有哪些途径可以让我们这些惯用右手的西方人更好地释放无意识呢？马斯洛提出，教育也是一种途径。我不是精神病学家和神秘主义者，作为教育工作者，我对此自然深表赞同。马斯洛推测，尽管教育在缓解本能压抑和压制禁忌冲动方面的作用不大，但它在整合初级过程和意识活动方面还是相当有效的。了解心理过程和解决问题的方法，特别是关于自我的认知，有助于放松对自我的抑制。其中蕴含的道理很简单：已经了解的事物就不再可怕了。如果清楚恐惧的来源就会减少恐惧心理，而且多数人的自我意识足够聪明，如果确信得到的结果是积极的，自我意识就会放松一点儿。

　　理解自己的心理活动，有点儿像掌握高尔夫挥杆动作。大脑可以给出具体步骤，让你有意识地改进目前的行为动作。然而，就创造性思维来说，深入了解别人的心理活动还可以获得一种附带的好处。人与人之间的互相比较延续了许多恐惧心理。你之所以害怕提问，通常是因为担心在他人面前暴露自己的无知，而当你意识到其他人也无知的时候，恐惧感就会烟消云散。同样，当你知道其他人也有类似的情感时（无论这种情感是否被抑制），你在表达自己的情感时便不会有那么多顾虑了。头脑风暴之所以奏效，是因为其他人也会有愚蠢的想法。当你意识到很少有人只要灵光一现就能找到答案或解决方案时，你就会更安心地应付手中的问题了。

　　因此，我鼓励你去阅读。思维运动可以带来乐趣，关于这方面的文献非常多。它只会增强你的思维运用能力，而对于心理学理论和创造力研究的融会贯通必然有助于提高创造力。我很重视创造力，因而对学生的创造力产生了一些影响。当创造力从幕后走向台前，获得与其他学科同等重要的地位时，学生也就明白他们应该提升自己的创造力了。

　　现在有许多书籍和文章都在介绍如何增强自尊和自信，帮助人们摆脱不必要的恐惧和不安。我从这样的书中收获良多。假如你想了解更多，可以阅读本书结尾的读者指南，它提供了一些关于创造力研究、心理学理论和自我疗法的参考文献。阅读创造力研究的书籍会让你对创造性思维有更深入、更全面的了解，了解创造性人才的各种特征。心理学理论书籍能帮助你理解人类行为以及大脑的工作原理。自我疗法书籍则试图用心理学理论影响人们的行为表现。

阅读当然不是学习创造力和思维创新的唯一途径。有些心理学家和精神病学家致力于使人们更自由地运用无意识，你可以和他们聊聊。你可以观察周围的人，尝试找出他们的行为及思维过程与他们的创造性产出之间的关系。在提高思维创造力和效率的过程中，你也许会更习惯内省思维（这在任何情况下都是必需的）。

你要做的最重要的一件事就是尝试进行创造性思维。只要你借助某些方法（比如下一章讨论的方法）来提高创造力，哪怕只是有意识地迫使自己变得更有创造力（通过列清单的方式），奇迹就有可能出现。首先，你通常会发现你成功的概率更高了。你还会发现，创造性思维对你来说变得更容易了。这是有心理学依据的。如果多动脑筋，你的意识就会领悟到这些行为活动是对你有益的。如果某些产出能带来让自己陶醉的成功，这种领悟就会大大加深。创造性思维被使用得越多，它就变得越自然，回报就越多，自我也就越放松。

酝酿和把问题留在第二天解决

把这一小节作为本章的结尾再好不过。因为这两种解决问题的方法根本不需要有意识行为，所以它们受到追捧还是有些道理的。我们将在下一章讨论一些关于梦的内容，因为人在做梦时大脑仍在运转。虽然我们在醒来时可以回忆起梦中的场景，但是做梦的时候我们是没有意识的。我们不禁会问：难道大脑也能在我们无意识的时候处理问题吗？诚然，我们有时会带着一个问题的答案醒来。那是大脑在夜间活动的结果吗？

与"无意识工作"相关的研究各不相同，但是，许多实验表明，大脑确实可以在无意识状态下工作，这就可以解释为什么在意想不到的时刻，脑海里会突然得出一个结论或回忆起早已遗忘的事实。大多数人可能都有这样的体验，例如，你是否曾经在演讲最后，或者当天晚上，甚至第二天才想起演讲过程中一时没想起来的某个要点？当一些我当时没想起来的事情在几个小时之后突然出现在脑海里时，这种感觉有时会令人着迷。关于这件事情的记忆储存在哪里呢？我怎么花了这么长时间才想起来？研究睡眠和梦境的科研人员已经广泛探索过这个话题，但尚无定论。有几种理论可以说明酝酿的工作原理：记忆被唤醒；解决问题是无意识层面的行为，并在问题出现时给出解决方案；帮助大脑维持逻辑运转的前额皮质通常会在睡眠时关闭，从而减少了现实障碍对梦境的困扰。还有一些理论认为酝酿不起作用。

许多关于创造力的入门书籍建议人们在解决问题的时候休息一下，让酝酿发挥作用。这个方法对我很管用，但谁知道原因呢，也许我的大脑已经习惯这种方法了。如果我前一天晚上遇到一个需要用创新思维解决的问题，即使一时找不到答案，我也非常自信地认为自己能在第二天早上，甚至当天夜里醒来的时候想出一个新颖（即使算不上绝妙）的解决方案。这也许就是无意识工作的成果，也有可能是由晚上大脑疲劳、缺糖、缺氧、脱水，或者酗酒引起的。

有些神秘的大脑活动要么太微妙，要么难以被测量。当我在熟悉的路段（通常是高速公路）上开车时，有时会突然感觉这段路比我想象的要远20英里——我显然是无意识地开了20英里路，这种感觉让人很着迷。这叫作"高速公路催眠",是非常危险的事情。我经常在早上高兴地意识到,自己又做了一次大学时期最难忘的一个梦:彻底错过一场关键的期末考试。为什么在快速眼动睡眠期,即我们进入深度睡眠时,身体会陷入一种类似于瘫痪的状态?是为了防止你伤害自己吗?什么是白日梦?白日梦与想象力和好奇心有关系吗?

对于这些问题,我的建议是,记录灵光一现的时机,无论是刚刚睡醒,还是工作被打断又重新开始的时刻。如果这种情况经常发生,那么你可以看一看相关研究。最后,你要感谢你的大脑在解决问题时让你的意识放松。

第 8 章
团队创新力

头脑风暴与集体决策的管理心理学

到目前为止，我们只是间接地考虑了其他人对个人思维的影响。然而，许多问题都是在团队中解决的。我们在解决问题时难免要和家人、朋友、社区团体、志愿者委员会和同事一起构思，寻找创新性的解决方法。在这种情况下，每个人进行思维创新的概念过程都会受到别人的直接影响。

如果参与者众多，思维创新的概念过程就可能受到影响，这一点大家应该不会感到惊讶。集体决策（又称群体思维）似乎不是一个值得称赞的词，因为它意味着平淡无奇和缺乏创造力。我们大多数人都听说过这样一个古老的定义：骆驼是委员会设计出来的马。但我们也必须认识到，团队和组织能够而且确实在概念过程中表现出色。不同的团队从各自的观点出发，利用自己的专业特长处理问题。他们可以提供一个具有支持性的情感环境和必要的资源，在合理的时间内将最初的概念补充完善，变成一个令人信服的可行性方案。事实上，不同专业背景的人进行团队协作是必不可少的，这也是由涉及多种学科专业的项目的复杂性决定的。为什么团队有利于创造力发挥？答案很简单：团队能够集思广益！

在过去的50年里，团队受到了极大的关注，人们意识到，相比于个人，团队才是创新的最大源泉。20世纪60年代，人们对群体动力学的研究兴趣有所增加，当时日本在这一领域具有明显优势，这就促使人们研究日本工作组和美国工作组之间的差异。为此，商学院、公司和非营利性机构纷纷加强了对群体动力和相关话题的关注和研究。这些研究和话题探讨让我们对创意团队（无论是在工业领域的还是在其他领域的）的性质有了更清晰的认识。团队中一些较为突出的思维障碍如下：

（1）对创意过程和团队使用的创意技巧缺乏了解。
（2）对归属需求和自我需求理解不到位。
（3）领导不力。
（4）团队成员配备不足或不平衡。
（5）缺乏适当的支持。

创意过程

我经常担任创新团队的领导或顾问，常有人问我："你是怎么帮助团队变得更有创造力的？"我认为，激励一个团队的最好方法也许就是让他们做一个具有挑战性的、有可能造福全世界的大项目。但是，如何在团队工作的同时提高他们的创造力？对我来说，最有效的方法是让团队成员对创意过程以及本书介绍的思维障碍和思维创新方法产生兴趣。要让我身边的同事和朋友变得更有创造力似乎很难，但他们对解决问题的过程很容易产生兴趣。一旦有了兴趣，他们似乎就有一种内在动机，试图证明他们可以突破这种思维障碍。事实上，这很可能就是本书不断再版的原因。读者可能想知道：我是谁？思维障碍是什么？我来告诉你答案。

除了那些提升个人创造力的技巧，还有针对团队创造力的提升技巧。也许最著名的就是头脑风暴法，它是一种很多年前就出现的集体研讨方法，由BBDO广告公司联合创始人亚历克斯·奥斯本首创并命名。头脑风暴小组通常有5~10人，目的是共同解决一个特定的问题。

奥斯本提出，参加头脑风暴时需要遵守4条主要规则。第一，不允许进行任何形式的评价。奥斯本的解释是，一种评判性的态度会导致团队成员更倾向于坚持自己的想法，而不是提出更多的想法。第二，鼓励所有参与者天马行空地思考。他认为，顺从比提出创意容易得多，如果鼓励个体参与者提出更多天马行空的想法，他们心中的内部判断就会减少。第三，奥斯本认为，提出的想法数量越多越好。一是因为数量有助于控制内部评价，二是因为没有数量就谈不上质量。第四，参与者必须以他人的想法为基础，或在他人想法的基础上进行修改和完善。用他的话来说就是"对之前提出的想法进行综合或修改，往往会产生比之前更好的新想法"。

头脑风暴已经无处不在。它在不同的地方以不同的形式出现，这就是它能够保持长久不衰的原因之一。如果让一位团队成员记录头脑风暴过程中提出的各种想法，效果就会更好。因为这样的想法清单不仅可以确保想法没有被遗漏，而且能让团队成员随时参考。理想情况下，记录想法的规模应该足够大，这样每一个团队成员都能轻轻松松地了解这些想法。头脑风暴在解决简单明确的问题时效果最好，但是它也适用于解决不同阶段、不同层次的问题，比如从最初提出宽泛的概念到最终确定详细的定义。

头脑风暴之所以成为一种成功的问题解决之道，有多种行为学方面的原因。20世纪50年代，头脑风暴还是一个新鲜事物，引起了人们的极大兴趣。当时，哈佛大学的一个研究小组对头脑风暴进行了调查，他们列出了该方法的几个优势：

（1）可以减少压抑和失败的情绪：个人在面对难题或困境时经常束手无策，一时想不出好的解决方法，而团队可以迅速找到一系列解决方法，帮助个人"突出重围"。

（2）团队成员的热情会相互传染。

（3）有助于培养竞争精神，每个人都想提出比别人更好的想法。

但我认为，延迟判断可能是头脑风暴发挥作用的最重要因素。

头脑风暴有时也会受到非议，有人认为经过头脑风暴得出的想法很肤浅，也不符合公认的社会标准。还有人以头脑风暴作为恶搞对象，把它等同于一种没有经过深思熟虑、令人感到怪异的做法。尽管如此，头脑风暴还是有它实实在在的优势的，如果使用得当，效果就会非常好。头脑风暴小组允许成员从不同的专业背景提出不同的想法。最终得出的结论之所以给人肤浅的感觉，往往是因为小组获得的信息不足，以及随后的判断能力较差，并不是因为方法本身有问题。头脑风暴刚开始时进展很快，是因为它能够利用一些常见的解决方案，但是当这些方案被用完之后，小组成员必须提出新的方案,这样头脑风暴就会变得越来越困难。也正是到了后期这个阶段,这种方法的最大价值才得以真正体现。如果最初的讨论热情一过就停止头脑风暴,就不能充分发挥它的潜力。

头脑风暴这一方法由广告行业的人发明,这并非偶然。我和这些人有过共事的经历,我发现他们能很快认定某个想法是否符合自己的标准,抓住别人的兴趣。之后,如何实现这个想法就相对简单了。我的工作主要是处理复杂的系统,保证系统的各个部分正常运转,这种复杂性决定了我的工作中几乎没有简单的答案,而且,由于团队成员具有不同的专业背景优势,因此听取他们的批评意见是很有必要的。比如,如果某个人提出的建议违反了热力学第二定律,那么应该有人礼貌地指出来。如果让我领导一个这样的头脑风暴小组,那么我必须承认,不允许别人"批评"的规定似乎有些霸道,我希望能以一种幽默的方式吸引人们积极参与讨论。这样做虽然可能因为利益冲突拖慢头脑风暴的进度,但它仍然是促进创造力的有效方法。

要想更好地了解头脑风暴,最有效的方法是自己体验一下。

练习: 找一组人,针对某个容易明确界定的问题进行头脑风暴。试着思考一个对所有人都很重要的问题。如果做不到,就尝试以下做法:
(1)虚构一次盛大的社交聚会,在聚会上认识一些之前听说过但没有私交的人,和他们做朋友。
(2)想出(细节要合理)一种更好的方法,将一个大房间(约186平方米)分割成可供不同群体使用的较小空间。在学校里,这个问题一直存在。这种划分应该灵活、经济且美观。
(3)为一场非传统的晚宴设计一道令人惊叹的主菜。

（4）假设你的汽车导航系统出了故障，请发明一种使用公路交通图的更好的方法。

（5）设计一张圣诞贺卡，寄给你的朋友，这样不仅可以给他们留下永久的深刻印象，而且以后也不用寄其他贺卡了。

头脑风暴与个人独立思考相比，所产生的想法是否更多、更好，已经有过一些讨论。好在已有相关研究评估了头脑风暴在实践中的作用。安德鲁·哈格顿是查尔斯·J.瑟德奎斯特创业学讲座教授，也是加州大学戴维斯分校管理研究生院技术管理学教授。作为论文工作的一部分，他花了一年时间观察并参与了IDEO设计咨询公司的每周头脑风暴会议。这些会议已经成为公司的一个传统，并且是在精力充沛、幽默风趣、竞争激烈的氛围中进行的，每个参会者都想成为团队中最有创造力的那个人。哈格顿最后总结，这些头脑风暴会议不仅催生了很多想法，增进了团队的凝聚力，还提升了成员的创造信心和士气。在他与斯坦福大学工程学院管理学教授罗伯特·萨顿合作撰写的一篇论文中，他列出了头脑风暴会议给公司带来的好处：

这些会议对公司、设计工程师和客户产生了6个重要的影响，而这在以前的头脑风暴研究文献中并没有被明确论及，或者，虽然被报道，但没有被标记为有效性结果。（1）支持设计方案的组织记忆；（2）为设计师提供多样性的技能；（3）支持智慧的态度（在怀疑已有知识和经验的同时利用知识去行动）；（4）创办"地位拍卖会"（基于技术技能的地位竞争）；（5）给客户留下深刻印象；（6）为公司创收。这项研究表明，当我们从组织的角度看待头脑风暴会议，并且提出"在什么方面有效"和"对谁有效"的问题时，创意效率这一点可能算不上一种有效性结果。

想要了解更多哈格顿关于创造力和企业家精神的思考，可以读他的《突破是如何发生的：公司创新的惊人真相》(*How Breakthroughs Happen：The Surprising Truth about How Companies Innovate*)一书。

共同研讨法

有许多个人和公司采取了不同于头脑风暴的团队创新方法。很多年前，因为共同的兴趣和机缘巧合，我认识了威廉·J. J. 戈登和乔治·普林斯。他们俩曾在理特咨询公司供职，专门从事团队创造力研究。1960年，他们和几个朋友一起辞职，成立了Synectics技术咨询公司。Synectics就是他们在研究行业团队会议过程中总结出来的共同研讨法。我在1966年加入斯坦福大学时，去过Synectics公司好几次。该公司远在波士顿，我每次都不顾舟车劳顿，大老远地从帕洛阿尔托赶过去。通过对比，我发现了一个非常有趣的现象：共同研讨法鼓励批评，更重视发挥不同成员的技术专长，因而比头脑风暴更复杂，或许也更为先进。

后来，我在斯坦福大学的工作有些变化，再加上Synectics公司也出现了人事变动（戈登2003年去世，普林斯也于2009年去世，享年91岁），我与这家公司失去了联系。但在我撰写本书之际，该公司显然发展得很不错，现已更名为Synecticsworld，而且其发展模式跟我熟悉的公司发展路线很相似。

Synectics 公司的共同研讨会首先围绕客户的问题展开。这种会议旨在让客户有充分的机会向小组提供信息。首先由客户描述问题，然后研讨会小组成员提出解决问题的想法或对策。小组组长一般由 Synectics 公司员工担任，负责协调会议进度和记录会议内容。虽然组长并不直接参与问题的解决过程，但是他们很有经验，知道怎么阻止消极的行为或者有碍创造力的行为。乔治·普林斯于 1983 年发表了一篇题为"共同研讨法：创造力和团队过程研究 25 年"（Synectics：Twenty-Five Years into Creativity and Group Process）的论文。下面两幅摘自该论文的插图（图 8-1、图 8-2）展示了团队内部行为的类型，在他看来这些行为能够促进或抑制团队的创造力。

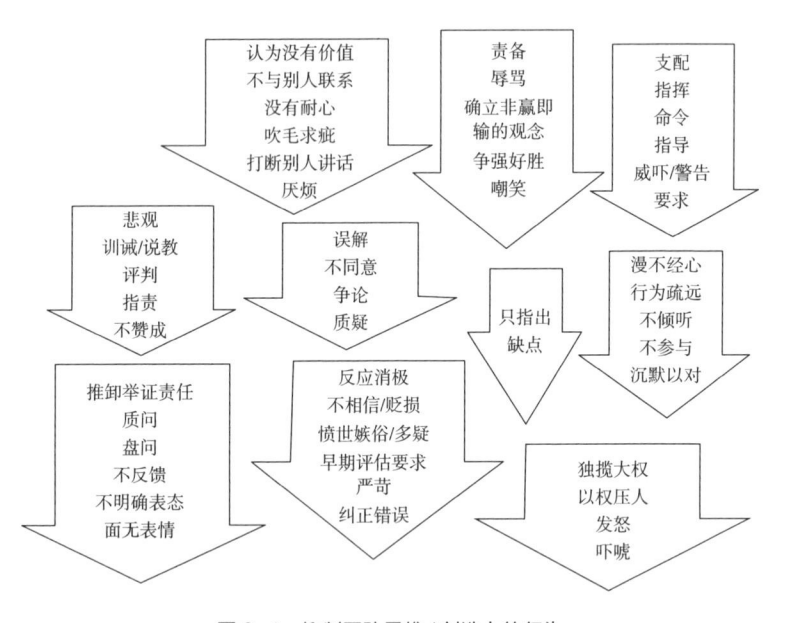

图 8-1 抑制团队思维/创造力的行为

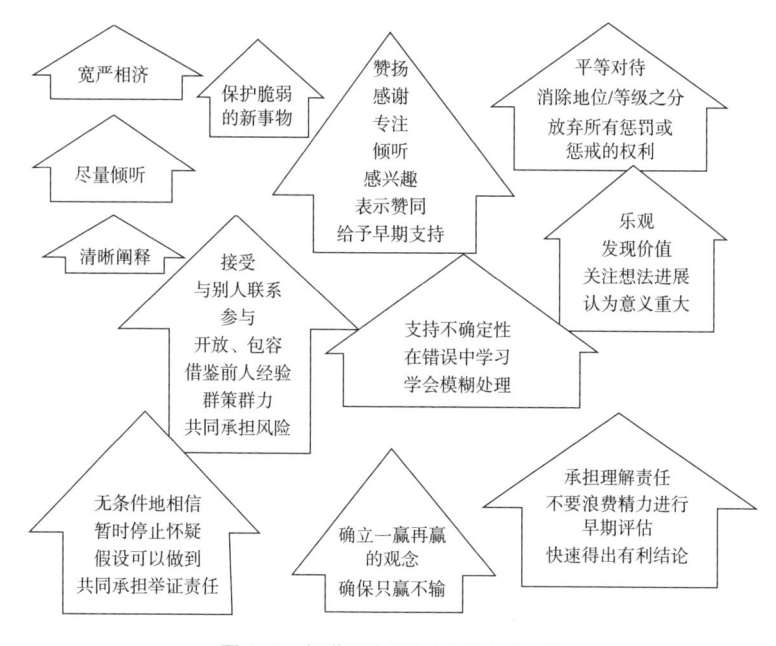

图 8-2　促进团队思维 / 创造力的行为

研讨会小组会提出很多想法，但我不知道是否有必要像头脑风暴会议那样，近乎狂热地将创意和想法贴满所有墙壁。然后让客户对这些想法做出回应，或从中选择看起来最有趣的一些想法。客户要向小组解释其选择的原因，但有一个有趣的前提条件，就是在给出负面评价之前要先提出两点正面的评价。

这些正面的评价能够让小组不断地了解客户究竟需要什么。他们还对创意想法的提出者予以奖励性强化，以营造一种有利于激发创造力的心理氛围。另外，对客户的批评意见小组不会一概拒绝，而是持保留意见，这样下一次就可以有针对性地解决。通过这种方式，我们可以在接受尖锐批评的同时不抑制思维创新。

这样做在增进小组对客户需求了解的同时，还能使小组成员想出更多的创意。我参加过几次这样的会议，很明显，共同研讨小组的成员从帮助客户的过程中获得了满足感，而头脑风暴小组成员通常从他们提出的天马行空的创意中获得满足。Synectics 公司的共同研讨会议基调与头脑风暴会议截然不同。第一，头脑风暴会议上提出的创意经常是天马行空的。参与者在看到自己能提出这么多富有创意的想法时，其归属需求和自我需求得到了很大的满足。而在共同研讨过程中，提出的创意数量要少一些，但参与者在帮助客户解决问题的过程中，其归属需求和自我需求也得到了满足。事实上，共同研讨小组组长需要具备的一个能力是，能够处理好与那些创意落选的团队成员的关系。显然，共同研讨会议最好由 Synectics 公司员工担任组长。可能因为这种策略较为复杂，导致现在共同研讨法不像头脑风暴法那样流行和得到广泛应用。

第二，头脑风暴会议通常持续一个小时，而共同研讨会议没有明确的时限，一直要到每个参与者都确信这一想法具有可行性。虽然并不能保证一经实施就有结果，但客户应该特别希望想法尽快落地。你如果对共同研讨法背后的原创思想感兴趣，就可以参考普林斯写的一本书，书名是《基于共同研讨法的创造力实践——团队解决问题的有效方法》(*The Practice of Creativity Through Synectics—The Proven Method of Group Problem Solving*)。

头脑风暴和共同研讨等方法在团队解决问题时非常有效，因为它们在减少参与者思维障碍的同时也解决了他们的归属需求和自我需求问题。当然，如果一个团队理解了概念过程中的抑制因素，那么，即使没有使用这些正式的方法，它也可以达到同样的目的。这一点对于正式或非正式的团队领导者来说尤其重要，因为领导的角色非常重要，如果做得好就有利于思维创新，如果做得不好就会抑制思维创新。如果团队成员也能具备这种知识，团队的思维创新就会更加活跃，更有成效。

归属需求和自我需求

一个团队要想发挥作用，必须像个人一样行动。团队要能够发现问题，想出可能的解决方案，并做出决策。团队创造力的发挥也要做到合理和适度：发挥太多，会失去稳定性；发挥太少，又提不出任何解决方案。然而，团队或组织又不同于个人，因为每个概念或行动都会引发所有成员的不同反应。一些人开心，一些人沮丧，一些人充满恐惧，还有一些人觉得被误导。一个团队或组织实际上是一个小型社会，它需要像一个大脑一样运作，对其成员施加巨大的压力。

团队或组织的每个成员都有强烈的归属需求和自我需求。归属需求促使个人采取行动，以获得所属群体的社会赞誉：被人喜欢、受人尊重或受到重视。许多心理学实验都显示了这些需求的强大力量，尤其是由斯沃斯莫尔学院心理学教授所罗门·阿希所做的一个著名实验。在这个实验中，研究人员会给出三条长度明显不同的线段，受试者需指出哪一条与第四条线段长度相等。每组只有一个人是真正的实验对象，其他参与者为了配合实验需要，会故意给出错误答案以误导真正的实验对象。尽管线段长度的差异显而易见，但仍然有大约1/3的实验对象最后改变了他们最初的正确判断，从众心理让他们跟着别人做出了错误的判断。他们想成为团队一员的归属感压倒了对正确答案的判断。

哈罗德·莱维特教授的经典著作《管理心理学》提供了另一个关于归属需求强度的例子。书中有一段论述是这样的：

假设你是一个专业委员会的委员，在参加一次会议时，你对会议议程的第一项表示强烈反对。经过一番讨论，你发现其他委员的意见与你的意见大相径庭。最初，他们对你的意见表现出兴趣，并试图理解你的反对立场。同时，他们也极力向你解释他们的立场是正确的，但你非常坚定自己的立场。随着时间的推移，会议的气氛开始发生变化。其他委员变得有些不耐烦，因为他们无法说服你接受多数人的观点。你意识到自己开始成为众矢之的，此时，你已口干舌燥，胃也开始收缩。他们指责你怀有敌意，指责你在无法提出新的理由来为自己辩护的情况下仍坚持一个立场，还指责你不愿达成共识，拖延了对其他更重要的事项的讨论。然而，你觉得你必须在道德上坚持自己的观点。

经过一个半小时的讨论，你成了会议的争论焦点。其他所有委员都在激烈地与你争论，用他们所能想到的一切手段迫使你改变立场，因为这个委员会的原则是达成共识，而你在阻止他们达成他们引以为豪的那种共识。最后，一名委员把脸转向委员会主席，建议委员会主席采纳多数人的意见，然后继续讨论其他问题。这时，你意识到你将被他们排除在外，事实上你确实被孤立了。委员们纷纷挪动椅子，把脸转向主席。在主席总结采纳多数人意见的理由时，你偶尔会抗议那些在你看来非常荒谬的观点。然而，除了不时被其他人怒目以对，你并没有得到委员会的任何回应。你被他们移出了"群聊"。

大多数人对莱维特这段话中的人物都深有同感，这种感觉并不好受。很多人都有因为不接受普遍的判断而被我们在乎的群体在心理上拒绝的经历。难怪人们能接受在机动车管理局排长队，也能接受他们认为错误的大多数人的意见。

归属需求是前面几章讨论的诸多思维障碍的深层原因之一。人们喜欢与想法一致的人交往。但是，如果你只是附和别人的想法，没有自己的主见，就等于给自己增加了感知障碍和智力障碍。在共同解决问题时，团队成员需要互相尊重，紧密团结。在这种情况下，归属需求特别强烈，如果得不到满足，就可能导致严重的情感障碍。每个人都不想失败，都希望在同龄人面前得到尊重。一个团队在创建自己的团队文化和环境的过程中扮演着重要的角色，如果他们在解决问题时不支持、不鼓励思维创新，障碍就会出现。当一个人提出某个新想法却发现背离了团队共识时，他可能就会试图修改或收回自己的想法，集体决策便由此产生了。

如果能够积极引导，归属需求就可以带来高动机和高度支持。一个团队如果理解了思维创新的过程，就会激励并支持团队成员创造性地思考，并为此创造信任的团队氛围，这对成员自如地运用创新思维至关重要。

自我需求有时可能与归属需求互相矛盾。自我需求促使我们去影响他人，领导他人，做一个举足轻重、出人头地的人。要想成为团队里引人关注的重要人物，最简单的方法就是提出批评意见，但是，正如我们在前面看到的，批评的方式可能不利于思维创新。

同样不利于思维创新的是企图误导他人的行为，对那些试图影响下属的领导者而言尤其如此。最能满足自我的影响方式并不一定最有利于思维创新。例如，利用权威是西方世界中的一种影响他人的传统方法，它可以让发号施令的人感到心满意足、心情舒畅。我们都有被权威压制的经历，很多父母都利用身为长辈的权威来管教孩子。利用权威具有一定的优势：立竿见影，几乎不需要了解下属。

利用权威影响他人通常会导致人们机械地执行命令，不敢出任何差错。但是这样可能会降低他们做其他事情的动机，这对创造力而言是一种明显的抑制。喜欢发号施令的领导倾向于直接给下属提供答案，而不是抛出问题。此外，他们的言行也经常引发下属的不满和反抗。这种违抗的气氛很难使一个人或一个团队最大限度地利用创新思维产出成果。下属不会"推翻统治者"，但可以不发表任何意见以示反抗。结果就是，他们不再动脑筋，不再做出富有成效和创造性的贡献。

相比之下，协作式工作法可能比较麻烦，但有助于激发创新思维。人与人之间的交流往往没那么正式，每一名成员都会受到鼓励，并希望做出自己的贡献。如果每一名成员都感到自己对团队的成功负有责任，他们就更容易从解决问题的过程中获得对归属感和自我需求的满足。

你认为哪一种方法能激发你的创新思维并让你的成果产出最大化：利用权威还是协作？想必你是一个善于思考的人（否则你就不会读这本书），我想你很可能会选择协作，如果是这样，你就选对了。遗憾的是，与利用权威相比，协作式工作法并不总是能完全满足管理者的自我需求，因此，在以自我为中心的文化中，协作式工作法常常被忽视。

领导力

我现在想谈一谈领导力的问题。以权威为基础、自上而下的经典领导方式目前在创新团队中并不流行，但仍有以此种风格领导的团队取得革命性成果的例子。这究竟是什么原因？我有时把团队分为以下三类：

（1）处事谨慎、愿意妥协、明智的传统团队。
（2）领导极具创造力和主导权，受到成员拥护、支持的团队。
（3）以综合为导向、讲究协同合作、受到领导重视的团队。

第一种类型的团队非常普遍，对我们保持生活稳定至关重要。在这样的团队里，极端观点被压制，成员之间几乎没有意见分歧，得出的结论往往一致。他们处事明智而谨慎，倾向于选择那些经过证实的可行方法，而非未经证实的新方法。他们的创造力并不突出，但解决问题时，他们都能将创造力发挥得恰到好处。在这些团队中，领导者之所以拥有权力，不仅是因为职位本身赋予了权力，还因为他们在解决类似问题时积累了丰富的专业知识。

第二种类型的团队极具创造力。有些初创企业或少数具有非凡创造力的人的成功案例都属于这种情形。你能想到的所有行业的杰出人士，比如科技界的史蒂夫·乔布斯和埃隆·马斯克，通常都是这样创造非凡历史的。但这类团队也有不好的一面，即没有充分利用每位团队成员的创造力。如果一位成员在解决问题时拥有很大的自主权，而不需要帮助那些发号施令并揽下所有荣誉的领导，他就会有更高的创造性动机。占主导地位的领导可能会帮助团队成员的个人成长和专业发展，但不至于让自己的领导地位受到挑战。完全依靠一个人的团队也是脆弱的。如果那个人离开了，团队可能就会面临后继无人的窘境。

第三种类型的团队有很多优势，从描述该类团队的所有时髦词语就可以看出来。在这类团队中，成员从他们的个人表现和团队成就中获得满足。这类团队更注重成员的个人成长和专业发展，成果产出往往反映了更加多样化的学科差异和认知风格。此外，这种团队中的成员不仅有解决问题的强烈动机，对实施解决方案也有很高的积极性。

一个创新团队需要强大的领导力。在 20 世纪 70 年代和 80 年代，有许多关于所谓的无领导团队的试验，这些团队的运作方式是通过协商达成共识。研究结果之一就是，团队中经常会出现一个非正式的领导，但该角色又常常被混淆，因为这类团队应该是没有领导的。此外，这位领导在团队之外往往没有什么影响力，因此难以获得外部支持。不管有没有领导，这样的团队都存在很多问题，因此这样的团队如今已经很少见了。团队在创造性解决问题的过程中要有坚定明确的方向，并与他们所处的社会环境进行良好的政治和经济互动。此外，如果团队中能有一个个人能力很强的人既做裁判，又当啦啦队队长，那么团队将受益匪浅。如果团队成员来自不同的学科背景，具有不同的处事风格，就更好了，这也是所有的创新团队都希望构建的理想结构。

关于这种领导力的重要性（或者说缺乏这种领导力）的典型例子，可以从以斯坦福大学为代表的大学里找到。大多数学术创新都发生在教师研究团队中，这些团队通常由一位教授及其研究生和专业助手组成，教授在团队中是主导者，研究生和专业助手提供协助和支持。这是传统的大学模式，认为创造力最重要的来源是个人。但时代在变化，许多潜在的令人兴奋的工作往往涉及多种学科。新技术正在改变信息存储和传递的方式。学生和公众的期望也发生了变化。要想增强这一传统模式，需要投入更多的创造力。

作为一名资深教授，我坚信一个原则，即学术方向应由学院的教师决定。我所在的斯坦福大学就采用了这种做法，即通常由代表某一学科（研究团队、系部、学院）或被任命为常设或特设委员会成员的教师来解决实际问题。这些教师的大部分科研经费都是个人自行筹集的，而且，他们只专注于自己学科的一个狭窄领域，对被人管理也非常敏感，动不动就跳槽到其他薪水更高、待遇更好的工作职位。他们对任何工作上的调整变化都心存顾虑。人们在做出决策之前，通常要达成共识，而名义上的委员会主席在此过程中通常没有起到应有的积极作用，其结果就是，我们在探索涉及跨学科思维和替代解决方案的新思路时相对困难。我们只有拥有更有能力的领导，才能让所有的这些团体锐意进取、敢于创新，但这一点并没有得到公认，而且资源也普遍缺乏。结果，很多人越来越怠惰，阻碍了人们对激动人心的新思路的尝试。前两种团队在大学里非常普遍，而第三种非常罕见。

团队成员

创新团队的构成尤为重要。在 20 世纪 90 年代关于团队的众多著作中，乔恩·卡岑巴赫和道格拉斯·史密斯的《团队的智慧》具有持久的影响力。在这本书里，作者列出了优秀团队应该具备的 6 个基本要素。

（1）理想的团队规模。
（2）足够的互补技能。
（3）真正有意义的目的。
（4）一个或多个具体的目标。
（5）明确的工作方法。
（6）相互问责制。

我想补充第 7 个要素：成员之间相互了解，相处融洽。

一个创新团队，人数应该适当，太少则缺少必要的学科和技能支撑，太多又不便于成员互动和发表意见。在我看来，5~10 人的团队是最理想的。如果要照顾各方利益和体现多学科交叉，那么选择团队成员时就应体现出这种广泛的代表性，并得到各相关领域专家的支持。

团队成员不仅要具备必要的心智技能，还要有多样化的问题解决风格和恰当的人际交往技巧。我的朋友罗伯特·萨顿是一名从事组织研究的教授，他认为创新团队应该体现智力上的多样性，而不是情感上的冲突。换句话说，团队成员应该有观点的碰撞，而不应该进行人身攻击。

至于人际交往技巧,在创新团队中表现出色的人往往会尊重和欣赏别人的想法和专长,对自己的能力有自知之明,能与同事交流看法,同时具有幽默感。信心很重要,有信心的人敢于创新,同时还能把这种信心传染给团队的其他成员。你并不一定要成为团队中那个极其聪明又活泼外向的人。我曾与许多人共事,他们在团队中做起事来雷厉风行,平时却是安静、谦逊的人。然而,他们热情无私地为团队的事业做出了贡献。很多在团队中举足轻重的人并不是他们所在领域的顶尖人物,他们深深了解自己的专长和不足,也知道团队领导的为人和处事风格。在创新团队中,那些态度消极的人往往给团队增加了麻烦,成了团队的累赘。他们为了获得信任和控制,经常引发矛盾,导致团队内部不和。

其他方面的原因则与团队成员的价值观和个人经验有关。团队成立的目的最好是真正有意义的。如果连目的都不清楚,我们就要思考团队存在的理由是什么。同样,它应该有一个或多个具体的目标。就创造力而言,团队应确保其目标与所期望的创造力一致。工作方法和相互问责制也要由团队集体商定,领导发布的要求或命令不一定能得到所有团队成员的认可。

当然,在创新团队中提高一个人的效率是可能的,但也要鼓励其他成员提供反馈,并将总结出来的经验应用于实践。你如果关注过一些对团队感兴趣的研究领域,比如组织行为学、社会学、人类学和心理学,就会发现有大量文献讨论人的互动方式。其中的复杂性决定了没有一个简单的公式可以定义什么是完美的创新团队,什么是完美的创新成员。但这些领域仍有很多深刻的见解,值得一读。

在结束这个话题之前，我必须说说我对罗伯特·萨顿（我喜欢称他为鲍勃）的一些看法。他是一个好老师，也是一个成就斐然的人，出版了一系列著作，其中第一本书的书名为《拒绝混蛋守则》。他的这一系列图书都充满了智慧，鲍勃也为"混蛋"一词成为社会上的通用词做出了很大的贡献。即便如此，"不要雇用'混蛋'"这个建议可能还是有点儿言过其实。该系列的最新著作是《混蛋生存指南：如何对付那些视你如粪土的人》（*The Asshole Survival Guide*：*How to Deal with People Who Treat You Like Dirt*），在和许多符合鲍勃描述的人共事之后，我可以肯定的是，有些"混蛋"非常有才华，甚至是不可缺少的团队中坚力量。对这一类人，我会说："加入我的团队吧，'混蛋'"。

但是，也有团队破坏者，这些人受自我驱使，不断寻求对团队的控制以贬低团队的价值。还有一些人懂的比别人多一点儿，又不愿意分享自己的知识，总是沉迷于一种自以为是的优越感。好在这样的人不多，随着时间的推移，这种优越感也会渐渐消失。如果还是自以为是，就得让他们离开。我职业生涯的大部分时间好像都在做团队领导和基层管理者，比如空军中尉、喷气推进实验室的团队经理、斯坦福大学的系主任、工程学院的副院长、许多特别小组和跨学科团队的主席——我似乎喜欢这种闲不下来的忙碌生活，但也不希望受人控制。我在建立优秀的团队方面比较有经验，我有两个重要的方法：一是了解你的团队成员，二是不要低估酒精的力量。

适当的支持

汤姆·迪马可和蒂莫西·李斯特在《人件》一书中指出，他们不知道如何建立一个完美的团队，但他们知道如何破坏一个团队。破坏团队的因素有：管理者害怕承担风险，害怕团队成员比自己高明；官僚作风；成员分散、时间碎片化；团队目标减少；期限不切实际。两位作者断言，有经验的人对解决某个问题需要花多长时间非常清楚，如果项目时间太紧张，那么他们是不会考虑去做的。在特雷西·基德尔的经典著作《新机器的灵魂》中，项目经理通过雇用对工作难度完全不了解的应届毕业生解决了这个问题，但这只有在应届毕业生具备必要技能的情况下才能实现。针对特定人群尝试一次可能没问题，再次尝试就不一定行得通了。我还认识一些人和团队，他们在一定的时间压力下可能会表现得更好。但如果没有足够的时间去认真探索不同的方案，人们就无法发现新的、能与以往经验相媲美的解决方案，无法充分发挥创造力。

同样，资金也很重要，它不仅可以用来购买必要的设备，雇用所需的人员，还是衡量项目重要性的标准（不管对错）。项目启动时的支持尤为重要。众所周知，我们经常需要从其他非正规渠道筹集项目的启动资金。这无可厚非，而且很有必要，因为负责预算分配的人希望在资助项目之前就能得到项目可行的保证。如果筹集启动资金有困难，创造力就会受到影响。我曾是两个创意组织的成员，这两个组织一直是国会调查的对象，一个组织在承担一个无先例可循、极其困难的项目时，其进度没有达到一些政府官员的期望，另一个组织则被怀疑滥用政府资金。（经过漫长而艰苦的调查，最后证明两个组织都是清白的。）最后的结果都是加强对两个组织的会计和审计工作。这反过来又增加了它们筹集资金的难度，在我看来，也削弱了它们的创造力。幸运的是，时间治愈了一切，政治宿怨也成了过去时，这两个组织的创造力都恢复到了很高的水平。

　　人力资源也是至关重要的。团队不仅需要具有适当技能和经验的成员，而且必须善于利用必要的专业知识和团队之外的智力资源。在一个行业中，人员的高度流动性往往与创造力联系在一起，这也是硅谷成功的原因之一。年轻技术人员的一大特征就是频繁跳槽，这其实有助于思想和技能的迅速传播。公司可能不喜欢员工跳槽，但跳槽对整个区域和行业而言不无裨益。年轻的技术人员也是创新团队的宝贵财富。他们通常集知识和经验于一身，思想活跃，不安于现状，这与高水平的创造力是一致的。

　　无论是正式的组织还是非正式的人员聚集，来自团队环境的支持都至关重要。这是我感受最深的一点，我似乎偏好那些总会碰到各种难题的团队。举个例子，当时加利福尼亚州州长成立了一个名为"有毒废物州长委员会"的专家小组。在州长选举即将举行、现任州长的竞选对手又在环境上大做文章的背景下，成立这样一个专家小组的政治动机就非常明显了。但是，加利福尼亚州确实存在有毒废物污染的问题，而且入选的小组成员个个见多识广，精明能干，成就非凡。而且，小组成员来自两个党派，在政界具有广泛的影响力。此外，小组还得到了来自加州大学的技术支持。在这样的条件下，怎么可能失败呢？当然，可能导致失败（确实失败了）的原因是，在意识到问题的严重性之后，小组就提出了一些应对措施，但这些措施遭到了保守的加州政府的反对。政府不仅不支持这个小组，还千方百计压制可能出现的结果。(这也是我很高兴看到杰里·布朗回来的原因之一。)

最后，团队的工作场所也是一个经常被忽略的问题。典型的情况是，团队成员离开办公室，去会议室开会，结果发现会议室经常被另一个团队占用；即使会议室没被占用，投影仪也经常出故障；等投影仪正常了，遮光帘又坏了。如果该团队是一个特别小组，那么团队成员会觉得这是一种侮辱；如果既极力强调该特别小组的工作的重要性，又要求成员处理其他更重要的项目，就会让他们更加觉得受到了侮辱。要想又快又好地完成一个涉及创造力的团队项目，如果能在项目实施期间给团队提供良好的工作场所，特别是在样机、硬件或其他难以随身携带的物资方面保障到位，就有助于强化团队的创新动机。一方面跟特别小组反复强调解决某个问题的重要性，另一方面又让他们在条件差到无法正常开展工作的场所里工作，怎么能调动他们的工作积极性？一个团队要想完成任何有价值的工作，必须让成员感到他们的工作受到尊重。

第 9 章
创新领导力

快速而经济地解决复杂问题

我们离不开组织。许多人都在组织中工作，每个组织反过来又受到其他商业、政府、法律和金融组织的影响。志愿者组织经常影响我们的生活，医疗和教育机构也是如此。我们生活的城市、光顾的商店和娱乐中心都是有组织的。事实上，对于任何20人以上的企业来说，要想高效运转，最好有组织。不用说那些规模庞大的组织，即使是让只有100人临时组成的团队快速而经济地解决一个复杂的问题，也是相当困难的。在组织中，集体目标通常是由众多成员协作完成的，这一特征可能会抑制组织的创造力，事实上经常如此。就像个人和团体一样，组织也会受到思维障碍的困扰。以下是组织中常见的几种思维障碍：

（1）控制不是过多，就是太少。
（2）组织年龄和组织规模。
（3）传统与过去的成就。
（4）不恰当的奖励制度和支持。

（5）缺乏挑战。

（6）抑制性文化。

控制与创造力

组织控制着资金、人员、设施、设备和其他完成目标必需的资源。这种控制可以让组织成员朝同一个目标和方向努力，同时也抑制了思维的发散性、自发性和大胆尝试的动机，最终不利于创造力的发挥。组织的一个主要问题是如何在创造力和控制之间保持平衡。过多的控制可能会让组织因为缺乏创新而遭到淘汰。不加控制，又可能因为没有重点和效率低下而失败。两者之间如何平衡是一个关键问题，很少有组织认真考虑过这个问题。

这也是一个复杂的问题，因为组织的控制受诸多因素影响，这些因素有产量、组织的功能和级别、组织的规模和年龄。目前，计算机行业的创新产品应该比管道设备行业的多。苹果公司如果仅仅满足于生产廉价的中低端手机，不对其产品升级换代以回馈忠实粉丝，就不可能长期获得巨额利润。同样，一家卫浴公司尽管对其坐浴盆产品进行了彻底改进，在没有坐浴盆使用习惯的艾奥瓦州还是很难卖出去。

在同一组织的不同部门，控制程度也有所不同。从事内部审计的人比从事高级研究的人更关心控制的问题。不仅如此，组织中不同级别的成员对控制也有不同的看法。前段时间，我做了一个非官方的试验，给一家大公司组织结构图上不同级别的成员打电话，问他们是否愿意招聘那些极具创造力、追求自己想法的毕业生。他们可以不顾别人劝告他们放弃项目的建议，甚至改变公司规定以得到外部支持。不在管理岗位、没有管理责任的人倾向于招聘这样的毕业生。他们告诉我，在一个大型组织中，要想有所作为，必须有这种"不守规矩"的态度。基层管理人员的态度不明确。他们喜欢企业家似的冷静头脑，但不确定自己是否想管理企业家似的下属。中层管理人员对此持否定态度。他们的典型回应是："我们已经有太多的想法了。现在最不需要的就是想法不同的人。"高层管理者与那些非管理岗位的人态度一致，希望能招聘此类新员工。他们很清楚这些想开创一番新事业的毕业生身上有哪些优点，也很自然地认为自己的下属能够处理好所有的事情。

我们再来看看时代和规模的问题。成功的组织似乎都是成长型组织，这是为什么呢？大型组织有许多优势，一是他们能对世界产生巨大的影响。比如大型企业重视广大客户的反馈并与之互动，企业收益可观，能对社会机构、政府和个人产生重大影响。规模庞大的大学能开设数量众多的专业，承担一大批科研项目，充分调动各种资源取得高质量的科研成果。大型军队可以打败小型军队，大型智库和大型建筑公司通常可以拿到小单位拿不到的合同。

大型项目人多事杂，沟通协调也比较复杂，能够参与其中会给参与者带来巨大的满足感。我们只需看看那些设计、建造大型水坝、轮船、桥梁、运输系统或导弹系统的人，就能发现这一点。我参与过美国的航天发展计划，这是一个很大的系统工程，也是我感兴趣的领域，但喷气推进实验室只是太空计划中的一小部分。

大型组织也很稳定。最早的现代组织理论家之一、德国社会学家马克斯·韦伯创造了"官僚体制"这个词。对他来说,这个词有非常积极的含义。官僚体制是一个奇妙而稳定的结构。大型的正式组织对工作有严格的定义,并严格按照等级制度加以控制,但对人员的流失不那么在乎。必须承认,这听起来虽有些不近人情,却是一种我们认为理所当然的优势。

大型组织在面对市场变化和经济转型时也有较强的适应能力。它们往往拥有更加多样化的产品和客户群体,能够免受单一产品或单一客户群体需求变化的影响。大型组织拥有的大量资本也能够让它们在必要时施加政治力量,1980 年美国政府对克莱斯勒复兴所需资金的贷款保证,就是一个典型的例子。

在大型组织中工作也有一定优势,员工的薪资更加透明、更有保障,工作也更稳定。许多人觉得这很正常,但对于那些没有固定工资的人来说,这样的工作令人羡慕。我曾经参与所在单位的招聘工作,发现带薪职位很有吸引力,可以很容易地得到工程顾问的青睐。自由职业有工作上的自由,对一些人也有吸引力,但还是无法与稳定的工资相提并论。大型组织也给员工提供了调动和晋升的空间。你可以在专业对口的岗位上发挥自己的专长。同样,大型组织不仅给员工分配导师,还能提供各种各样的学习、进修机会。它们还能带来威望,这对管理者来说尤其如此。如果我和妻子创办了一家咨询公司,那么人们对我们的印象肯定比不上对通用汽车公司总裁的印象。

最后,成长本身就是一种优势,因为它给了个人更多的机会来拓展自己的专业能力和上升空间。除了给个人带来兴奋感和成就感,以成长为导向的文化也会给组织的成长带来普遍的回报。你所在的组织是否满足于现状，决定做一个非成长型的组织？这样的组织很少见，因为大多数组织都相信，只要多给予一些支持，他们的发展就可以更上一层楼。即使做出了这样的决定，不成长也是很困难的，因为这会有损士气。

我之前从内部视角对斯坦福大学的成长做了一些评论。现在我从大学机构的角度再谈几点。这所大学长期以来一直坚持不搞大规模扩招。这是一个理性的决定，因为许多非常好的州立大学都从州政府那里获得了大量的经费支持。要想与这样的公立大学竞争，私立的斯坦福大学要讲究策略。由于缺乏公立资助，人才培养成本会远远高于州立大学，因此斯坦福大学有可能失去竞争优势。斯坦福大学的优势在于规模小、办事效率高，虽然学费高昂，但对学生更友好、更人性化。然而，斯坦福大学面临的发展压力非常大，一方面对学生的资助、礼品开销和研究经费都在增加；另一方面来自州政府的支持越来越少，这就导致斯坦福大学的招生人数不得不逐年攀升，与此同时，教职工、教学设施、社会资助的活动、月均业务量、大片草坪和停车场以及各种各样的活动每年都在增加。校园变得有点儿像一个不断扩建的机场。甚至还有人讨论是否要在其他地方建设新校区以扩大招生规模。

成长有它的优点，比如能提高个人能力，带来更大的个人发展空间。大多数人可能都想做一个"帝国缔造者"，但实际上很少能完全做到。

成长模式

如果成长和不断"壮大"具有积极的属性，那么为什么"小"也会成为人们感兴趣的话题呢？别忘了，没有哪家公司在诞生之初就是大公司，大多数大公司都是由小公司一步步发展壮大的，不断壮大肯定有其合理的原因。然而，这种成长并不是没有代价的，这些代价与我们讨论的创造力和变革主题有关。

组织结构正式化阻碍了交流，并导致各种"小圈子"的形成，大家在自己的"地盘"里各自为政。组织要想有创造力，就必须自由交流，并以创新的方式协调各部门人员的工作。有问题就要质疑，知识经验必须传授，不确定的新设想只有经过实践检验，才能被保守的组织接受和认可。此外，组织结构正式化通常伴随着越来越多的威权主义。在威权体制中，每个人都希望自己能够按照职位描述要求表现得更好。但有多少职位描述包含了"承担风险"这样的字眼呢？组织结构正式化也意味着工作程序化、减少不确定性和增加可预见性。这些对企业来说可能正确的事情，对创造力而言可能就是另一回事了。

大型组织必须投入大量的精力进行控制，以便在遇到复杂情况时能够处理其固有的不确定因素。在任何一个大型组织中，都不难找到一个做事稳当、不出岔子的人。而不出岔子就意味着风险的降低，这也与创造力的精神相悖。这种必要的控制、所吸引的管理者类型以及更多的全球责任，导致大型企业等大型组织比较保守。让通用汽车公司等大型企业把赌注下在新产品、新服务或新的经营方向上，比小型初创企业困难得多。

大型组织也可能会采取去人格化的管理办法,这就直接涉及创造力的动机问题。许多人在工作中都需要外在动机,因此奖励变得至关重要。个人和团队希望创造性产出得到组织的认可。然而,在大型组织中,标准化的奖励制度往往占主导地位,在这种制度下,作为个体的创新者会被遗忘。现在,成功的公司创始人常常感叹:虽然把企业做大了,创造力却没有了。这种情况并不罕见。对他们来说,比较创业阶段和成熟阶段实行的金钱奖励和精神奖励制度的不同,很有指导意义。

最后,大型组织可能效率低下。负责程序和控制的人员对创造力的不可预测性经常有不同看法。创新发展需要资源,这在大型组织中尤其突出,因为创新的想法只有到了实际研发的阶段,才能得到保守的决策部门的接受和认可,甚至要在必要的时候提供样品。如果在追求创新的同时缺少必要的时间、资金、人力和设备支持,那么任何一家大型组织都无法发挥创造力。

拉里·E. 格雷纳现为南加州大学管理与组织学荣誉退休教授。1998年,他在《哈佛商业评论》上发表了一篇题为《组织成长中的演变与变革》的文章,详细介绍了在任何组织工作过的人可能都很熟悉的组织成长过程。在文章中,他描述了一个组织成长的各个阶段,并阐明了常见的危机。这些危机一般在稳定阶段结束时发生,可能是突发性的,也可能是长期性的。它们可能会带来管理层和员工聘用方面的变动。这些危机都是成长造成的。

第一个阶段是初创阶段。在此阶段,新成立的组织只有几个到几十个人,生产某种特定的产品或提供某种服务;员工的积极性非常高,个个都想大展拳脚,对自己的主人翁地位也非常自豪;员工之间的交流都是非正式的，而且非常自由。车库里诞生的电商公司就是此类代表，令人尊敬。格雷纳将这个阶段称为创造性阶段，因为处于此阶段的企业每天都有旺盛的创造力。这个阶段的企业虽然没有可借鉴的经验，但几乎不受任何限制。令这些员工自豪的是，他们以自己的聪明才智在激烈的市场竞争中开辟了一条创新之路，获得了一席之地。他们别无选择，遇到问题就马上解决。

当组织变得足够大（比如 100 人左右），非正式的组织方式无法保证组织高效运转时，第一次危机，即领导力危机，就出现了。它聘用了许多没有主人翁意识的员工，占用了太多的库存资源，对现有岗位的分工不明确（如职责交叉重叠，新入职员工职责不明确），问题越来越严重，对人员安排的批评声音也越来越多，美国国税局和各种律师纷纷找上门来。在这个阶段，尽管公司创始人能看出不祥的预兆，但反应不够迅速。有些公司的创始人可能根本不想承认存在这种情况。抵制组织日益正式化的做法并不罕见，因此必须利用更大的权力影响抵制者，或者至少将组织观念更正式的人扩充到管理层队伍。一个组织如果想继续获得成功，就要学会适应这一变化过程，采取更多的控制手段，让组织结构更加正式化。

随后，组织结构图、工作描述、清晰的层级结构以及库存控制系统、生产控制系统和会计系统将逐步出现。这并不是说所有的组织都必须接受军事化管理思想。管理层可以保持平易近人和非正式的风格，并尽可能地保留初创企业的动机，但该组织必须以某种方式简化那些日渐躁动的成员的生活。一些组织不喜欢传统大公司的外衣，从而选择通过非传统手段（如公司信仰体系和伪家族权威结构），实施控制。随着组织的进一步扩大，有必要采取更多的控制手段。要把控制和交流系统正式确定下来,以确保不会把精力消耗在裁减冗员和做出自相矛盾的决策上面。以人为本的主管可能会继续向所有员工敞开录用的大门,然而,愿意加入的人的比例仍然比较低。

组织现在确实在新的控制导向习惯方面做得很好,并继续发展壮大。即使获得了竞争优势,它仍然认为自己还是一个小组织。然而,随着组织变得越来越庞大,它再次陷入了困境。组织规模不断扩大,交流和控制过程也越来越复杂,这往往会让严格的线性层级结构的优势变成劣势,一线员工需要等很长的时间才能得到最高层领导同意行动的批复。此阶段决策必须在组织的基层做出,而且必须建立利润中心、产品小组和分散管理的运营部门等组织实体。变革危机再一次来临。喜欢直接控制的基层经理可能不想做出改变,因而可能需要自上而下地推动改革。但是,组织要想健康发展,就不得不做出改变。这时组织将进入授权阶段。

曲线上还有其他阶段和危机。当组织的各个部门变得异常强大,高层管理者意识到这些部门可以自立门户的时候,另一场危机就会爆发。这时,组织通常会利用可能的综合优势来应对危机。公司开始关注部门协调、公司形象、产品平衡、集权政策、公司标志、产品标识等问题。等组织变成了庞大的帝国,随之而来的却是繁文缛节、诉讼不断、公司内斗和错综复杂的困境,下一场危机不可避免。对其中的细节感兴趣的读者应该读一读格雷纳的《组织成长中的演变与变革》这篇文章。从我们的目的来看,我们只需要确定这篇文章的内容是否真实(我认为该文可以说是组织成长领域的教科书)以及它与创造力和变革有什么关系。

正如传统观念所认为的那样，小型组织的创造力和对变革的反应比大型的正式组织更自然。在初创企业中，可能没有人会专门考虑创造力和变革的问题，他们只是在解决问题时不自觉地这么做了。然而，随着组织的成长，它有必要做出调整并自觉地为创造力提供合适的环境。在商业领域，一家初创企业由专注于产品或服务开发的人主导的现象并不罕见。在组织不断成长的过程中，组织的工作重点必然会转向如何更有效地生产和销售产品，因为，随着竞争者的增加，销售变得更加困难，而且需要考虑成本问题。

在这一点上，后续产品和服务的开发往往没有得到重视，因此有必要为开发提供支持。由于组织奖励向那些控制和削减成本的人员倾斜或转移，因此有必要确保新产品和新服务的开发人员的奖励不会因此而停止。换句话说，虽然资源从产品开发转移到拓展市场，再转移到产品制造，但有必要确保产品开发环节不会被遗忘。在后面的阶段，随着授权越来越多，有必要考虑是否有时间、精力和相应的奖励来激发创造力，以及对现在更复杂的组织结构设置变化做出反应。还必须确保合适的人员参与进来，以及所有的职位安排灵活且牵涉面不要太大，从而最大限度地激发创造力、对变化做出反应。这通常意味着要在官僚体制下创办车库式的工场。

这方面的例子可以在许多极具创造力的公司中看到。"臭鼬工厂"和贝尔实验室因其创新产品和对公司的贡献而声名鹊起。后来，惠普实验室和施乐帕克研究中心也开展了类似的活动。如今，最典型的例子就是 Alphabet 公司旗下的各个子公司。这些机构必须有适当的运行环境（如上级管理部门的支持、充足的预算和合适的地点），配备合适的人员，并以正确的方式进行管理。它们还必须很好地融入主要组织,才能取得成功。许多公司的研发中心都脱离了公司的现实,一直没有取得成效。"臭鼬工厂"之所以成功,除了因为其过硬的技术能力,还因为公司资深董事凯利·约翰逊曾担任公司的副总裁,他了解公司的文化和政治,和其他高管的关系也很好。

但是,你可能已经认识到了,故事仍然没有结束,因为组织最终会走向消亡。造成这种情况的原因不一而足,组织自身对此比较忌讳,但是,你如果回顾一下历史,就会发现这个不可阻挡的趋势。我们称之为最后的危机。

传统与过去的成就

一个组织要持续创新,最难的挑战是满足于过去的成就。你们可能还记得 20 世纪六七十年代的那次冲击,当时日本工业的迅猛发展让美国从战后的自满中幡然醒悟。"二战"结束后,德国和日本等竞争对手几乎被摧毁,而美国的国民生产总值增加了两倍,一跃成为世界上最强大的工业强国。美国对其先天的工业优势非常自信,当造船和钢铁生产等美国基础产业失去竞争力时,它几乎无法相信这一点。随后,光学设备、消费电子产品,甚至汽车和机床也失去了竞争优势。多年来,美国工业界一直在寻找替罪羊,比如低劳动力成本和不公平的双边贸易,直到最后才承认自己在创新方面已经落后。美国曾经取得的巨大成功让它根本不相信有人能打败它。美国工业的部分问题在于,它在产品设计方面的优势反而让它忽视了生产中的创造力。美国公司通常在产品开发(比如录音机和计算机）方面走在前面，却败在了工厂生产环节。

20世纪七八十年代，许多美国科技公司忽视了市场营销中的创造力。他们成功地设计出了令人称奇的产品，但忘记了人们不一定需要这些产品这一点。当一些公司通过更多地了解客户和运用复杂的营销技巧而取得巨大的成功时，他们就意识到了这一点。我记得英特尔为此斥巨资推出了一个成功的广告，当时他们意识到仅仅强调成本和性能还不能说服计算机制造商购买他们研发的深奥的产品。另一个自满的例子是惠普公司，他们打出的广告再次强调了其产品的创新之处，这家公司一向富有创新精神，但公众在关注初创企业的热潮中，可能忘记了这一事实。

最后，也有一些公司没能与时俱进，跟上创新浪潮。一个广受讨论的例子是柯达公司，它在某种意义上一度是整个摄影世界的霸主，却错过了数字革命。鲍德斯、西尔斯、摩托罗拉、雅虎、戴尔、索尼和百视达都受到了数字革命的冲击。一家公司一旦落后，就很难恢复领先地位，主要原因就是它失去了业内最佳的声誉。事实上，关于那些没有保住技术领先地位的公司（其中很多属于数字技术领域）的书已经铺天盖地地出现了。放眼数字之外的世界，还有理查德·福斯特的《创新：进攻者的优势》一书，书中讨论了轮胎帘布的革新问题。最初，轮胎帘布的材料是棉花，后被更加结实、不会腐烂的人造纤维取代。杜邦公司和美国黏胶纤维公司是这种人造纤维的主要生产商。后来杜邦公司转而使用了其专利产品尼龙，美国黏胶纤维公司则败下阵来。接下来，杜邦、塞拉尼斯和其他一些公司都参与了聚酯纤维技术的研发。最终，塞拉尼斯打败杜邦，成为最大的聚酯帘布生产商。福斯特猜测，杜邦竞争失利的原因在于它不想失去尼龙材料的既得利益。不管怎么说，与棉线制造商和美国黏胶纤维公司一样，杜邦公司由于坚持使用过时的技术而失去了领先地位。

奖励制度和支持

我们所有的人，无论多么成功，多么独立自主，都会受到奖励的影响，所以奖励制度在组织创造力中发挥很大作用也就不足为奇了。我曾给许多公司当顾问，这些公司的高层管理者似乎都想提高公司的创新能力。通过与级别较低的公司管理人员交谈，我经常得出这样的结论：如果一个人工作上按部就班，不越雷池半步，那么他在公司反而"混"得更好。我的朋友罗伯特·萨顿的研究领域是组织行为学，他经常挂在嘴边的一句名言是：缺乏创新的公司奖励成功，惩罚失败，接受不作为。而创新型公司既奖励成功，又奖励失败（假设它敢于这样尝试），还惩罚不作为。

心理学家常把奖励分为内在奖励和外在奖励。二者对创造力而言都非常重要。当我们考虑到许多人在逆境中仍然做出了改变时，内在奖励的重要性就变得显而易见了。想想圣雄甘地、马丁·路德·金和纳尔逊·曼德拉，以及那些艺术天赋和成就在去世后才被发现的艺术家吧。目前在哈佛商学院任教的心理学家特蕾莎·阿马比尔的研究表明，在许多情况下，内在奖励是最主要的。在她出色的（尽管是技术性的）著作《创造力的社会心理学》（*The Social Psychology of Creativity*）中，她总结了针对儿童和成人进行的创造性任务（如拼贴画、讲故事、诗歌创作和给动画片配字幕）的实验结果。她发现，受试者在受到内在激励时最有创造力，而外在激励因素（评价、同伴观摩和基于产出质量的奖励）则降低了创造力。

其中的一个典型实验是这样的，95名斯坦福大学心理学入门课程的学生一起参与了拼贴画的制作。他们不是艺术家，也没有丰富的拼贴画制作经验。按实验设计要求，拼贴画要传达一种"愚蠢"的感觉。15位艺术家对拼贴画进行了评价，结果显示他们之间的评分非常接近。

受试者被随机分为8组。其中3组被告知，评委感兴趣的只是他们的心理状态，拼贴画设计本身并不重要。因此，受试者对评价不抱期望，失去了外部动机。研究人员对于第1组受试者没有限定评价重点，但要求第2组受试者重点体现技术水准，要求第3组受试者注重创造力。

另外5组受试者被告知，他们的设计将由艺术家组成的评委会进行评价，他们的拼贴画的质量将成为实验数据的一部分，这样一来，受试者对评价就抱有很高的期望和外部动机。同样，研究人员对第4组受试者没有限定评价重点。第5组受试者被告知，评委将根据技术水准来评价其作品。第6组受试者则被告知，评委将参考6个详细的技术评价指标、根据其拼贴画的技术水准进行评价。第7组受试者被告知，评委将根据设计的创造力来评价。第8组受试者被告知评委将参考7个具体标准、根据创造力来评价。

没有被限定评价重点的两个小组的表现有很大的不同。没有评价期望（内在动机）的受试者在创造力得分上平均要高得多。以技术水准为重点的3个小组也是如此。评价期望降低了那些仅仅被要求注重创造力的受试者的创造力。然而，有趣的是，第8组受试者被判定为所有受试者中最有创造力的。

正如我所说,我坚信在团队和组织中广泛了解解决问题的过程是有好处的。我认为,在这种情况下,阿马比尔可能一直在为没有明确规则的团队呐喊助威。那些得到关于创造力的明确指示的小组受试者为什么具有不同寻常的创造力?阿马比尔是这样解释的:

我们必须谨慎解读得到关于创造力的明确指示的小组展现出来的高度创造力,有两个层面的原因。从实践层面来看,告诉人们什么是创造性表现以提高他们日常表现中的创造力是不太可能的。我们之所以这么重视工作的创造性,是因为我们事先无法知道怎样才能得到新颖而恰当的答案。从理论层面来看,创造力的定义显然不允许我们将具有明确指示的任务视为"创造性的"。根据这一定义,任务必须是启发式的(没有正确的答案或已知的方法),只有这样,任务的产出才能被认为是创造性的。在这项研究中,关于如何制作"创意"拼贴画的明确指示将任务变成了一种算法。因此,根据这一定义,给得到明确指示的小组的表现贴上"创造性"的标签是不恰当的。

我同意她对个体任务中具有高度原创性概念的解释。但如果遇到更实际的情况,即由许多人参与,并且其产出必须在全球出售(这是团队和组织的典型状态),那么该怎么办?在这种情况下,对创造力及其特征有更具体的理解的人所产出的结果被认为更有创造力,这在我看来是合理的。我们大多数人都不是达·芬奇、莫扎特或爱因斯坦,如果我们知道游戏规则,我们就能在游戏中表现得更好。

诸如此类的研究强调了评价和判断对创造力的重要影响。我曾经学过一段时间艺术，也教过很多设计方面的课程，我对老师的评价能力印象深刻。老师面临的挑战在于，既要给学生足够的自由和鼓励，让他们大胆探索，又要给他们充分的评价和反馈，让他们从中总结经验。由此可见，保持创造力和控制之间的平衡是很有必要的。

既然创造力似乎是对内在奖励的反应，那么追求更大创新力度的组织尤其要做到人尽其才、才尽其用，这样组织成员才更有兴趣和动力，获得个人满足感。这也证明了组织流动性的必要性，人们可以在流动的同时更加了解自己究竟喜欢哪些工作或任务。创新型组织支持这样的举措，将其作为一项长期强化战略。那些出于自私的原因阻止这类举措的管理者，阻碍了创造力的增长。

组织能完全依靠内在奖励来确保创造力吗？有几个原因可以解释为什么它们不能。其一，这种方法违背了组织中的一些传统价值观。管理者的思维方式是把员工分配到需要的工作岗位上，而不一定是最符合他们兴趣的工作岗位上。正如我父亲所说的："只要工作有趣，就会有人不计报酬地去做。"其二，即使工作舒心，我们都出于内在动机而工作，也不能认为我们中的大多数人不必忧于生计。我认识多年的老朋友，无论生活条件如何，他们都受到了外在动机的驱使。我自己也是这样的人。

总的来说，我认为自己非常幸运，因为我从事的工作给我带来了极大的满足感。但是，带给我快乐的工作比制作拼贴画复杂得多。我还没有找到一种逃避短期苦差事的方法。因此，除了木工、金工、抢救旧机器、阅读垃圾书籍（有时甚至是好书）、帮助资金缺乏的博物馆走出困境以及做白日梦等我感兴趣的事情，我还要抓紧时间完成那些我不感兴趣的任务。在这个过程中，我无法摆脱奖励的影响，此外，别人会对我进行评价，我也会进行自我评价。我的能力是不是很差？我应该摒弃一切杂务，然后找个有钱的赞助人，专心做我最喜欢做的事情吗？我不这么认为。我担心到头来我会一事无成。我怕我是一个循规蹈矩的人。那些带给我长期满足感的事情往往也会带来短暂的痛苦。我的价值观似乎反对我找一个有钱的赞助人。我生活在一个充满强烈外在动机的世界里，在这样的世界里，奖励是有效的，而评价、资源不足和同伴意见也是生活的一部分。

设计一个有效的外部奖励计划来激励组织的创造力，要求人们具有敏锐的市场需求意识。过程应该和产品一样得到认可。通常情况下，高度创造性的研发过程之所以不成功并不一定是因为投入项目的工作质量不高。举例来说，虽然苹果公司的市场调研做得非常好，该公司在技术上也很成功，但它的第一款笔记本计算机还是失败了。市场调研的所有迹象都表明，人们一方面希望笔记本计算机越小越好，另一方面又希望它具有台式机的所有性能：超长的电池续航时间、全尺寸键盘、大量的硬盘驱动器和其他附件。但要具备上述所有性能，以当时的技术水平生产出来的笔记本计算机将会又大又笨重。当时没有人意识到，为了得到一个规格很小的计算机笔记本，人们竟然会接受最短的电池续航时间、更小的键盘等缺点。苹果公司的第一款笔记本计算机 PowerBook 就说明了这一点。虽然产品失败了，但最初的笔记本计算机设计团队非常有创意，公司也从这次尝试中学到了很多东西。苹果设计团队因为创造力得到了奖励，但在许多公司，这样的认可并不常见。

金钱奖励

奖励也要因人而异。250 美元的奖金对一个有创意的农场工人来说可能是一大笔钱，但对一个有创意的副总裁来说是一种侮辱。比起那些认为技术期刊在"现实世界"中没有什么价值的人，在公司技术期刊上发表文章对有意从事学术研究的人来说可能更有意义。奖励也有很多种形式，各有优缺点。金钱是其中一种传统的奖励方式，但存在争议。有些人觉得它会削弱内在动机。有一个经典的心理学实验要求受试者在不同的工资水平下从事一项无聊的重复性任务。那些工资较高的人觉得这项任务会变得更加无聊，原因很明显，如果任务令人愉快，他们就不会得到这么高的报酬。奖励意味着成本的增加，对于一个组织来说，不给有创造力的员工发过高的奖金可以节省开支。而且，如果发放得太频繁，员工就有可能把绩效奖金、额外报酬当作正常薪酬的一部分，奖励就失去了激励作用。金钱奖励也会使组织的管理工作变得更复杂。

我曾给一家试图提升创造力的公司做过一次演讲。后来，我从该公司的一位经理那里听说，从静修会所返回后，他们做了一个实验。一个由 8 人组成的软件设计团队开展一个项目，经理们认为这个项目需要一年的时间。公司要求团队估算，在每一名成员都尽最大努力工作、一切进展顺利的情况下，项目最早可以在什么时候完成。团队经理答复说需要 8 个月。这个项目如果提前完成，就会带来巨大的利润,所以公司提出,如果团队能在 8 个月内完成项目,就给他们提供 8 万美元(每人 1 万美元)的现金奖励。到现在为止听起来还不错,对吧?但他们最终还是延迟了一个星期。假如你是团队的经理,你会怎么做?这种情况下,没有很好的答案。公司最终只给了团队每个成员 100 美元。我想你会抱怨奖金太少。然而,这个问题不管怎么解决都会引起一些抱怨。

这些论点都是成立的。相反的论点是,金钱奖励可以抵消创造力和变革中的风险。现在,跨行业的实验越来越多。例如,以前公司只发固定工资,因为这不仅看起来更符合行业做法,还有利于销售人员推销那些很不好卖的产品。然而,最近公司重新发现了佣金的激励力量。假设你在第一年卖了 100 件产品,赚了 5 万美元。第二年,我付你 2.5 万美元工资,每卖出一件产品再给你 250 美元佣金,你会卖多少件?你很可能不止卖 100 件产品。为了多卖出一些产品,你可能会变得更有创造力,并改变你的营销方式。

为提出创造性建议的时薪制员工发现金奖励的做法并不罕见。事实上,这些奖励的金额往往直接与利润或储蓄挂钩(例如,下一年净储蓄的 10%)。在过去,尽管对创造性成果的金钱奖励有所增加,但给领薪水的员工发放这样的奖励还是很少见的。

间接使用金钱奖励也能提升创造力和促进变革。在这些制度下实施的新措施可以加快组织等级制度的塑造和发展。在一家长期实施该制度的大公司里,员工或团队可以向公司评估委员会提出某个产品概念。高管们如果认为它具有很好的市场潜力,而且属于他们的业务范围,就会进行投资,将概念变为产品。员工或团队主管如果有能力,就可以继续担任项目负责人,若项目成功,还可以为此成立一个部门，从而使概念的首创者得到火速提拔。这项政策之所以被采纳，是因为该公司长期以来的理念是，至少25%的销售额应该基于5年前不存在的产品。该制度实施后的效果非常好，唯一的弊端是部门过多，组织结构相当复杂。当然，这样的制度奖励远不止金钱奖励，还有晋升和同伴的尊重等相关的精神奖励。

精神奖励

金钱奖励显然具有很重要的心理意义。事实上，心理因素可能占主导地位。成功的公司创始人享受着财富带来的幸福感。然而，我相信他们之所以有这种感觉，不仅是因为金钱的购买力，还因为金钱代表了他们的创造能力。关于创造力的奖励，可以以精神奖励为主，这样可以避开金钱奖励的一些争议。这种精神奖励非常有效，不需要考虑资本流动和薪酬公平的问题。人们对奖励有很多担心（要不要奖励，奖励是否会导致团队成员分道扬镳，等等），但我很少看到经过深思熟虑的精神奖励带来伤害。在某些情况下，同事会认为获得奖励的应该是自己。然而，似乎所有人都有足够务实的态度，从而经受住奖励归属争议的考验，而且从积极的一面看，我们意识到组织很重视奖励，它只是把奖励颁给了错误的人。同样，在大多数正常的情况下，如果只有一个或少数几个人拥有美好的东西时，人们就乐意接受。奖励过度（尤其是精神奖励过度）只是个别现象。这在理论上是可能的，但我们大多数人对金钱奖励过度有很大的成见，所以对精神奖励过度的问题倒不必担心。

精神奖励的好处之一是外部动机可以内化。猎人因为一次次的捕猎表现不断受到奖励，久而久之，他就会认为自己可以捕到更多猎物，以至到最后，不管能否捕到猎物，他都会从中获得更多的乐趣。同样，在涉及创造性和变革的情况下从成功中受益的员工，将来更有可能寻求类似的情况，自己也会更自在。那些因创造性行为而获得丰厚回报的人可能会自认为是创意大师，沉迷于对创意的需求。

对那些在创造力方面工作突出的个人，我们应该直接给予隆重的精神奖励。毕竟，奖励的部分目的在于强调组织对创造力的重视，而对个人工作的认可能让他们在创造性活动中发挥更大的作用。社会心理学家同意人本主义心理学家的观点，即一个人能在被群体接受的同时得到个人奖励，通常有助于个人更好地发挥创造力和带来革新。

精神奖励有多种形式。有一些做法非常合适，比如在庆功宴上公开展示奖杯和奖状。很多人，尤其是那些高学历的人表面上会说这些仪式不重要，公开展示让他们颇为尴尬，但他们内心似乎很看重这些。我得过很多奖，但每次朋友来访，我都会把奖杯和奖状放在家里藏起来。虽然如此，我内心还是很喜欢这些东西！一些宣传方式，如推文、报纸和杂志报道、电视宣传、表彰员工贡献的展示等，也很有效。管理人员对优秀员工的赞赏也许是最省钱也极为有效的一种心理反馈形式。可惜在某些部门很少见到这种情况。许多经理和主管很难开口表扬手下的员工，一方面是因为在大多数组织中，智力交流优先于情感交流；另一方面是因为害羞或个人价值观妨碍了这种做法。我喜欢问经理们这样一个问题：有没有因为你们表扬太多导致工作效率降低的员工？如果有，就请举手。几乎没人举手。

幽默是奖励创造力的一个有用因素。鲍勃·麦金在斯坦福大学任教时遇到了一个特殊的难题,那就是如何说服学生在他的一门高级创意课上大胆尝试。为此,他设立了一个"最佳失败奖"。虽然没有奖金,但它是一个很有吸引力的荣誉奖项。如果用之得当,少量的钱也能产生积极的心理影响。我曾经和一个贡献远远超出职责范围的人共事。我和一些同事都注意到,他平时最喜欢喝的就是纯麦苏格兰威士忌。在举办派对时,他偶尔会消失在厨房里,喝几口他的纯麦苏格兰威士忌,而不是酒吧里那些更普通的牌子。显然,他非常喜爱纯麦苏格兰威士忌这种奢侈品。有一次,我们举办了一个小派对。我们在向他表达了我们的感激之情后,送了他整整一箱他最爱的纯麦苏格兰威士忌。他开心得不得了!我认为我们大多数人都有一种隐秘的欲望,虽然可能买得起某种东西,但不会为自己买。让员工欲望得到满足的同时,那种东西又可以作为对其工作绩效的奖励,这是一种双重的满足。

行业知名度是一个重要的奖项。明智的组织不仅在组织内部,还在更广泛的行业领域内认可那些取得卓越成就的员工。提高员工在外界的知名度也会带来明显的风险,即竞争对手很可能把优秀员工挖走,但奖励优秀员工就可以化解这种风险。获得这种知名度是大学里的标准做法,因为它是知识传播和广告宣传的基础。它包括论文的发表、出版和媒体的使用。这种奖励不难提供,得到的回报也很大,有创造力的研发团队是这种奖励形式的最大赢家,这种奖励只是偶尔会引起问题。我曾在一家公司工作过,该公司规定,技术人员的论文只要被会议主办方接受,论文作者就可以去参加会议。我部门的一位同事向欧洲的一次学术会议提交了一篇论文,并被正式接受了。直到那时,他才告诉公司,他对坐飞机有一种莫名的恐惧。好在公司政策非常灵活,他可以坐火车和轮船去参加会议。他这次参加会议的经历很棒,但参加学术会议的时间远远超过了公司的规定。因此,公司对这一政策进行了修订,增加了补充条款。

支持

现在有必要说一说对组织的创造力的支持,因为支持不足是组织的一大思维障碍。如前所述,创造力的发挥需要人力、时间和资金等资源。资源对于完成任何有价值的事情都是必要的,即使是日常的工作运转也少不了资源的投入。当我们谈论变革和创造力时,我们其实谈论的是在风险增加和效率降低的环境下资源的分配问题。正如我在引言中所说,没有免费的午餐,不付出成本就不可能完成重大变革。事实上,对创造力和变革的期望越大,需要投入的资源就越多。这可能是问题的症结所在,因为,在很多人眼中,创造力这个词,代表着少花钱多办事。

小型企业在其实力壮大到一定程度后,就会受到大型企业的压制。在大型企业步步紧逼的情况下,小型企业一开始认为大型企业太传统,发展过程太迟缓,不会对自己构成威胁,并希望自己能在成功的道路上走得更远。后来,大型企业利润开始大规模缩水,大型企业这才意识到竞争形势严峻,于是开始疯狂地创新,以稳住自身优势。此时,资源变成了一种稀缺的东西。竞争的结果往往是小型企业纷纷倒闭。我们可以在计算机行业看到很多这方面的例子，在该行业中，一小群人认为惠普公司的发展速度还不够快。

与季度利润或月度账单等短期事件相反，创造力和变革具有长期性，因此，企业在编制预算时可能会有犹豫不决的矛盾心理。即使可以用创新的方式来解决某个问题，也不能保证一个组织一定能马上解决这个问题。它可能需要在短期内投入真正的资源，以便改善这种情况。俗话说，研发经费来自利润（通常指本季度的利润）。

例如，客户在购买一套新的计算机系统后，当然希望它既能马上提高效率，又能降低成本。这根本就不可能实现！首先，不熟悉该系统的员工不得不花费大量的时间和精力来学习如何使用该系统。不仅如此，他们还必须熟练掌握使用方法，否则无法真正提高工作效率。客户很清楚这一点，所以会要求经销商证明该系统的优越性。

必须有足够的资源来应对创造性活动中出现的各种状况，如可能出现的错误和意想不到的复杂情况。新事物要想与旧事物竞争，就必须在更大程度上满足客户的要求，因为这个世界默认的运作方式就是一切照旧、偏于传统。对于组织内有影响力的人来说也是如此。企业不能指望尚未成熟的产品概念与创下销售纪录的已有产品进行竞争。如果军队在上一场战争中用旧式武器取得了胜利，现在就很难向他们推销新的武器系统。为了让产品将来有销路，产品概念必须贴近现实，这就需要经过一个费钱、费时、充满不确定性的独特开发过程。

为了应付偶发事件，资源的分配流向不能简单地基于可预测的问题，因为不可预测的问题也必然会出现。为这些活动编制预算的唯一合理方法是在类似的新研发计划中利用以前的经验。然而，即便如此，不确定性依然存在，资金和时间方面的预算往往不够。这一点在国防开支预算中可见一斑。技术上的优势和现代战争的复杂性让美国国防部很擅长对前所未有的新式武器提出研发需求。由于合同的授予方式、技术上的乐观态度以及过去的成功，各公司踊跃竞标。此后，关于计划延期、费用超支等问题就会源源不断地出现，我们都很熟悉这一套。这项工作确实凸显了创造力和变革的雄心，但对资源需求和日程安排的预测能力没有跟上。频频出现的预算超支和计划延期问题是不称职和不诚实导致的吗？还是由对涉及的未知因素缺乏了解所致？我知道一家给美国国防部供应尖端武器的大型供应商，其首席执行官在公司因超出预算和错过计划而遭到猛烈抨击后不久做了一次演讲。他说，历史上从来没有哪个机构像美国国防部那样善于提出不可能的要求，历史上也从来没有像他的公司这样的傻瓜愿意为了武器供应特权而低价竞标。

文化

迈克尔·塔什曼和查尔斯·奥赖利三世在他们合著的《创新跃迁》一书中，称赞了恰当的组织文化对创新的重要性。他们描述了5家极具创造力、企业文化截然不同的公司：一家南非自然资源公司、一家欧洲制药公司、一家美国金融服务公司、一家国际研发管理公司和一家日本啤酒公司。我赞同书中的所有观点，也很喜欢这本书。对于我们这些创造力研究者来说，这5种公司文化的描述并没有什么令人惊讶的地方，拥有这种文化的组织不仅应该感到幸运，还应该思考如何维持这种特殊环境。

许多希望自身更有创造力的组织都与这些模式相去甚远。它们该如何改变自己的公司文化，使之更符合自己的目标呢？塔什曼和奥赖利三世提出了几种塑造组织文化的工具。第一种工具是严格的选人标准。希望变革的组织应该改变招聘新员工的流程。我跟很多负责招聘大学毕业生的公司代表有过交流，他们的选人标准并不总符合公司高级管理层的要求。公司管理层真正需要的是敢于开拓创新的人才，但实际上招进来的可能是毫无创新想法的平庸之辈。这种现象在大公司尤为常见，因为除了高级管理层之外，其他人可能并不希望公司进行必要的变革："我知道四轮马车日渐过时，但只要我能雇到足够多的熟练马车夫来帮我，我就可以发现马鞭的更多用途。"要改变一种文化，就必须引进与新方向相一致的人，他们的力量足以抵挡旧文化的影响。

塔什曼和奥赖利三世提到的另一个工具是社会化，即一种努力确保新员工和老员工接触到理想文化的核心价值观。一个非常成功的社会化的例子就是美国海军陆战队的基本训练。他们还建议通过参与和承诺来塑造组织文化。如果我们积极参与某件事，我们就会意识到它的重要性并做出不懈努力。我之前说过，我最喜欢的心理学理论之一是认知失调。这一理论认为，我们不喜欢认知失调所产生的痛苦体验，所以我们会试图以一种我们似乎知道正确答案的方式来解决这种冲突。看那些即将上大学的高中毕业生为申请哪所大学而苦恼不已是件有趣的事情。当他们在最终选择的学校待了两周后，他们几乎不敢相信自己当时竟然考虑过其他学校。如果把所有的精力都投入创造性的工作中，我们就不会认为这是在浪费时间，而是会将其看作最重要的一种工作。

使用奖励和认可是他们推荐的第三种工具。我在上一节中谈到了这两个问题。斯坦福大学非常重视科学研究，在过去的几年里，斯坦福大学的文化已经越来越偏重于科研，他们相信科研可以帮助教授们保持课堂教学材料的时效性和趣味性。然而，为了保持雄厚的科研实力，学校有必要聘用那些对科研有热情、愿意指导博士生并能获得大量科研经费的学者，从而充实科研队伍。几年前，斯坦福大学开始努力加强本科生教育。尽管它绝对不会考虑以牺牲科研为代价来发展本科教育，但它成功地利用奖励和认可做到了这一点。如果当时牺牲了科研，斯坦福大学就没有今天的辉煌。可见，给一种组织文化做加法比做减法容易。

最后，塔什曼和奥赖利三世还建议运用象征性的管理行为。这是一种特别强大的工具，能对组织产生很大的影响。惠普公司曾经计划提高产品质量，确定了一个雄心勃勃的目标。惠普公司之所以取得了成功，部分原因在于首席执行官约翰·扬把提高产品质量作为首要目标，并确保公司上下所有人都知道这一点。唐·彼得森在担任福特汽车公司总裁时，也同样强调了公司的重要目标。摩托罗拉鼎盛时期的总裁鲍勃·高尔文对创造力非常感兴趣。他的兴趣广为人知，他本人也常常谈及自己的兴趣，这对公司本来就很高的创造力水平产生了非常积极的影响。当然，史蒂夫·乔布斯、埃隆·马斯克、艾德文·卡特姆以及那些为新产品获得大量媒体关注的硅谷公司总裁都是如此。这种象征性的行为应该在各级管理层发生。我曾经的上司是一个非常强势的人，他不同意对公司文化进行必要的变革。不得不说，这件事让我和其他同事陷入了困境。

改变组织文化是一种创造性行为，需要面对思维上的障碍。正如我们所看到的，这些障碍抑制了创造力，但也简化了生活。突破思维障碍令人兴奋，但和任何一种改变一样，都需要付出巨大努力，并且可能带来不确定性。如果我的下属都很有能力，他们就能以其他可能的方式支配自己的时间，也不必因为我的要求而做出改变。改变一种文化需要对该文化中的个人和群体保持敏感性，并有能力说服他们，让他们相信他们的生活将因改变而更加美好。我参与了许多改变组织文化的尝试，发现要做出改变确实很困难。然而，在这个过程中，思考本书中具体的、常见的思维障碍对我有很大的帮助。我希望这些内容也对你有所帮助。

第 10 章
培养有创造力的孩子和未来的创造力

幸福人生：从基因到养育

每个人都有创造力，而且大多数人都比自己想象的更有创造力，认识这一点很重要。很多人都认为自己没有创造力，我的看法是，如果没有创造力，他们就不会活到现在，而且他们肯定拥有创造力的必需条件：大脑和神经系统、支持大脑和神经系统的身体、可以交谈的人和书籍。对我们大多数人来说，关键的挑战是如何更好地利用我们的意识，让我们的大脑变得更有创造力。然后我们可以向大脑提出更多的要求，并从中获得越来越多的快乐。对许多人来说，我们在与他人分享这种创造力时会发现另一个挑战，即如何将有创造力的孩子培养成创新人才。

我相信，保持和加强我们的创造力，一定程度上要确保大脑受到挑战，并相信它有能力通过创造力完成有价值的事情。随着时间的推移，这种行为变成了大脑非常自然的行为，它会逐渐喜欢这种用创新方式解决问题的感觉。关于神经的可塑性以及大脑通过结构和功能上的改变能学到多少东西，现在有很多争论。与其卷入这一争论，不如说大脑通过学习变得更有创造力，比如大脑学会了做乘法、开车、降低工作难度、当别人给你东西时说声谢谢。这一切都需要付出努力，只有不断练习、使用以及积极反馈才能学会。由此产生的变化可以形成一种"创造性的习惯"，该术语源自杰出编舞家崔拉·夏普的同名著作《创造性的习惯》(The Creative Habit)。

我们创造力的起源

让我们更深入地思考一下我们的创新才能以及提高创造力的方法。首先，我们的创造力经过进化已经得到了很大的发展。从人类的角度来看，到目前为止，创造力一直在朝好的方向发展。尽管如此，智人仍然是地球上相对年轻的物种（已存在大约20万年），所以创造力的回报还没有真正体现。我们现在到了有能力毁灭人类的地步，如果我们这样做了，白蚁（已经存在大约2.5亿年）将会以我们的命运为乐。

与其他生命形式相比，我们在发现问题、创新思维和实施解决方案方面是独一无二的。想想看，在短短2 000多年的时间里，我们变得多么富有创造力。我们创立了语言，所使用的工具也从石头和木棍升级为更先进的工具，我们驯化了动物和植物，以前无法解释的现象也得到了解释。在过去的几千年里，我们在数学、写作、建筑、发明、火药、延长人类寿命、提高生命质量、航空旅行、数字通信以及核武器等方面取得了辉煌的成就。其中有些给人类带来了福祉，有些可能带来了灾难，而大多数时候我们对这些成就的取得都没有什么贡献。除了人类的集体创造力，还有一些我们尚未讨论的重要因素，如遗传、出生顺序、文化、养育和教育。

遗传与创造力

我们的创造力有多少是由基因决定的？我可以有把握地说，基因的影响相当大。具体有多大，我们还不太清楚，因为还有许多其他因素影响着我们的行为。但就创造力基因而言，既然你从父母那里继承了它们，你的创造潜力就不会比他们小。

基因是由 DNA 组成的，在我们的染色体中大约有 2 万个基因。关于基因如何影响创造力的研究不断取得进展。作为与创造力可能存在联系的一个例子，人们对多巴胺 D4 受体基因给予了大量关注，该基因与新奇感有关。由于 Ancestry.com 和 23andMe 等私人 DNA 测序服务的出现，谱系学也受到了很大的关注。尽管这些服务激发了人们相当多的兴趣，例如基因检测和医疗保健的进步，以及警匪剧中经常看到的 DNA 检测，但我们对谱系学还有很多不了解的地方。人们经常会思考和谈论他们可能从父母以及父母的父母那里继承了什么基因。在接下来的几年里，关注谱系学的变化是值得的，因为基础的理论正在发生很大的变化，人们对它的影响也有很大的分歧。

1866 年，格雷戈尔·孟德尔发表了一篇关于豌豆性状研究的论文，发现了性状通过遗传传递的整体机制，但真正打开大门的是一些系统 2 思维者（詹姆斯·沃森、弗朗西斯·克里克、罗莎琳德·富兰克林等）对 DNA 结构的发现。看看自那以后发生了什么。尽管第一次测序（人类基因组计划）是在 2003 年才进行的，而且耗资约 30 亿美元，但我们现在有能力以我们负担得起的成本获得对自己基因组的简单解读。在这个研究领域，科普作家卡尔·齐默的作品《笑如其母：遗传的力量、变异与潜能》(*She Has Her Mother's Laugh：The Powers, Perversions, and Potential of Heredity*) 是一本富有知识性和趣味性的好书。

遗传对于创造力的作用尚有争论，认知科学家、生物学家、创造力研究者和父母们持有不同的观点，前三种人中的大多数人可能倾向于遗传的观点，而父母们认为，只要孩子智力正常，孩子的创造力就可以通过后天培养。"我们的大脑必须在出生时就拥有大量的'硬连线'(hardwiring)，只有这样才能生存下来并快速地学习语言等知识。"斯蒂芬·平克的《白板：科学和常识所揭示的人性奥秘》为这一观点进行了辩护。可以肯定地说，我们的行为是遗传和后天培养双重影响的结果，就创造力的基因而言，我们拥有这种基因。

我对这一点非常敏感，因为这么多年来，我为那些非常聪明、敢于创新的斯坦福大学学生提供了很多创造力方面的建议。在那段时间里，我也遇到了很多学生家长，他们似乎认为自己比孩子更清楚孩子成年后想要干什么。我的回答是：算了吧！这些学生都已经到了可以投票、参军和生育的年龄，父母怎么还能认为自己更了解孩子的未来人生呢？孩子的人生应该由孩子自己去探索。有些父母似乎不了解什么是谱系学，反而认为他们的孩子应该是他们的复制品。针对这些观点，我指出先天和后天都很重要。如果一定要让我选择哪个更重要，我会坚定地回答，各占一半。如果这样回答还不能让他们满意，那么下次见面会我干脆晚点儿到。对于学生来说，与做父母的复制品相比，做自己喜欢做的事，成为理想中的人，可以更好地发挥自己的创造力。

出生顺序

就像你无法改变你的基因组成一样,你也无法选择你的出生顺序,但出生顺序对一个人的行为有多大影响是一个争论不休的问题。我听说过这样的理论:第一个孩子扛着家庭的旗帜,将成为宇航员或职业四分卫,而最小的孩子则会背离传统,成为艺术家或演员。该理论认为,排行中间的孩子最终会处于两者之间的某个位置,他们将来的职业选择可能需要平衡冲突。

一开始我并不相信这种理论,但当我读到弗兰克·萨洛韦的著作《天生反叛》时,我开始相信了。萨洛韦是加州大学伯克利分校人格与社会研究所的访问学者,曾获得麦克阿瑟奖学金、古根海姆人文奖学金和辉瑞奖。我说这本书是鸿篇巨制,一点儿也不为过。他研究了大量的人,从国王到平民,从达尔文到当代的人,得出的结论是出生顺序对各行各业和不同文化的人会有影响。我不会在这里总结该书内容,如果你对出生顺序对人们的影响感兴趣,那么这本引人入胜的书值得一读。我偶尔会翻一翻这本书。我觉得,有人从事这样的研究,还写成了一本书,书中的一些统计数据是我闻所未闻的,这真是令人惊叹不已。

要是这本书能再早点儿出版就好了,这样我就可以将这些统计数据分享给我的孩子,这种教育方式不仅有趣,还能激发他们的斗志,坚信自己是独一无二的个体。如果你是家中长子或长女,在你四五岁的时候有人告诉你,从统计学上讲,你可能会是一个待人友善、讨人喜欢、思想保守、做事严谨的人,那么你可能会受这种论断的影响,但你也可以忽视这种说法。你如果是排行中间的孩子,就可能对这种论断感兴趣：你会和兄弟姐妹竞争，以得到父母更多的爱和关注。当然，你如果是最小的孩子，就会更喜欢冒险，做事激进，但更有创造力。

文化、环境和创造力

许多关于不同文化（个人主义与集体主义、雨林与沙漠）中的创造力的研究表明，创造力会受到文化的影响。出生并生活在定居点的阿米什农民最终以农耕和传统的方式生活。如果年轻的你目前住在旧金山，想成为一名技术企业家，那么你所处的社会文化决定了你要有创造力，或者至少要让别人相信你是一个有创造力的人。基于历史行为的研究表明，在中国，种植小麦的农民比种植水稻的农民更倾向于个人主义，而且可能更有主见，也更有创造力。美国汽车公司不久前意识到在他们的设计工作室雇用女性的好处，因为在家庭购买新车时，女性往往投出决定性的一票。雇用女性员工改变了设计工作室的文化和创造性产出的性质，这也正是其目的和意义所在。如果一个人生活在反对创造性产出（不管是食物、艺术、服装、还是创新的想法）的传统文化里，那么这个问题可能会变得尤为严重。你如果和许多从其他国家移民到美国、现已成为美国居民的年轻人交谈，就会发现，他们之所以来到这里，是因为美国可以给他们的人生目标提供更多的支持，或者至少不会完全反对。然而，这种开放的思想在西方国家并不普遍。

已经有人研究那些在低社会经济环境中长大的人的创造力问题，结果发人深省。这些研究表明，天天为生计奔忙的人没有时间深入思考和想象。这类研究通常关注为什么贫困的压力会使人们做出错误的决定,但研究结果表明,贫困还会抑制冒险精神和创造力的发挥。规避风险和缺乏自尊也会削弱创造力。这似乎是一个可以解决的问题,值得我们的社会为之努力。如果有人能从创造力中获益,那么这些人一定是在这种环境中成长和生活的人。解决这些问题的最好工具可能是教育,然而,众所周知,在极端贫困地区,教育常常需要给其他目标让步。

环境以各种方式影响着人的创造力。在撰写本书之际,硅谷的新建筑正在探索一些新的设计,目的是让从事创造性工作的员工自发地进行互动,增加创意的流动。但是,由于智力的多样性特点,我们很难设计出一种能够提高群体创造力的环境。有些人喜欢安静,有些人喜欢听音乐;有些人喜欢开放的办公室,有些人喜欢封闭的办公环境;有些人喜欢明亮的环境,有些人喜欢昏暗的环境;有些人的物品凌乱不堪,有些人把所有东西都整理得井井有条;有些人喜欢和同事一起办公,有些人喜欢独自一人办公。这种多样性给大型商业空间的建筑设计师带来了难题。我只能说,应该给予人们尽可能多的选择,让他们根据自己的需求设计他们的办公环境——这个问题在家里更容易被解决。

育儿方式

现在我们来谈谈育儿这个大问题。童年、成长和学习对我们创造力的发展至关重要。为孩子提供合适的环境对父母、祖父母和其他陪伴或见证孩子成长的人来说都是一项挑战。我们听到了很多关于专制型养育方式和放纵型养育方式的热烈讨论。这些通常都是极端情况，而且就像大多数极端情况一样，正确的育儿方式应该介于两者之间。

要想拥有一个成功的人生，我们需要拥有社交技能（有助于结交朋友和实现自己的创新想法）、遵守规则的习惯（通常与成功培养创造力的文化相关联），以及对集体观念和他人的知识和技能的尊重。这些特质往往是后天培养出来的，最初是通过父母和其他长辈的教导、哥哥姐姐和儿时伙伴的指引来实现的。如前所述，我们的前额皮质直到20多岁才会连接起来，因此，随着年龄的增长，除了父母，我们还结交了自己的朋友，认识了学校的老师，另外还有书籍、杂志的陪伴以及学长们的帮助。很多时候，我们不愿意主动学习这些技能和知识。这时，专制型育儿方式就可以有效地促使我们学习这些东西。但是这种育儿方式也可能会限制独立思考、挑战等级制度和创新等积极行为。

放纵型育儿方式可能会培养出大量无法适应社会、不被他人接受的孩子。如果父母因为溺爱孩子，对孩子的所有出格行为一味予以表扬，那么这个孩子可能会分不清好坏。一个4岁的孩子画了一只几乎认不出来的猫，虽然孩子的想象力值得肯定，但这并不意味着她就是未来的毕加索。也许，给孩子提一些画猫的建议是比较合适的。在钢琴上随机弹奏一些音符可能是很好的想象力锻炼，但创作一首新的舞曲应该需要钢琴老师的指导。

父母最好在两种育儿方式之间取得平衡：教授知识和培养习惯时要树立权威，对孩子的尝试和错误要学会宽容。理想情况下，父母在教育孩子时要学会软硬兼施，还要知道采取措施的适当时机

（鼓励孩子动手尝试时，可以充满慈爱地微笑着回答："你当然可以试着做一些饼干。"也要皱起眉头严肃地定下规矩："但做完之后所有的东西都要收拾干净。"），但这往往很难做到。

我对创造力和育儿方式的基本信念主要基于我自己和朋友的育儿经验：我见证了孩子的成长，阅读了育儿书籍，跟心理学家朋友交流取经，而且我大半生都在大学当老师。这些经历都让我对创造力和育儿观有了更深刻的认识。因为这些经历，我决定永远不告诉其他父母如何培养一个有创造力的孩子。原因有很多。第一，我认为这不关我的事；第二，我肩负的责任已经够多了，多一事不如少一事；第三，创造力有各种各样的形式。画家、滑冰运动员和飞机设计师都渴望有所创新，给自己带来好感和回报，但是对创造力的评判标准大相径庭，而这些标准又会因人而异。

斯坦福大学有一个优秀的弦乐四重奏乐团，他们非常喜欢奥地利作曲家约瑟夫·海顿，只要开音乐会，就会演奏他的作品。乐团成员对约瑟夫·海顿了如指掌，还经常在表演中向观众介绍他的生平，但该乐团本身并不作曲。我的两个儿子都是非常优秀的爵士音乐家，其中一个还是某支独立乐队的成员，该乐队经常在欧洲的各种俱乐部以及其他场合演出，但是他们的演奏水平和名气肯定不如弦乐四重奏乐团高。他们有充足的时间即兴创作，演奏爵士乐时就是如此。独立乐队的所有音乐都是自己创作的。那么，弦乐四重奏乐团、爵士乐团以及独立乐队，哪个组合更有创造力呢？这取决于评委和对创作尝试的重视程度，以及你对他们的音乐有多喜欢。从某种意义上说，他们都是有创造力的，只是他们的创造力在不同的维度上。创造力也有很多层次，应该允许个人在其中进行选择。

尽管我在前面说过，我永远不会就如何培养有创造力的孩子制定一套所谓的"金科玉律"，但我对激发创造力形成了一套独有的理念。

（1）应该给孩子自由支配的时间，鼓励和支持他们勇敢尝试，不管最终成功与否，只要孩子付出了努力，就应该鼓励他们。但是，表扬和鼓励应该实事求是，即使你的孩子很早就学会了画画，也不意味着他/她会成为下一个伦勃朗。因此，我们要多鼓励，但不能说假话。理想目标是培养出一个不仅具有创造性思维，还能利用这种能力创造美好事物而不是制造垃圾的人。

（2）应该由老师帮助孩子不断提高标准并帮助他们实现目标。在这个过程中，需要把握好尺度，既不能把标准定得太高，导致孩子不堪重负，也不能定得太低，让孩子感到无聊，提不起兴趣。这些老师可以是除家人以外的其他人，这样可以丰富孩子的教育和生活经历。

（3）孩子们应该明白，对于任何事情，尤其是复杂的问题，都没有唯一的正确答案。

（4）不能让孩子错误地认为大人都是无所不知的。政治家、老师，甚至父母，并不是万能的。

操作起来是不是很简单？事实上，并不简单。

我们从第一个信念谈起。随着电视、计算机、智能手机的普及，再加上精心策划的活动和玩伴越来越多，这种自由时间很难安排。但我们还是应该在他们建造东西、解决问题、思考其他替代方法、画卡通画、玩乐高，以及所有其他既能给孩子带来快乐又能锻炼创造力的事情上提供机会和帮助。孩子的表现应该得到如实的反馈和慷慨的奖励。

至于第二个信念,你们可能会认为我带有偏见。为什么要强调老师的引导?因为,从我很小的时候开始,就有很多老师告诉我生活中还有很多事情可以做,他们也教我怎么去做。老师自己也有不同的价值观和人生目标。我相信我的父母不会给我讲这些大道理,他们可能更希望我待在家里经营我们的小农场。如果没有得到我的老师的指引,那么我可能会成为一个愤世嫉俗的农民,因为自家的农产品无法与进口农产品竞争,我们不得不卖掉农场。

第三个信念要求孩子面对和处理那些没有正确答案的复杂情况或问题,要么采取与孩子对话的方式,要么关注那些孩子感兴趣的复杂社会问题,比如无家可归的难民、无休止的军事冲突、环境问题、枪支管制、计算机安全等等。

第四个信念要让孩子明白父母不是万能的,父母要鼓励孩子问大人都不知道答案的问题。一起浏览 YouTube 或可汗学院(比如关于桥梁倒塌、飞机坠毁的视频,并不是每个人都能清楚地解释事故的原因),看看还有哪些连父母都不知道的事情,是探索这个问题的好方法,偶尔观看双方势均力敌、引人入胜的辩论,既有教育意义,又能说明问题。在孩子面前用行动证明一个喋喋不休的大叔其实不知道自己在说些什么,也是有效的。

这些都是父母向孩子展示无限创造力的有趣方式。它们也有缺点,比如,"为什么你能透过玻璃看到东西"等让人无法回答的问题会铺天盖地地向你袭来。但这对你有好处。

在我结束创造力和成长这个话题之前,我想提一下青春期这个非常重要的话题，罗伯特·萨波斯基的《行为》一书用了整整一章来论述青春期的问题。青春期的孩子从同龄人那里和亲身体验中学到的东西比从成年人和老师那里学到的还要多。青少年的行为问题是由不成熟的前额皮质而非整个皮质的缺陷导致的。青春期有时被称为认清自己的最后一次机会，成年人对青春期的一些典型行为尤为担心，这些行为包括喜欢挑战规则、在意身体变化、做事凭运气、不懂礼貌、注重穿着打扮、经常酗酒等。我的长孙在青春期的所有行为全被我看在眼里，这太神奇了。青春期过后，孩子就是成年人了。奇怪的是，人成年之后，前额皮质就变成了行为的保守管理者。但在此之前，男孩通常喜欢枪、摩托车、文身和女孩；跟你交流时，他们不会看着你的眼睛，也不和你握手；他们的性格不是特别外向，就是特别内向，这一切都令人担忧。而女孩们呢？她们成群结队地到处疯玩，没完没了地用手机聊天，穿那些你难以认同的奇装异服，不仅如此，还总认为你赶不上时代，等等。因此，就创造力而言，也许正确的做法是任由他们自由发展，并祈求他们顺利度过叛逆期，同时记住他们仍然是爱你的，尽管他们有时表现得有些叛逆。青春期的孩子喜欢尝试各种各样的事情，他们希望得到父母的支持，而不是反对。

学校教育与创造力

我接受的很可能是我那个时代典型的学校教育，非常重视阅读、写作和算术，直到高中才开始其他领域的学习。学校教育偶尔也会开展与解决问题相关的课外活动：幼儿园的小朋友用积木搭桥；一到六年级学生学习中世纪城市和其他历史事件的立体布景；到了中学，男生学木工，女生学家政，此外还有其他各种工作坊和艺术课程。但这些活动都受到了严格的限制。在整个学校教育的过程中，几乎不怎么探讨创造力的问题，也很少有机会让学生得到这方面的锻炼。事实上，除了高中学的几门艺术课程强调创造力，在我印象中，这个词就没被提起过。老师表扬学生时会说"雷·库利真的很聪明"或"让·亚当斯当然会画画"，但从来不说"××很有创造力"。上课内容通常是介绍一本教材里的基本概念，我猜这些教学内容是由校董会选定的，然后辅以论文和课堂上几个坐在前排的学生之间的讨论。这几个学生都喜欢讨好老师，其他同学都很反感。十年级的学生还在阅读《织工马南》？太没有创造力了吧！

现在时代已经发生巨变。大多数学校给学生布置了越来越多需要发挥创造力的作业，我好像也给校长和老师做了无数次有关创造力的演讲。现在的高中在激发学生创造力方面做得比以前好多了，但高中生可自由支配时间越来越少，这是因为老师教授的内容越来越多，越来越难，导致学生的课后作业和阅读任务越来越繁重，学生心里想得更多的是如何考上理想的大学。学校没有遵循我提出的"抽出时间去尝试创新"原则，而是变得更加组织化了，高中开始就通过先修课程提前学习大学的课程内容。为什么这么急功近利？如果学校和老师能让学生更多地体验不同行业领域的人所做的事情，尤其是创造力方面，那么他们可能会帮助学生最终选择一个更适合的人生方向。

但是，学校和学生都陷入了困境。学校开设先修课程也是为了满足家长和学生的要求，这样学生就能在SAT这样的考试中得到高分，从而提高被理想的大学录取的概率。我的孙辈们不仅追求较高的考试成绩，还参加了五花八门的课外活动，比如体育运动（仍在坚持）和音乐，同时通过计算机、智能手机和电视等虚拟方式消费文化和体验世界，而他们只是十几岁的孩子。这些事情几乎占据了学生的所有时间，他们根本没有时间进行创新实践。不过，如果他们在人生的早期就培养出对创造力的热爱、对创造力的自信以及创造力的技能，那么我相信他们会终身受益。

在大学里激发创造力和扩展知识广度一直是我的奋斗目标，无论是做学生还是当教授。这些年来，我通过授课、演讲、写作、校友会与其他委员会职务以及我在斯坦福大学和其他地方的相关管理工作，已经产生了一些社会影响。我是在加州理工学院读的本科，我曾把这所学校称为知识分子的训练营，我现在认为它开启了我人生的征程。我喜欢这个地方和这里的人，但是教授们往往是他们所在学术领域的权威，全身心地致力于科学研究。作为本科生，我们忙于学习课本上的基础知识，内容局限在教授的研究领域，教授（除了一些例外）更喜欢分析（将研究对象的整体分为各个部分，并分别加以考察）而不是综合（把事物或对象的各个部分与属性结合为一个整体）。幸运的是，我获得了暑期做兼职工程师的机会，我发现学校教的应用科学课程和我的工作性质不太相同，我的工作更注重创造力。

作为学生会主席，我曾经呼吁学校增加本科生的创造力课程或活动，但最后都不了了之。在加州理工学院这样的名牌大学，有一些教授认为自己的专业非常重要，而且由于课程的设置由教授负责，因此每个教授都想把自己的专业课程塞进教学计划，并贴上

"核心课程"的标签，我们的学生不得不努力学习这些东西。而我喜欢的那种工程工作要求我们具备广博的知识和良好的创造力。如果我再读一两年研究生，我的创造力就会被其他课程埋没了。幸好我还有做兼职工程师的机会，不然我可能会转到一所名气不是那么大但更注重应用的大学，就像我的许多朋友一样，他们转学后都成了杰出的工程师。令人高兴的是，我从加州理工学院毕业之后，加州理工学院已经在他们的课程中融入了更多需要创造力的内容。

毕业后，我在空军、工程研究生院等部门和行业都工作过。我发现了同样的问题：校外工作往往需要创造力，而在学校中学习的基本上是已知的东西。当然，我在加州大学洛杉矶分校学艺术的那一年是个例外。我很怀念在艺术学院学习的那一年。因为机缘巧合，我遇到了我在加州理工学院的老师，当时他已经辞去教职，在通用汽车公司从事高端设计工作。他想雇一个既懂工程又懂艺术的人，而我当时恰巧快把钱花光了。另一个巧合是，他资助了斯坦福大学的约翰·阿诺德教授，而阿诺德教授后来对我影响极大。阿诺德教授在通用汽车公司的资助下将我招进斯坦福大学工程学院教学团队，我们尝试用更有创意的方法进行教学改革，同时他还让我攻读博士学位。

教学改革并不容易，但现在看来，该改革还是取得了成效。拿到学位后，我在喷气推进实验室担任高级工程师和组长，度过了美好的5年——很幸运，因为当时太空探索才刚刚开始。后来，我加入了斯坦福大学的教师队伍，成为我们快乐团队中的一员，团队中的几名成员亲如一家，所教授的都是针对现实问题的课程并强调多学科的问题解决方法。

未来

据我所知，认知科学家在理解大脑机制方面做得非常出色，包括大脑如何工作、如何解释行为、各种化学物质如何影响大脑、大脑在哪些方面受到限制，甚至大脑对创造力的各个方面有什么贡献。但是这种洞察力似乎无法解释创造力的某些特征。

你在进行创造性思维时，有两种主要的信息来源：书面的、口头的或其他可以从外界获得的信息；大脑中已经存在的信息。如果你碰到的问题很复杂（比如跨学科的、最新的问题，或者你从未碰到的新问题），你就有必要把新信息和你记忆中的旧信息结合起来。你记忆中的信息已经被编码，并存储在你大脑中的某个记忆位置。这些信息并非都完整，但能满足大多数用途。想象思维需要激发至今尚未被完全理解的回忆意识，并将这种意识与大脑内部的信息和外部的信息（在好奇心的驱使下进入大脑的、也未被理解的）以前所未有的方式结合在一起，哇！

务实的创造性人才和认知科学的泰斗有很大的差异。我希望尽可能地学会用认知科学理论为实用主义者更好地解释什么是创造力。我想给那些普通大众解释创造力的基本元素，比如什么是好奇心、想象力、意识，以及大脑处于未知领域时，是什么在引导它，希望我的解答能让他们感到满意。我想，我对创造力的某些方面有一定的了解，但是我还没有达到将其综合起来的程度。安东尼奥·达马西奥是一位深受尊敬的知名认知科学家，著有《当自我来敲门：构建意识大脑》一书，我非常喜欢他在该书结尾部分所做的评论。正如书名所示，该书试图解释意识、自我等概念。许多人都尝试过解释，但还没有人能够用通俗易懂的语言向认知科学家以外的普通大众解释清楚。他写道："那种认为我们已经完全了解大脑的本质及其功能的想法纯属无知，但我们对大脑的了解肯定不会停留在 1 年前，更不可能在 10 年前。"这种进步值得关注。

要想预测创造力的未来，就必须追溯人类的进化史。如果将人类历史追溯到距今 320 万年的人类"祖母"露西，我们就会发现，从那以后，人脑的大小增加了两倍，但这种增长大部分发生在过去的 100 万年里。有趣的是，在过去的 2 万年里，人类的大脑并没有增长，反而可能萎缩了。关于这个现象的意义有很多争论，你如果感兴趣，就可以深入了解一下。我们可以测量古代猿人大脑的可能大小，但无法知道它们是如何工作的。

假设人类脑容量的大小意味着我们在过去的 2 万年里并没有变得更聪明。现在想想我们在 2 万年的时间里所取得的成就。我们从新石器时代以狩猎和采集为生的游牧小部落，扩大为种植庄稼和驯养动物的更大群体，城市出现后又经过了启蒙运动和工业革命，然后一直繁衍发展至今。新石器时代的农民能想象到现代化的西红柿采摘器和作物喷洒吗？不太可能。穿着闪亮盔甲的骑士能想象到核弹头吗？肯定不能。也许更重要的是，生活在 2 万年前的 500 万人类根本想不到今天全世界已有 76 亿人口。联合国经济和社会事务部预测，到 2030 年，世界人口将增加到 85 亿，到 2050 年将达到 97 亿，即便按照目前不断下降的生育率，到 2100 年也将达到 112 亿。为了便于讨论，假设人口增长在新石器时代革命之前是稳定的（事实并非如此），那个时候的人口增长速度是每年大约两人。肆虐多年的大瘟疫结束后，我们的人口一直呈指数级增长。按照上面的估计，从现在到 20 世纪末，我们将以每年 4 000 万人的速度增长。而我们的大脑将保持现在的大小不变。

现在我们再来看看技术变革。直到 6 000 年前，马才被人类驯化。公元前 3600 年，青铜器出现。远古时期的农民一定使用过棍子和石器以及他们的双手和双脚，现在我们不仅用上了拖拉机，还给它配上了 GPS 定位系统、座舱温控器和出色的音响系统。新石器时代的氏族部落用弓、石箭镞和棍棒来打仗，现在我们可以用无人机携带地狱火导弹。以前和其他部落的交流靠跑步传递信息，现在我们有了互联网。医学、城市、交通、服装、住房方面也发生了巨大的变革。关键是，自新石器时代以来，智人发生了不可思议的变化，而在我相对短暂的一生中，这种变化的速度似乎在加快，但我们的大脑仍然没有变大。

不管我们是否愿意，我们社会的方方面面，从环境到人类价值观，都在发生越来越大的变化。我们变得更聪明了吗？我们无从得知。大脑变得更高效了吗？没错。但是，即使在我的有生之年，生活也变得越来越复杂。这可能是人们对创造力的兴趣明显增加的一个原因。我认为，这种兴趣和人口激增有助于解释为什么目前市场上出现了大量的创意产品。几年前，人们对创造力的兴趣主要集中在个人便利、健康、娱乐、经济、武器等领域。我注意到，世界范围内的大型组织之间，比如国与国之间、各个宗教之间，以及这些组织内部似乎都有矛盾。那么，调解它们之间和内部的矛盾所需的创造力在哪里？

问题当然是客观存在的。天主教会怎么了？基督徒一定要与穆斯林拼个你死我活吗？我认识的大多数基督徒并不想与穆斯林为敌。为什么人们觉得不同肤色的人有些奇怪？为什么有些所谓的领导者咨询小组在他们的领域如此缺乏经验，更不用说领导者本身了？为什么有些智囊团有政治偏见？

这里有两个非常深刻的问题。一个问题是我们的大脑没有与时俱进。我们执着于一套过时的信念和解决问题的方法，这些都是我们为了简化生活的复杂性而学习和发展起来的。这个问题的一个征兆是，希望通过时光倒流来改善生活的人和坚信变革不可避免而且是一个机会的人之间的厌恶情绪越来越强烈。

另一个问题要追溯到缓慢的进化速度，尤其是像人类这样复杂的生物。作为个体，我们可能缺乏我们希望拥有的快速改变的能力。也许我们的大脑决定了我们更适合生活在一个由几百人组成的支持性部落，这个部落与其他部落没有太多的联系——就像中世纪的城堡领主、贵族和农奴，甚至一个社交网络团体。我希望不要这样，因为这种行为将世界其他地方拒之门外。尽管世界摩擦不断，我仍然爱这个世界的一切。我不想生活在一个与世隔绝的国家或部落里，也不想因为我的信仰而承受压力。

我觉得我们还是半智人，即拥有一半智慧的人类。我认为，与其他动物、植物和细菌相比，我们已经非常聪明了，尽管它们能做到某些我们做不到的事情，而且我们还要依赖于它们。但我认为我们还不够聪明。生活在以前的只有100人的部落里，我们的行为方式似乎可行，但在今天，这种行为方式可能不再管用。下面是这种行为的一些例子，当然远不止这些。事实上，我已经开始写一本关于这方面的书了。请你自己也列一个清单，它们都是限制思维的障碍！

我们都很短视，顶多看到自己的这一辈子

美好的 2 万年前：只要想想今天和明天吃什么、住哪里就可以了。

糟糕的现在：碳排放、核武器扩散、基础设施崩溃。

我们喜欢强势的领导者

美好的过去：领导力、团结的部落、更简单的生活、晋升的机会。

糟糕的现在：阿道夫·希特勒、伊迪·阿明。

我们自私自利，争强好胜

美好的过去：食物短缺时，给家人提供更多的食物；努力工作的动力。

糟糕的现在：对财富和财产的痴迷、贸易战、荒谬的经济差距。

我们希望别人像我们一样思考

美好的过去：团结的部落、亲密的友谊。

糟糕的现在：宗教之间、党派之间的对立。

我们反对变革

美好的过去：强大的传统和专业知识的建立。

糟糕的现在：有些声音反对给儿童接种疫苗、在消除核武器方面缺乏进展、美国对公制单位的抵制。

我们依靠信仰（宗教、科学、政党）来解决我们的问题

  美好的过去：不用操心，上天自有答案。

  糟糕的现在：好的答案需要基于经验、思考和实验。

即使是复杂的问题，我们也想得到简单的答案

  美好的过去：我们可以迅速实施解决方案。

  糟糕的现在：最重要的问题没有简单的答案。

我们如果不喜欢专业知识的内容，就会忽略它

  美好的过去：我们也许能找到更好的答案。

  糟糕的现在：气候变化、控制核弹头、人口爆炸。

  关于这些问题以及其他类似的问题，我可以一直谈论下去。即使你们不同意我的观点，我仍然希望你们花时间思考这些问题和其他类似的问题。

  我对智人的未来持乐观态度。但现在是我们人类停止争吵，朝着利用我们的潜能这一目标前进的时候了。我认为，如果要保持我们的生活质量，尤其是提高生活质量，我们就无法避免它。

  要想做到这一点，我们必须将创造力发挥到极致，并专注于解决那些大问题。

  感谢你阅读本书。除了文中提到的书，我还在读者指南中列出了一些我最喜欢的书。我没有收录学术论文和专业期刊，因为在我提到的书中有很多参考文献，除非你是专业人士，否则这样的学术文章会让你觉得有点儿乏味。

致 谢

这本书历史悠久，流传甚广。它诞生于 20 世纪 70 年代初的"鲍勃和吉姆秀"，这是我和鲍勃·麦金为斯坦福大学的校友举办的一场活动。麦金既是我的朋友和同事，也是斯坦福大学工程学院产品设计专业的创始人，我之所以加盟斯坦福大学，主要是因为看中了他们开设的这个专业。按理说，鲍勃应该和我一起写这本书，但他当时正忙着撰写自己的书。我们俩都深受约翰·阿诺德的影响，正是在他的激励下，我们才步入创造力研究的殿堂。尽管阿诺德在 1963 年去世了，但他的信念和方法在斯坦福大学机械工程系的设计小组仍然非常活跃。

这本书的出版得益于德拉·范海斯特和希拉·卡希尔主持的斯坦福校友会出版项目，当时他们组织出版了名为《掌上斯坦福》（*The Portable Stanford*）的系列图书，目的是让校友了解斯坦福大学的发展近况。因此，没有他们的积极策划和工作热情，这本书不可能出版。本书第一版由辛西娅·冈恩编辑和设计，斯坦福校友会的工作人员个个富有创业者精神。自第一版面世以来，读者群体就十分庞大。

第一版最开始由斯坦福校友会在 1974 年出版，之后由弗里曼公司（W. H. Freeman and Company）出版，斯克里布纳公司发行。第二版由诺顿出版公司（W. W. Norton）于 1980 年出版，第三版由艾迪生 - 韦斯利出版公司（Addison-Wesley）于 1986 年出版。第四版出版时情况有些混乱和复杂，至少对我来说是这样，因为珀修斯图书集团（Perseus Books Group）收购了艾迪生 - 韦斯利出版公司和基础书籍出版社（Basic Books），此后决定不再出版我的另一本书《培养创意——鼓励创新指南》(*The Care and Feeding of Ideas*，之前由艾迪生 - 韦斯利出版公司出版），而是要求我将其中一些与创新关联更密切的内容搬到这本书里。这样，这本书由珀修斯图书集团短暂出版过，后又转至该集团旗下的基础书籍出版社。我当时并不同意这种安排，因为我是把这两本书作为一个系列来写的（从酝酿创意到实现创意），但是珀修斯图书集团已经做出了决定，我做不了主，其结果就是这本书的第四版和第五版比第三版厚了不少。我之前那本《培养创意——鼓励创新指南》虽已绝版，但该书仍在市面上流传（比如在亚马逊、企鹅出版社以及 Goodreads 等网站出售），我偶尔还会收到读者的负面评论，因为他们在这两本书里发现了相同的内容。

本书的每一次出版，我都得到了责任编辑、装帧设计师、营销人员和其他相关出版人士的大力支持，我不打算一一列举他们的名字，他们如果正在阅读本书，就应该能感受到我的感激之情，他们每个人都对本书的出版做出了巨大贡献。对于这一版，我要感谢拉腊·海默特说服我重新修订这本书，还要感谢利娅·斯特克、布兰登·普罗亚、埃里克·亨尼和伊丽莎白·达娜的文字编辑工作以及布林·沃里纳的装帧设计。你们的工作非常出色！

最后，我还要感谢三个人，他们在我撰写本书的过程中给予了莫大的帮助。首先要感谢的是罗伯特·萨波斯基，他是斯坦福大学物学荣誉教授、神经学和神经外科教授，也是杰出的教师和作家。我读过他的《斑马为什么不得胃溃疡》，我很喜欢这本书，但真正改变我退休生活的是他后来出版的《行为》一书，该书将我从平淡的退休生活中解脱出来，让我邀游在认知科学的海洋，我觉得这是一种非常有趣的智力活动。他的讲课水平很高，我听得兴致盎然，有一个学期，我每周都要听3堂两个小时的课，课后还阅读了许多难读的书，而我的许多好友似乎都在悠闲地享受退休后的生活。他为人大方，多次与我见面，一起喝咖啡，吃午餐，为我答疑解惑，然后阅读我的手稿，告诉我我写的东西是否专业，书中有没有说一些愚蠢的外行话。可以说，萨波斯基是本书的第一位编辑和设计者。

其次要感谢马特·奥林，他曾是斯坦福大学的学生和办公室合伙人，拥有工程学和英语专业双学位，NeoGuide Systems 公司的前首席技术官和联合创始人，Treus Medical 公司的前首席执行官和联合创始人，现任 Intuitive Surgical 医疗器械公司自动化、设备和测试小组主任和斯坦福大学咨询副教授。他也是老爷车修复爱好者，是应用创造力的化身。他通读了我的全部手稿，并根据第四版的实践经验，给我反馈了很多宝贵的建议，我将这些建议都纳入了现在的第五版。

第三个要感谢的人是我的妻子玛丽安，她是我心中的女神。退休之前，她在斯坦福校友会主持创办和管理继续教育项目，退休后创办了一家为企业设计定制教育活动的公司。再次退休后，她也没有闲下来，除了打理老房子和一个大花园之外，还抽时间学习斯坦福大学的课程，到处听讲座和参加朗诵会，和一大群朋友来往，还要照顾孙子、孙女和我的起居。她甚至还想写一两本书。但无论多忙，她都会耐心地读我的文章，除了检查语法，还指出哪些地方写得好，哪些地方写得不好。如果我因为长时间坐在计算机前打字而变得有些暴躁，她就给我打气，让我振作起来。谢谢你，玛丽安。没有你的支持，我的写作计划永远不会完成。我爱你。

读者指南

自从本书第 4 版增设读者指南以来,社会已经在诸多方面发生了变化。书店里有关创造力和创新主题的书籍越来越多,图书馆里这方面的文献资料也汗牛充栋。尽管文献浩如烟海,但是,对于创造性思维是什么,我们仍然缺少一个经过科学验证的完整解释。对于如何提高创造力,很多人都发表过一些真知灼见。还有很多人提出了很多或简单或复杂的假设,试图揭示创造性行为的本质。关于如何提高个人、团队和组织的创造力,有很多方法,大多数只适合一部分人,几乎没有普适方法。最后,还有一些人发表了论文或出版了专著,专门探讨创造力的意义,有些写得很有深度,有些则比较肤浅。

在这个指南里,我列出了一些我个人特别喜欢的书,它们均没有在这本书的正文里被提及。我要事先提醒各位读者,千万不要把我对这些书的观点当作一种定论。我经常给学生布置阅读任务,并告诉他们可以跳过那些不重要的部分,但这样做给我带来了麻烦。总会有那么一两个学生偏偏去读,他们大概想看看这些部分为什么不重要。结果，他们看完后告诉我，这些部分恰恰是最有价值的部分。因此，不要完全相信我的观点，读那些你自认为最有用的东西就可以。

创造力概论

最近有几本关于创造力研究概论的书出版了，可能值得一些读者深度阅读。《创造力及其他：文化、价值观与变革》（*Creativity and Beyond : Cultures, Values, and Change*）是罗伯特·保罗·韦纳关于创造力的一本相对较新的力作。作者具有广泛的人文知识背景，结合不同时代的视角探讨创造力这一话题。那些关注创造力研究历史的读者应该会对这本书很感兴趣。

还有一些书通过关注那些具有非凡创造力的人来探讨创造力问题。法国著名数学家雅克·阿达马的《数学家的头脑》（*The Mathematician's Mind*）就是一本非常棒的书。该书研究了杰出的数学家和科学家的创造力，也是作者从数学家的视角阐释数学和科学发明的一种尝试。

随着越来越多富有创新意识的作者开始撰写和出版关于创造力天才的书籍，市面上这类书籍越来越多，这让读者得以窥见和思考创造性的过程。其中詹姆斯·格雷克的《费曼传：1 000 年才出一个的科学鬼才》就是一个很好的例子。费曼不仅在物理学领域才华横溢，还拥有丰富而独特的个性，吸引了世人的极大关注。

另一本是安东尼·布兰德和大卫·伊格曼合著的《飞奔的物种》。布兰德是莱斯大学谢泼德音乐学院的作曲家和教授，伊格曼是斯坦福大学精神病学和行为科学系的兼职教授、古根海姆研究员，也是国际非营利组织科学与法律中心的主任。还有爱德华·威尔逊的《创造的本源》。威尔逊是普利策奖获得者、研究员，每个人都应该了解他的洞见。

关于天才这一主题的精彩论述，请阅读迪安·基思·西蒙顿的《天才的起源：达尔文关于创造力的观点》(Origins of Genius: Darwinian Perspectives on Creativity)。这本书涵盖了关于创造力天才的大量研究，以及作者自己对天才的根源和创造力本质的思考。这本书写得很精彩，书中观点令人深思。在我看来，这是一个非常有趣的话题，因为我们的文化通常将天才描绘成一种疯子的形象，就像电影《莫扎特传》讲述的音乐天才莫扎特一样。我认识不少可能称得上天才的人，但他们其实平凡得令人不安。

思维

许多以思维为主题的书籍都直接或间接地讨论了创造力。多年来，已经有很多人和不少书籍对智商测试这种简单化的方法提出了质疑，他们建议用不同的智力测量方法代替。这些人和书中的观点让人不禁思考何为思维。思维研究领域的先驱之一是 J. P. 吉尔福特。他的《智力、创造力及其教育意义》(Intelligence, Creativity, and Their Educational Implications)和《创造性才能：本质、用途和发展》(Creative Talents: Their Nature, Uses, and Development)虽已绝版，但我们仍能在市面上找到它们。通过这两本书，我们可以很好地了解他的一些观点。关于多元智能理论，有一本书传阅甚广，它就是霍华德·加德纳的《智能的结构》。加德纳强调，如果过于狭隘地看待智力的意义，我们就会失去深入探究的机会，这在教育界产生了深远的影响。

记忆是解决问题的核心因素，因此我有必要推荐几本关于记忆的书。你可能会对《别忘了！提高记忆力的简单练习》(*Don't Forget! Easy Exercises for a Better Memory*，达尼埃尔·C.拉普著）和《透视记忆》（拉里·R.斯夸尔和埃里克·R.坎德尔合著）两本书感兴趣。第一本的内容是关于记忆的概论，书中附有一些记忆练习。第二本讨论了神经科学工作者所理解的记忆机制。第一本相对来说更浅显易懂，但对于那些有科学头脑的人来说，《透视记忆》可以让他们更好地了解神经科学家如何看待这一问题。

在撰写本书之际，认知科学界似乎正在掀起一场针对逻辑和理性的全面批判。雨果·梅西耶和丹·斯珀伯合著的《理性之谜》就是一本值得阅读的书。这本书声称理性不是一套宏大的真理，而是法庭辩论时使用的一种方法，就像我们向交警解释事故发生的原因以免被开罚单一样。萨拉·E.戈尔曼和杰克·M.戈尔曼合著的《拒绝真相的人：人们为何不相信科学？》探究了为什么人们会反对婴儿接种疫苗等已被科学证实的健康措施。

关于思维的另一本有用的书是詹姆斯·格雷克的《信息简史》。格雷克在书中概述了信息变化给人类文化带来的影响。

最后，还有克莱夫·汤普森的《超乎想象的聪明：论科技如何改进我们的思维》(*Smarter Than You Think: How Technology Is Changing Our Minds for the Better*)。汤普森是《纽约时报》的撰稿人和《连线》杂志的专栏作家。还有史蒂文·斯洛曼和菲利普·费恩巴赫合著的《知识的错觉：为什么我们从未独立思考》。斯洛曼是布朗大学认知科学、语言学和心理学教授，也是《认知》杂志的主编；费恩巴赫是认知科学家，也是科罗拉多大学利兹商学院的市场营销学教授。

心理学理论

很多创造力理论直接来源于心理学，因此人们对心理学文献有极大的兴趣。你如果从未学过心理学的入门课程，就应该读一本该领域的好书，以便了解心理学的术语、概念、代表人物和基本理论。你可以在网上搜到心理学入门的推荐书单，也可以向认识的心理学教授或该专业的学生请教咨询。

有两本当代心理学家撰写的书很值得一读，一本是特蕾莎·阿马比尔的《情境中的创造力》(*Creativity in Context*)，另一本是米哈里·契克森米哈赖的《创造性：发现和发明的心理学》。在我看来，阿马比尔是创造力领域最杰出的一位研究者，她对奖励研究尤为关注，《情境中的创造力》证明了内在动机的重要性。契克森米哈赖在其书中收录了他对众多极具创造力的人物的采访，并认为这些人具有一种被他称为"心流"的共同特征，这一特征是创造力的核心。

心流的话题引发了很多争论，我对此也提出过质疑，因为我参与的大多数更有创造性的项目和任务（如行星宇宙飞船、实验汽车、制造需求）要么受到时间表、预算和性能要求的限制，要么受到根深蒂固的传统价值观以及更务实的工程要求（如产品质量、美学、"两种文化"问题）的严格限制。虽然心流方向似乎经常与我想要选择的方向背道而驰，但我还是很享受这个过程。

如果你想深入研究弗洛伊德和荣格的理论，那么我建议你读《论创造力与无意识》和《人类及其象征》这两本书。《论创造力与无意识》是弗洛伊德有关文化和人本主义问题的著作集。书中的许多章节论述的是那些有创造力的人所面临的特殊问题，同时对精神分析进行了反思，因此与思维创新的关系不是很大，但这本书的部分内容专门讨论了思维创新。阅读这本有趣的书，你可以了解弗洛伊德一些不太为人所知的兴趣。《人类及其象征》一书将荣格深奥的心理学理论深入浅出地介绍给一般读者。这本书是在荣格晚年由其本人和几位合作者共同整理完成的。

近年来，由于心理学家对行为本质的认识不断加深，以及医生处方药物的广泛使用，心理学总体上发生了重大变化。此外，越来越多的心理学家正在进入商业、经济以及其他更多的应用领域，同时也越来越多地关注神经科学。

心智和大脑

正如你从书中看到的，我对这个领域特别感兴趣，研究心智和大脑的关系不仅很有趣，还能在极大限度上帮助我们洞察创造力的本质。阅读有关大脑科学的书籍可以让读者反思自己的心智问题。亚当·卢瑟福的《我们人类的基因：全人类的历史与未来》是一本关于谱系学和大脑的好书。卢瑟福是英国广播公司（BBC）科学节目主持人和科普作家。书中提到的斯蒂芬·平克是一位非常高产的作家和研究员，也是哈佛大学约翰斯通家族心理学教授，专门研究认知、语言和社会关系。他被《时代》《外交政策》等杂志评为世界上最有影响力的思想家之一。他的一本经典著作是《心智探奇》。

帮我打开心智和大脑研究之门的关键人物是罗伯特·萨波斯基，我在整本书中都提到了他的著作。他是一个出色的作者。我会打破不收录论文和文章的写作计划，因为在我看来，萨波斯基写的任何东西都值得一读。

商业中的创造力

在过去的 20 年里，人们对创造力的关注很大程度上是由企业对创新的高度兴趣引起的。这种兴趣带来了一个巨大的市场，因为商界人士对能够改变他们命运的创新知识有很大的兴趣（当然，公司也经常购买此类书籍）。当然，仅凭这些知识并不能保证商业成功。

对商业创造力感兴趣的读者可以阅读杰弗里·普费弗和罗伯特·萨顿合著的《管理者的误区》。在这本书的开头，作者试图解释为什么有如此多的商业管理者并没有很好地运用他们掌握的知识。希望提高组织创新能力的人应该会对这两本书感兴趣：克莱顿·克里斯坦森的《创新者的窘境》和罗伯特·萨顿的《怪诞思维使然：如何创办有创造力的公司》（*Weird Ideas That Work*：*How to Build a Creative Company*）。第一本关注的是那些被作者所谓的"破坏性"技术破坏的成功的大型企业。而第二本关注的则是一般意义上的创新，因为论述的都是不同于传统商业方法的一系列创新性概念，读来趣味盎然。

在本书中，我谈到了那些思想过于强势的人的行为有可能抑制创造力的发挥。然而，影响力和权力是生活中必不可少的，有创造力的人只有施加必要的影响力，才能将他们的想法变成现实。只有对影响力和权力的作用有更全面的理解，我们才不至于因此放弃个人的努力。在这一方面，我给你们推荐两本好书。第一本是罗伯特·西奥迪尼的《影响力》。该书就如何影响他人介绍了许多常用且有效的方法，不仅富有知识性和趣味性，还会让你意识到你是怎么被那些具有说服技巧的人说服的。另一本是杰弗里·普费弗的《用权之道：机构中的权力斗争与影响》。在这本书中，普费弗谈到了组织权力的方方面面：组织权力的本质，权力的获得、使用以及失去的方式。

如今，我们还可以看到很多诸如名人传记之类的书籍，书中介绍了这些名人当初是如何创办或拯救他们的公司，让公司不断壮大并走向成功的。艾德·卡特姆的《创新公司：皮克斯的启示》就是这样的一本书。卡特姆是皮克斯和华特迪士尼动画工作室的前总裁。还有布利斯·G.霍夫曼的《统一行动：跨界CEO穆拉利让福特起死回生的经典管理传奇》，阿什利·万斯的《硅谷钢铁侠：埃隆·马斯克的冒险人生》和沃尔特·艾萨克森的《史蒂夫·乔布斯传》。艾萨克森还写了一本名为《创新者：群技术狂人和鬼才程序员如何改变世界》的书。这些书可以让你深入了解商界成功人士的非凡事迹。要提醒的是，这些书读起来轻松愉快，但书中几乎没有提供有关创造力的建议，所以读完后你可能还是不知道怎么做。

在商业中管理创造力有很多方法。戴维·欧文斯写了一本有趣而实用的书，即《创新的困境》。欧文斯是范德堡大学欧文商学院的教授，专门研究管理、创新和产品设计。另一本不错的书是乔纳·伯杰著的《疯传：让你的产品、思想、行为像病毒一样入侵》。伯杰是宾夕法尼亚大学沃顿商学院市场营销学教授，也是一位多产的作家，其作品常发表于各大杂志和报纸。

格雷戈里·伯恩斯的著作《艾客：用非同凡响的思维改造世界》将研究向前推进了一步。伯恩斯是埃默里大学杰出的神经经济学教授、埃默里大学戈伊苏埃塔商学院精神病学和经济学系教授，他还是神经经济学协会创始成员。我很佩服他的勇气，因为他在该书附录中提供了一份可能有助于提高创造力的药物指南（有些是非法药物）。

最后，有必要提一下 IDEO 公司创始人撰写的两本畅销书，IDEO 是一家总部位于旧金山的国际设计咨询公司。一本是汤姆·凯利著的《创新的艺术》。另一本是汤姆·凯利和戴维·凯利合著的《创新自信力》。IDEO 公司通过哈索·普拉特纳设计学院与斯坦福大学建立了密切的联系，并致力于将各种理论和方法应用到设计过程中。

入门指南

人们对介绍创造力工具和方法的入门书籍有很大的需求，其结果不容置疑。刚开始接触这一领域时，我非常兴奋。尽管当时关于提高创造力的工具和方法还很少，但我仍然抓住一切机会如饥似渴地学习这些工具和方法。可惜，我的大脑不是计算机，没有一个可以让我定期从众多选项中选择最佳方法的菜单。如果还有一些能够增强大脑的自然摸索能力的工具，情况就会更好一些。这就是我在这本书中试图对这些工具和方法进行分类的原因。我建议你在搜索它们时要有辨别能力。原因在于，很多工具和方法都非常有趣，也充满了挑战，你迫不及待地想尝试，不过你应该弄清楚它们对你是否有用，除非你只是想娱乐一下。

入门指南类书籍有两部代表作，分别是迈克尔·米哈尔科的《米哈尔科商业创意全攻略》和詹姆斯·M. 希金斯的《创造性解决问题的 101 种方法：商业新思路手册》（*101 Creative Problem Solving Techniques*：*The Handbook of New Ideas for Business*）。尽管两者都属于商业类书籍，但书中介绍的大量技巧和方法在其他情形下都适用。关于创造力这一主题，多产作家爱德华·德博诺写了《水平思考》一书。这本书其实在 20 世纪 70 年代就出版了，但经久不衰，至今仍然深受读者欢迎。

有些书强调通过日常生活习惯来改变一个人解决问题的方式。我提到过思维导图，思维导图发明人、记忆力之父托尼·布赞最近出版了《掌握思维导图》。还有一本书也值得一提，这本书就是蒂娜·齐莉格的《真希望我 20 几岁就知道的事》，书中介绍的方法比较独特。齐莉格是斯坦福大学管理科学与工程系教授、斯坦福技术风险项目主任。她的教学形式丰富多彩，为了探讨创造力这一话题，她经常组织课堂活动，并且多次邀请成功企业家来校给学生讲课。

我说过，如果要我现在去找一本入门指南书，那么我会在网上或者图书馆搜索，看看读者有何评价。我会找一些适合我的书籍，并问问是否有人和我有共同的阅读兴趣。然后将阅读范围缩小到一两本，从中找到一些最吸引人、最巧妙的方法和技巧，亲自尝试。

参考文献

第 1 章 勤奋的大脑和神经系统

Kahneman, Daniel. *Thinking, Fast and Slow*. New York: Farrar, Straus and Giroux, 2011.

Koestler, Arthur. *The Act of Creation*. London: Hutchinson & Co., 1964.

Lewis, Michael. *The Undoing Project: A Friendship That Changed Our Minds*. New York: W. W. Norton, 2017.

第 2 章 重新认识问题

De Bono, Edward. *New Think*. New York: Avon Books, 1985.

Ghiselin, Brewster, ed. *The Creative Process: Reflections on Invention in the Arts and Sciences*. Oakland: University of California Press, 1985.

O'Neill, John J. *Prodigal Genius: The Life of Nikola Tesla*. New York: Cosimo, 2006.

第 3 章 复杂的情感机制

Anderson, Harold H. *Creativity and Its Cultivation*. New York: Harper, 1959.

Ariely, Dan. *The (Honest) Truth about Dishonesty: How We Lie to Everyone—Especially Ourselves*. New York: HarperCollins, 2013.

Ariely, Dan. *Predictably Irrational: The Hidden Forces That Shape Our Decisions*. New York: HarperCollins, 2009.

Ariely, Dan. *The Upside of Irrationality: The Unexpected Benefits of Defying Logic at Work and at Home*. New York: HarperCollins, 2010.

Csikszentmihalyi, Mihaly. *Flow: The Psychology of Optimal Experience*. New York: Harper Perennial, 2008.

De Mille, Richard. *Put Your Mother on the Ceiling: Children's Imagination Games*. New York: Penguin Books, 1973.

Drucker, Peter. *Innovation and Entrepreneurship*. London: Routledge, 2015.

Goleman, Daniel. *Emotional Intelligence: Why It Can Matter More Than IQ*. New York: Bantam, 2005.

Kubie, Lawrence S. *Neurotic Distortion of the Creative Process*. New York: Noonday Press, 1975.

Sapolsky, Robert M. *Behave: The Biology of Humans at Our Best and Worst*. New York: Penguin Press, 2017.

Sapolsky, Robert M. *Why Zebras Don't Get Ulcers*. New York: Holt, 2004.

第 4 章 告别答案思维

Alexander, Christopher. *Notes on the Synthesis of Form*. Cambridge, MA: Harvard University Press, 1964.

Bruner, Jerome. *On Knowing: Essays for the Left Hand*. Cambridge, MA: Belknap Press, 1979.

Kneller, George Frederick. *The Art and Science of Creativity*. New York: Holt, Rinehart and Winston, 1967.

Maslow, Abraham H. "Emotional Blocks to Creativity," in *A Source Book for Creative Thinking*, ed. Sidney J. Parnes and Harold F. Harding. New York: Charles Scribner's Sons, 1962.

Watson, James D. *The Double Helix: A Personal Account of the Discovery of the Structure of DNA*. New York: Scribner, 1998.

第 5 章 选择正确的思维语言

Gordon, William J. J. *Synectics: The Development of Creative Capacity*. New York: Harper & Row, 1961.

Stoll, Clifford. *Silicon Snake Oil: Second Thoughts on the Information Highway*. New York: Doubleday, 1995.

第 6 章 三种解决问题的特定方式

Arnheim, Rudolf. "Visual Thinking," in *Education of Vision*, ed. Gyorgy Kepes. New York: George Braziller, 1965.

Arnheim, Rudolf. *Visual Thinking*. Oakland: University of California Press, 2004.

McKim, Robert H. *Experiences in Visual Thinking.* Boston: Cengage Learning, 1980.

Sapir, Edward. *Language: An Introduction to the Study of Speech.* Cambridge: Cambridge University Press, 2014.

Vygotsky, Lev S. *Thought and Language.* Translated by Eugenia Hanfmann and Gertrude Vakar. Cambridge, MA: MIT Press, 1962.

第7章 创造力清单

Koberg, Don, and Jim Bagnall. *The Universal Traveler: A Soft-Systems Guide to Creativity, Problem-Solving, and the Process of Reaching Goals.* Menlo Park, CA: Crisp Publications, 2003.

Ornstein, Robert E. *The Psychology of Consciousness.* New York: Penguin, 1996.

Osborn, Alex F. *Applied Imagination: Principles and Procedures in Creative Problem-Solving.* New York: Scribner, 1963.

Polya, G. *How to Solve It: A New Aspect of Mathematical Method.* Princeton, NJ: Princeton University Press, 2014.

Porras, Jerry I. *Stream Analysis: A Powerful Way to Diagnose and Manage Organizational Change.* Reading, MA: Addison-Wesley, 1987.

Von Oech, Roger. *A Whack on the Side of the Head: How You Can Be More Creative.* New York: Grand Central Publishing, 2008.

第8章 团队创新力

DeMarco, Tom, and Timothy Lister. *Peopleware: Productive Projects and Teams.* Upper Saddle River, NJ: Addison-Wesley, 2013.

Hargadon, Andrew. *How Breakthroughs Happen: The Surprising Truth about How Companies Innovate.* Cambridge, MA: Harvard Business Review Press, 2003.

Katzenbach, Jon R., and Douglas K. Smith. *The Wisdom of Teams: Creating the High-Performance Organization.* Cambridge, MA: Harvard Business Review Press, 1999.

Kidder, Tracy. *The Soul of a New Machine.* New York: Back Bay Books, 2000.

Leavitt, Harold J., and Homa Bahrami. *Managerial Psychology: Managing Behavior in Organizations.* Chicago: University of Chicago Press, 1989.

Prince, George. *The Practice of Creativity Through Synectics—The Proven Method of Group Problem Solving.* New York: Collier, 1972.

第 9 章　创新领导力

Amabile, Teresa. *The Social Psychology of Creativity*. New York: Springer, 1983.

Foster, Richard N. *Innovation: The Attacker's Advantage*. New York: Simon & Schuster, 1986.

Tushman, Michael L., and Charles A. O'Reilly III. *Winning through Innovation: A Practical Guide to Leading Organizational Change and Renewal*. Cambridge, MA: Harvard Business Review Press, 2002.

第 10 章　培养有创造力的孩子和未来的创造力

Damasio, Antonio. *Self Comes to Mind: Constructing the Conscious Brain*. New York: Pantheon, 2010.

Finke, Ronald A., Thomas B. Ward, and Steven M. Smith. *Creative Cognition: Theory, Research, and Applications*. Cambridge, MA: MIT Press, 1992.

Pinker, Steven. *The Blank Slate: The Modern Denial of Human Nature*. New York: Penguin Books, 2003.

Sulloway, Frank J. *Born to Rebel: Birth Order, Family Dynamics, and Creative Lives*. New York: Vintage, 1997.

Tharp, Twyla. *The Creative Habit: Learn It and Use It for Life*. New York: Simon & Schuster, 2003.

Zimmer, Carl. *She Has Her Mother's Laugh: The Powers, Perversions, and Potential of Heredity*. New York: Dutton, 2018.